Manual básico de criptología

Luis Hernández Encinas

Manual básico de criptología

Introducción a la ciencia del secreto, la protección de la información y la seguridad de las comunicaciones

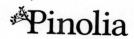

© Luis Hernández Encinas, 2023
© Editorial Pinolia, S. L., 2023
Calle de Cervantes, 26
28014 Madrid

www.editorialpinolia.es
info@editorialpinolia.es

Primera edición: julio de 2023

Depósito legal: M-1911-2023
ISBN: 978-84-18965-88-3

Diseño y maquetación: Joan Edo
Diseño cubierta: Alvaro Fuster-Fabra
Impresión y encuadernación: Industria Gráfica Anzos, S. L. U.

Impreso en España - *Printed in Spain*

ÍNDICE

A mis hermanos:
Ángeles, por su entereza y versatilidad;
Ascensión, por su serenidad y paciencia;
Francisco, por su honestidad y complicidad;
Belén, por su optimismo, fortaleza y valentía;
y a todos ellos por su unión y cariño durante todos estos años.
Y como no, a mi esposa, Regina, el amor de mi
vida, porque siempre está ahí, a pesar de todo.

INTRODUCCIÓN

Lo primero que le suele venir a uno a la cabeza cuando escucha el término «Criptología» son las palabras «secreto», «espía», «intriga», «conspiración» y otras similares. No es que esté uno mal encaminado, pero no es solo a eso a lo que hace referencia el término. De hecho, criptología procede de las palabras griegas *kryptós y logós*, esto es, oculto o secreto y ciencia o tratado, respectivamente. En definitiva, se trata de la ciencia que se ocupa de los secretos.

Así pues, desde un punto de vista general, podemos afirmar que la criptología se encarga tanto del diseño de los métodos que permiten transformar determinada información en algo secreto, como del estudio de la inviolabilidad de tales métodos. Dicho de otro modo, la criptología está formada por la criptografía y el criptoanálisis. La primera se encarga de la escritura secreta (esto es, la *graphia*) cuyo objetivo es que la información original solo la pueda conocer el destinatario autorizado; mientras que el segundo (es decir, el *analysi*) se ocupa de determinar hasta qué punto los métodos empleados para transformar la información en algo ilegible son difíciles de resolver para un adversario que intente conocerla.

A veces, y por abuso del lenguaje, en lugar de hablar de criptología hablamos solo de criptografía, pero entendiéndola como un todo que también abarca el estudio de la seguridad de los procesos empleados.

El objeto de este libro es mucho más amplio y extenso que limitar la criptología a los ambientes de espías o intrigas dado que, hoy en día, todos somos usuarios de esta ciencia, aunque no seamos conscientes de ello. Así pues, a lo largo de este libro no solo repasaremos algunos de los hechos y personajes más relevantes de la historia que hicieron de este antiguo «arte» una «ciencia», sino de las aplicaciones que hoy en día hacen uso de la misma, muchas de las cuales usamos a menudo.

En la actualidad, quienes trabajan en criptología son los que poseen conocimientos en física, ciencias de la computación o telecomunicaciones, pero sobre todo los que dominan determinadas parcelas de las matemáticas.

El objetivo básico de la criptología es garantizar la seguridad de la información, ya esté almacenada (papel, *pendrive*, disco duro, etcétera) o se transmita (entrega en mano, correo postal o electrónico, Internet, etcétera), de modo que esta seguridad posea las siguientes cualidades fundamentales: confidencialidad, integridad, autenticidad y disponibilidad. La confidencialidad tiene como fin conseguir que la información se mantenga en secreto y solo puedan acceder a ella quienes estén autorizados a conocerla. La integridad precisa que la información no pueda alterarse ni modificarse desde que se genera hasta que se recibe. Por su parte, la autenticidad requiere que el emisor de la información y el receptor de la misma (si lo hay), así como la información en sí, sean auténticos, es decir, que no haya ningún tipo de suplantación. Finalmente, la disponibilidad hace referencia a que la información siempre debe estar al alcance de quien tiene permiso para conocerla.

En general, el mensaje o información original que se desea proteger se conoce como «texto claro», mientras que el mensaje transformado cuyo contenido debe mantenerse en secreto es el «texto cifrado» o «criptograma».

Para conseguir el objetivo de la criptología mencionado antes, existen, fundamentalmente, tres métodos. El primero de ellos, el más sencillo, es el «método de trasposición». Este método consiste en reordenar las letras del texto claro para obtener el texto cifrado. Esta modificación consiste, de hecho, en construir un anagrama, puesto que las letras del texto claro son las mismas que las del texto cifrado. Dado que lo que se pretende es que el receptor de la información (y solo él) sea capaz de recuperar el texto claro a partir del texto cifrado, el anagrama resultante debe obtenerse siguiendo unas determinadas reglas, es decir, no puede generarse como una permutación aleatoria de las letras del texto claro. El peligro de someterse a unas reglas es que puede facilitar la tarea de un adversario que desee conocer la información secreta.

A modo de ejemplo, una posible regla de trasposición es la conocida como del «riel», que es fácil de recordar. La regla consiste en escribir el mensaje colocando las letras que lo forman, de modo consecutivo, en varias filas y columnas separadas, de modo que, si el riel tiene cuatro filas, el texto claro «REGLA DEL RIEL» se escribe como sigue:

R				A				R			
	E				D				I		
		G				E				E	
			L				L				L

El texto cifrado que resulta al leer cada una de las filas en orden es *raredigeelll*. Con el fin de unificar la notación, en la medida de lo posible, los textos en claro se escribirán en mayúsculas, así como la clave, en el caso de que exista, mientras que los textos cifrados irán en minúsculas y cursiva.

El «método de sustitución» cambia los caracteres del texto claro por otras letras o por símbolos, que pueden ser inventados. Si se hace así, la única forma de descifrar el texto cifrado es hacer uso del diccionario que relaciona los caracteres originales con los símbolos correspondientes. Es claro que tanto quien cifra el mensaje como quien lo descifra deben conocer tal diccionario; además, deberían ser los únicos en conocerlo y, por supuesto, debe ser lo suficientemente enrevesado como para que un adversario no pueda llegar a conjeturarlo. Un posible ejemplo de método de sustitución puede ser el de seguir la regla dada por el siguiente diccionario; de hecho, es el utilizado por Edgar Allan Poe (1809-1849) en su famosa novela *El escarabajo de oro*, que comentaremos con detalle más adelante:

A	B	C	D	E	F	G	H	I	L
5	2	-	r	8	1	3	4	6	0

M	N	O	P	R	S	T	U	V	Y
9	*	"	.	(	)	;	?	¶	:

Con este diccionario de sustitución, el texto claro «EDGAR ALLAN POE» pasaría a ser *8r35(5005*. "8*.

Finalmente, el «método de cifrado» consiste en cambiar las letras del texto claro por números siguiendo una regla conocida que no tiene por qué ser secreta, por lo que puede emplearse el código ASCII (*American Standard Code for Interchange of Information*), por ejemplo, y luego realizar determinadas operaciones matemáticas con tales números. Este código estándar asigna a cada letra o símbolo de los empleados en nuestra escritura habitual, un número (puede expresarse en decimal, binario o hexadecimal) entre el 0 y el 255.

A modo de ejemplo, para cifrar el mensaje «cifrado», se puede codificar primero dicha palabra siguiendo el código AS-CII, dando lugar al conjunto de números «99 105 102 114 97 100 111» (en este caso se ha escrito el texto claro en minúsculas y se ha utilizado su codificación correspondiente). El proceso de cifrado consiste en multiplicar por 23 cada uno de los números obtenidos, luego dividir cada producto entre 256 y finalmente considerar como resultado el resto de esa división. Para cifrar la «c», que se codifica como 99, se calcula $99 \cdot 23 = 2277$ y al hacer la división de 2277 entre 256 se obtiene como cociente 8 y como resto 229. Por tanto, se puede escribir $2277 = 256 \cdot 8 + 229$ y, entonces, la «c» se cifra como 229. Repitiendo este proceso para todos los demás números, se obtiene el siguiente mensaje cifrado: *229 111 42 62 183 252 249*.

Para descifrar el criptograma y recuperar el mensaje original, se debe multiplicar cada uno de los números que forman el criptograma por 167, luego dividir el producto entre 256 y considerar como resultado el resto de esa división. Elegimos el

167 en el proceso de descifrado porque es el único número que cumple la siguiente propiedad: el resultado de multiplicarlo por el número utilizado en el proceso de cifrado, esto es 23 ($23 \cdot 167 = 3841$) y luego dividirlo por 256 da de resto 1 ($3841 = 256 \cdot 15 + 1$). Dicho de otro modo, 23 y 167 son inversos entre sí con respecto a la división entre 256 (más adelante, en la sección 5.2, se explicará con más detalle por qué este proceso invierte las operaciones anteriores). Así, para descifrar el número 229 con la regla anterior, se obtiene lo siguiente:

$$229 \cdot 167 = 38243, \ 38243 = 256 \cdot 149 + 99.$$

Seguidamente se decodifica el 99 mediante el código ASCII y se llegamos a la letra «c». Para el resto de los números se procede de forma similar.

En la medida de lo posible, aunque no prometemos nada, evitaremos las matemáticas complejas, pero no renunciaremos a un uso básico y elemental de las mismas. No olvidemos que también las matemáticas forman parte de nuestra cultura y renunciar a ellas no deja de ser una falta de seriedad y de ética. De hecho, las matemáticas son el mejor lenguaje y la forma más clara de expresar determinados principios y propiedades relacionados con los algoritmos y, en particular, de aquellos en los que se basan los sistemas que transforman la información para hacerla ilegible. No se trata de construir matemáticas, dado que no se pretende convertir al lector en un criptólogo, sino de entenderlas y, por qué no, de disfrutar de cómo permiten llevar a cabo procesos realmente interesantes para lograr los fines que pretende la criptología. ¿Acaso renunciamos a leer poemas o novelas porque no seamos capaces de escribir ni los unos ni las otras? La falta de conocimientos básicos en matemáticas y, lo que es peor, la negativa a aprenderlos con la vana excusa de «es que yo soy de letras», puede llevar a una sociedad a tener graves dificultades para entender y construir procesos y razonamientos lógicos y rigurosos.

Es cierto que, tradicionalmente, el enmascaramiento de la información para convertirla en ilegible a los adversarios se consideraba un arte, sin embargo, esa consideración ha dejado de ser cierta en los últimos siglos, como veremos a lo largo de esta obra. De hecho, y a modo de anécdota, podemos señalar que entre las sesenta y cuatro artes mencionadas en el famoso libro *Kama-sutra* de Vatsyayana (escrito entre los siglos I y VI d. C.), que una mujer debía conocer para ser una buena esposa y compañera, como cantar, danzar, pintar, etcétera, se incluye el arte de saber comunicarse de modo secreto. En particular, el autor sugiere un método que consiste en separar el alfabeto en dos partes iguales, de modo que la primera mitad se empareje de forma aleatoria con la segunda y de esa manera a la hora de escribir una letra, se sustituya por la que tiene emparejada.

También es cierto que, en general, el ocultamiento de la información tenía otros fines mucho más decisivos. Así, si ya Alejandro Magno empleaba la escítala (artilugio que se presentará en el capítulo 2) para comunicarse de forma secreta con sus generales en el campo de batalla, otros artificios más o menos sutiles se han utilizado a lo largo de la historia para el mismo fin: transmitir información a los aliados y, simultáneamente, ocultarla a los adversarios.

La ocultación de la información se puede realizar de muchas maneras posibles, unas veces con mayor y otras con menor imaginación. En todo caso, no estamos hablando de la codificación de la información, tal y como se entiende hoy en día, sino de su cifrado. Los términos codificación y cifrado (o encriptación) han tenido un significado análogo a lo largo de la historia, pero conviene señalar algunos aspectos que son de interés para seguir de forma comprensible este libro.

Se entiende por «codificación» la transformación de un mensaje siguiendo las reglas de un código. Así, hace unos años usábamos el código Morse para transmitir mensajes de texto al codificar cada letra del alfabeto mediante una colección de puntos y rayas, que luego se transformaban en sonidos mediante pulsaciones en un telégrafo. Hoy en día empleamos otros muchos códigos: el de la circulación para visualizar información relativa a las carreteras y vías de transporte, los de barras unidimensionales o bidimensionales, como el EAN13 o el QR, para la gestión de mercancías o de mensajes cortos, los emoticonos (acrónimo de «emoción» e «icono»), que son símbolos elaborados mediante combinaciones de signos del teclado que representan expresiones faciales, estados de ánimo o el tono del mensaje. Por ejemplo, el emoticono :-| simboliza una cara seria; mientras que ;-) hace referencia a un guiño de complicidad.

En otras ocasiones la codificación está muy influida por el tipo de mensaje y el dispositivo empleado para la transmisión del mismo, como sucede con las conversaciones a través de las aplicaciones de mensajería instantánea, ya sea WhatsApp, Telegram, etcétera. En este caso, lo que prima es la rapidez y ahorro al teclear en el teléfono móvil. Así, en los últimos años ha surgido una codificación que puede resultar incómoda o incomprensible para quien no esté habituado a ella. De hecho, es frecuente ver mensajes llenos de expresiones sin aparente sentido que lo cobran cuando se hace uso de una especie de fonética en las mismas. Es el caso de, por ejemplo, las expresiones «xq», «xfa», «msj», «tb» o «tqm», que significan «porque» o «por qué», «por favor», «mensaje», «también» o «te quiero mucho», respectivamente.

Sin embargo, estos códigos, que nunca han tenido la intención ni fueron diseñados para ser secretos, tuvieron sus predecesores en otros que sí se diseñaron para ocultar información, como veremos en capítulos posteriores, de modo que solo quien conociera el código, podría recuperar el mensaje que había sido codificado mediante el mismo. En este caso, sí hablamos de códigos secretos, dado que su fin era hacer secreta la información a intercambiar.

También conviene señalar que a lo largo de la historia han aparecido adivinadores o numerólogos, esto es, personas que practican la numerología o la adivinación de supuestos mensajes ocultos o predicciones en diferentes textos. Cuando la numerología se aparta de su contexto y se liga al esoterismo y al ocultismo, es posible encontrar cualquier mensaje que uno desee dentro de un extenso texto. Basta con localizar las palabras que uno precise para construir el mensaje a su conveniencia.

En este sentido es destacable el caso de la Biblia. De hecho, Eliyahu Rips, un matemático nacido en 1948, afirmó haber encontrado en la Biblia varias afirmaciones relativas a asesinatos de personajes ilustres de la historia, eso sí, testimonios referentes a hechos pasados, como la muerte de JFK en 1963. El método consistía en seleccionar unas letras para formar palabras saltando letras intermedias. Como el valor del salto lo decidía el propio Rips, le bastaba con armarse de paciencia y hacer pruebas hasta formar palabras con el sentido que deseara.

Por otra parte, a lo largo de la historia se han encontrado diferentes manuscritos que han tardado muchos años en ser legibles. Uno de los manuscritos de los que aún no se sabe su significado concreto o de qué tema trata es el llamado manuscrito Voynich, que consta de unas doscientas cuarenta páginas. Su nombre se debe al comerciante de libros antiguos que lo compró en Italia en 1912 y parece datar de principios del siglo XV. Actualmente se encuentra en la biblioteca de libros raros y manuscritos de la Universidad de Yale. Stephen Bax, profesor de lingüística aplicada de la Universidad de Bedfordshire presentó, en 2014, una investigación sobre este manuscrito, centrándose en la escritura y el lenguaje, proponiendo una decodificación de diez de las palabras y catorce de los signos y grupos. Sin embargo, poco más se sabe del mismo, excepto lo que se puede apreciar a simple vista (véase la Figura 1).

Figura 1. Página del manuscrito Voynich.

18

La forma de las aparentes letras con círculos, ganchos y filigranas recuerda más a un tipo de escritura élfica (como la que hemos podido ver en algunas películas de fantasía) que a un lenguaje natural. Lo cierto es que no se sabe si se trata de un lenguaje desaparecido, un código desconocido, un texto cifrado o simplemente un engaño sin más. Tampoco se sabe si se trata de un tratado de herbología (por los dibujos que contiene), de alquimia o de cualquier otra disciplina. El manuscrito nunca se ha podido leer, y ninguna de las hipótesis que se han barajado a lo largo de los siglos se ha podido verificar ni contrastar.

Un tipo de código que merece la pena destacar son los que podemos llamar «códigos encubiertos», en el sentido de que no son realmente secretos, dado que son códigos conocidos por determinados grupos de personas, en general numeroso, que tienen la intención de usarlo para comunicar información de modo secreto, aunque al hacerlo sean vistos u oídos por quienes los rodean. Nos referimos, por ejemplo, al denominado «lenguaje del abanico», las «señas» en juegos de naipes como el mus o la brisca, los «acrósticos», las «germanías» o argots, los mensajes acordados y radiados, en especial los emitidos por la BBC para la Resistencia francesa en la Segunda Guerra Mundial, partituras de música, etcétera.

A modo de curiosidad comentaremos con más detalle algunos de ellos. Así, el lenguaje de abanico (Jasso 2016) data de finales del siglo XVIII cuando se desarrolló una colección de movimientos y posiciones del abanico, que permitía tanto atraer admiradores como transmitir mensajes (en general de tipo amoroso). No todos los gestos tienen el mismo significado en los diferentes países, pero algunos de los más comunes se muestran en la Tabla 1.

Mensaje	Gesto
Guardar un secreto	Cubrirse la oreja izquierda con el abanico abierto
Negación	Dejar el abanico sobre la mejilla izquierda
Afirmación	Dejar el abanico sobre la mejilla derecha
Impaciencia	Golpear repetidamente un objeto con el abanico

Tabla 1. Muestras de mensajes con el lenguaje del abanico.

Por su parte, los acrósticos son composiciones poéticas formadas por varios versos cuyas letras iniciales, medias o finales forman un vocablo o una frase que, en ocasiones, pueden utilizarse para ocultar un secreto. Posiblemente el acróstico en castellano más conocido sea el de *La Celestina*, que oculta el nombre de su autor, Fernando de Rojas (*ca.* 1465-1541):

> Fuertes más que ella por cebo la llevan:
> en las nuevas alas estaba su daño.
> razón es que aplique a mi pluma este engaño,
> no disimulando con los que arguyen;
> así que a mí mismo mis alas destruyen,
> nublosas e flacas, nacidas de hogaño.
> Donde esta gozar pensaba volando,
> o yo aquí escribiendo cobrar más honor,

Otro ejemplo menos conocido, ligeramente diferente dado que en las misivas los mensajes se obtienen al leer una línea de cada dos, es la correspondencia mantenida entre Aurore Lucile Dupin de Dudevant (1804-1876), más conocida como George Sand, y Louis-Charles-Alfred de Musset (1810-1857), abreviado como Alfred de Musset, que, traducida, puede leerse como sigue:

> Muy emocionada os lo digo: tengo
> entendido que la otra noche usted tuvo
> siempre unas ganas locas de hacerme
> bailar. Recuerdo vuestra manera de
> enlazar y me gustaría mucho que fuera
> una prueba de que yo puedo ser amada
> por usted. Estoy dispuesta a exhibirme
> con afecto desinteresado y sin cálculo,
> y si usted quiere verme
> desvelar sin artificios mi alma
> desnuda, decídase a visitarme.

La respuesta de Musset a Sand señala la forma de obtener el mensaje:

Cuando yo me prosterno en eterno homenaje,
¿Quieres que en un momento modifique mi rostro?
Tú que has turbado los sentidos de un hombre
que dios sembró en su corazón, solo para quererte
yo, que muero de amor con mi pluma en delirio
te escribo con palabras que no puedo decirte
haga tu vista caso de la primera; el verso, vale para
gozar, reunidos, del único bálsamo a mis males

Existen en la historia otros ejemplos similares a este, como la carta que el cardenal Richelieu, Armand Jean du Plessis (1585-1642), envió al embajador francés en Roma, a instancias de un monje de la Orden de San Benito, que le solicitó una misiva de presentación ante el embajador. La primera parte de esta carta, traducida libremente, es la siguiente:

M. Compigne, saboyano de nacimiento,	hermano de la orden de San Benito,
es la persona que os presentará esta carta, es	como un pasaporte para llegar a vuestra protección;
el hombre más	discreto, más sabio y menos
mediocre que conozco,	y con el que he tenido el placer de conversar;
durante largo tiempo, me ha solicitado	que os escriba en su favor, y
que le libre un certificado conveniente,	así como una carta de crédito,
a lo que al fin he accedido atendiendo más a sus	méritos reales que a su
importunidad, porque, creedme, señor,	su modestia no es superada más que por su valía;
me disgustaría os vieseis en el caso de	descuidar el rendirle este servicio, por
desconocer su verdadero carácter,	y que
como ha ocurrido con algunos de mis amigos	fueseis inducido a error.

Sin embargo, lo que el cardenal realmente quería transmitir al embajador es lo que se puede leer en la parte izquierda de la carta, una vez la doblamos por la mitad.

Una forma de mezclar un código con la poesía se debe a Muhámmad al-Mutámid (Abu I-Qásim al-Mu'támid 'alà Allah Muhámmad ibn 'Abbad), rey de la taifa de Sevilla (1069-1090) y último rey abadí, que usaba nombres de pájaros en sus poesías para transmitir sus mensajes secretos, de modo que, si cada pájaro se asocia con su inicial, un amenazante mensaje, parafraseando el original, podría ser el siguiente:

El milano de la mañana teme al águila,
que, sin embargo, prefiere las bandadas de
tordos, o al menos a los azores o los loros
que, más que nada, temen a las ocas

Por su parte, las germanías son las jergas o formas de hablar de ladrones y rufianes, empleadas y formadas por palabras del español cuyo significado es distinto del correcto. Este argot ya se empleó en la literatura del Siglo de Oro español y es frecuente su uso en obras como el *Quijote* de Miguel de Cervantes Saavedra (1547-1616) o *El Buscón* de Francisco Gómez de Quevedo Villegas y Santibáñez Cevallos (1580-1645). A modo de ejemplo, *gurapas* significa «galeras», *untar la péndola* es equivalente a «sobornar», *corbacho* son «azotes», *pelota* es «mujer de una mancebía»; *alfiler* es «policía», *tomona* equivale a «ladrona»; *ermita* a «taberna»; *sangre* es «dinero», etcétera.

Hoy en día esta jerga sigue utilizándose en ambientes relacionados con el hampa. De hecho, aún se emplean términos como los que se muestran en la Tabla 2.

Término	Significado
Acarreo	Robo en apartamento
Abollar	Dar muerte a otro
Bordado	Cicatriz prominente
Cirigualla	Marihuana
Chichero	Recipiente para hacer necesidades fisiológicas
Dar capilla	Oportunidad para decir o hacer
Estuchero	Que roba joyas
Miguelito	Persona ignorante e ingenua
Parolin	Mentira, engaño

Ponciano	Acusador, delator
Sapa	Cerradura fina de resorte

Tabla 2. Algunos términos empleados en el mundo del hampa y su significado.

Existen otros manuscritos históricos de los que se tiene noticia y que, a diferencia del manuscrito Voynich, sí se han podido leer y conocer su contenido concreto una vez que han sido objeto de un estudio científico. Dado que estos manuscritos sí están relacionados con la criptografía y, en especial, con la codificación secreta, algunos de ellos los analizaremos más adelante por merecer especial atención debido a su relación con la ciencia que nos ocupa y por los personajes históricos implicados.

Con el paso de los años, los códigos secretos manuscritos se sustituyeron por códigos elaborados con máquinas mecánicas y electromecánicas y, mucho más tarde, por operaciones matemáticas y ordenadores, dando lugar al nacimiento de la criptología como ciencia. De todo ello iremos dando cuenta a lo largo de los capítulos que siguen.

De forma más precisa y una vez hecha ya la introducción a esta obra, corresponde ahora presentar el contenido de los restantes capítulos que componen este libro.

En el capítulo 2 abordaremos algunos aspectos de interés de lo que la historia nos cuenta sobre las diferentes formas de cifrar mensajes. Así, trataremos los primeros pasos de la criptología en las épocas de griegos y romanos, para seguir con las aportaciones que a esta ciencia hicieron otros personajes de la historia y las principales repercusiones que las guerras modernas, hasta la Segunda Guerra Mundial, han tenido en el desarrollo de la criptología. En el capítulo 3 trataremos de cómo la criptología ha influido a lo largo de diferentes épocas de la historia de España: la medieval, la moderna y la contemporánea, y de cómo personajes famosos, como los Reyes Católicos, Carlos V o Felipe II, hicieron uso de ella. El capítulo terminará con unas breves notas sobre el uso de la criptografía en Hispanoamérica y algunas máquinas cifradoras que se usaron en nuestro país.

El uso de las máquinas de cifrado más destacadas y de mayor repercusión mundial será el eje del capítulo 4, donde presentaremos las máquinas más importantes que se comenzaron a utilizar a partir de la Segunda Guerra Mundial, siendo cómo no, la máquina Enigma la más conocida. Comentaremos sus propiedades y características, cómo la utilizaba el ejército alemán, y cómo los británicos, analizando los primeros resultados de los polacos, fueron capaces de descifrarla. También comentaremos la aparición de esta máquina en la guerra civil española. En el capítulo 5 comentaremos cómo es la criptología actual, donde resaltaremos las grandes diferencias entre la criptología histórica presentada hasta ahora y la que se usa hoy en día. Comentaremos los sistemas de cifrado actuales, tanto los llamados simétricos como los asimétricos; pero para ello, no habrá más remedio que tratar previamente algunas cuestiones matemáticas, sencillas, pero que son imprescindibles para poder entender cómo esta ciencia se ha desarrollado tanto y ha permitido que hagamos un uso cotidiano de la misma, a pesar de que no seamos muy conscientes de ello. Abordaremos, en el capítulo 6, los usos y aplicaciones actuales de la criptología. Entre otros, destacaremos los procesos de firma electrónica, el uso de las tarjetas de identificación, como el DNIe, y las llamadas tarjetas inteligentes, como las de pago bancario. También mencionaremos cómo podemos llevar a cabo el cifrado de mensajes y correos electrónicos haciendo uso de software de libre disposición, cuáles son las características más importantes de esas aplicaciones que usamos cientos de veces al día y que se han dado en llamar de mensajería instantánea, como WhatsApp, o cómo cada día hacemos un uso más extendido de esos pequeños dispositivos que forman lo que denominamos la Internet de las cosas. Para concluir el libro, hablaremos de la ciberseguridad y de los diferentes ataques informáticos de los que podemos ser objeto, como el *phising* o el *ransomware*, de cómo podemos protegernos de ellos y cómo generar contraseñas que sean más seguras que las que solemos utilizar y que ponen en peligro nuestros datos personales; de qué es la tecnología *blockchain* y qué tiene que ver esta tecnología con las llamadas criptomonedas, como bitcoin; y, finalmente, de las tendencias futuras de la criptología que han dado lugar a la llamada criptografía postcuántica y la repercusión que que en estas tendencias tiene el desarrollo de los ordenadores cuánticos.

Con todos estos contenidos pretendemos dar una visión global y muy general del estado de la ciencia de la criptología en la actualidad, de modo que el lector interesado pueda hacerse una idea de cómo la misma está íntimamente relacionada con muchas de sus actividades diarias.

LO QUE NOS CUENTA LA HISTORIA

Comenzaremos este capítulo con un breve repaso histórico a lo que puede llamarse como «criptografía clásica» o de los clásicos, de modo que mostraremos los primeros métodos utilizados para cifrar información. Así, repasaremos los principales sistemas empleados por griegos y romanos, para seguir con algunos otros utilizados en la Edad Media y en el Renacimiento.

El lector interesado podrá consultar las referencias que se incluyen tanto en este como en los siguientes capítulos, dado que hay una amplia colección de obras que tratan el tema de la historia de la criptografía. En este volumen nos limitaremos a dar algunas pinceladas de los aspectos que consideramos más relevantes de esta historia.

En particular, si el lector desea ampliar la información que se presenta en este capítulo, le recomendamos el excelente libro de Kahn (1968), en el que se ofrece una visión de los inicios de la criptografía, lo que abarca un lapso de 3 000 años.[1]

---

[1] Otros libros de interés donde se incluyen aspectos históricos de la criptología se encuentran citados en la bibliografía: Bauer 2007; Hernández 2016; Lehning 2021; Sgarro 1990; Singh 2000.

Esparta o Lacedemonia era una ciudad-estado de la antigua Grecia situada en la península del Peloponeso. Los espartanos utilizaron el primer sistema de criptografía militar que se conoce: la escítala. El historiador romano Plutarco (*ca*. 46-*ca*. 120) la describe minuciosamente, pero una forma más abreviada puede servirnos: se trata de una vara o cilindro de madera en la que un pergamino se enrollaba en espiral y a lo largo de la misma. El texto a ocultar se escribía de arriba a abajo de la vara y luego se desenrollaba el pergamino, de modo que las letras del texto original aparecían a lo largo del mismo, pero desordenadas.

A modo de ejemplo, en la figura escítala se muestra una escítala con el pergamino enrollado y una parte del texto a ocultar: «LO QUE NO SABEMOS DE LA CRIPTOLOGÍA». Una vez retirado el pergamino de la escítala, el texto pasaría a ser el siguiente: *loociossroqadigubepieeltanmao*, en el que se han eliminado los espacios y los signos de puntuación. Para leer el texto oculto, bastaría con volver a enrollar el pergamino en una vara con un diámetro idéntico.

Figura 2. Recreación de una escítala lacedemonia.

Otro de los métodos clásicos para el cifrado de mensajes se debe a Julio César (100 a. C.-44 a. C.). Suetonio (*ca*. 70-*ca*. 126) fue un historiador romano que en el siglo II d. C. escribió unas biografías cortas de los primeros emperadores romanos; en la parte de Julio César dice lo siguiente:

> Para los negocios secretos utilizaba una manera de cifrar que hacía el sentido ininteligible, estando ordenadas las letras de manera que no podía formarse ninguna palabra; para descifrarlas tiene que cambiarse el orden de las letras, tomando la cuarta por la primera, esto es «d» por «a», y así las demás.

Esto es, César cifraba sus mensajes sustituyendo cada letra por la tercera letra siguiente en el alfabeto, de modo que su famosa frase «VENI VIDI VINCI» pasaría a cifrarse como *yhql ylgl ylfl*. Para descifrarla, bastaría con sustituir cada letra por la tercera anterior. Es fácil deducir que el cifrado de César se puede modificar de modo que en lugar de usar la tercera letra que sigue a una dada, se emplee la que ocupe cualquier otra posición de las que forman el alfabeto utilizado.

Otro historiador griego fue Polibio (200 a. C.-118 a. C.) que narró los acontecimientos que se sucedieron en los países mediterráneos, especialmente en Roma, entre los años 250 a. C. y 146 a. C. Polibio se cita en los libros de criptografía como inventor de un método para escribir las letras como pares de números, utilizando una tabla. A modo de ejemplo, en la tabla Polibio que se muestra a continuación, cada una de las veinticinco letras se representa por dos números, que indican la fila y la columna correspondiente, de modo que «POLIBIO» se escribiría como *35 34 31 24 12 24 34* (nótese que la «i» y la «j» se consideran como la misma letra).

	1	2	3	4	5
1	A	B	C	D	E
2	F	G	H	I/J	K
3	L	M	N	O	P
4	Q	R	S	T	U
5	V	W	X	Y	Z

Tabla 3. Tabla de Polibio con veinticinco celdas.

Polibio no concibió la tabla como una forma de escritura secreta sino como un medio de comunicarse a distancia por medio de antorchas, a modo de telégrafo primitivo. Sin embargo, al igual que con el cifrado de César, también es sencillo generalizar la tabla de Polibio dotándola, además, de una clave. Basta con considerar una palabra sin letras repetidas o sin tenerlas en cuenta, y colocar sus letras en las primeras celdas de la tabla, completando luego el resto de las celdas con las letras no utilizadas. Así, si se usa la palabra «CLAVE» como clave, la nueva tabla de Polibio se muestra en la Tabla Polibio1, de modo que «POLIBIO» pasará a cifrarse ahora como *41 35 12 31 21 31 35*.

	1	2	3	4	5
1	C	L	A	V	E
2	B	D	F	G	H
3	I/J	K	M	N	O
4	P	Q	R	S	T
5	U	W	X	Y	Z

Tabla 4. Tabla de Polibio con la clave «CLAVE».

Hay dos propiedades a destacar de este método: la primera reduce el número de caracteres de veinticinco a solo cinco, por lo que la transmisión de un mensaje es muy sencilla, y la segunda transforma los caracteres alfabéticos en duplas de números, por lo que es posible llevar a cabo operaciones aritméticas con tales parejas, dificultado el proceso de descifrado.

A lo largo de los años se han propuesto diferentes métodos de cifrado, mucho más modernos que el de Polibio, pero basados en el mismo, que ilustran cómo determinados sistemas de cifrado pueden complicarse con solo el añadido de algunas modificaciones. Aquí vamos a presentar dos de ellos. El primero se conoce como «cifrado de los nihilistas». Los nihilistas fueron revolucionarios rusos que, durante la segunda mitad del siglo XIX lucharon contra el régimen zarista. El cifrado nihilista consiste en la codificación del mensaje mediante una tabla de Polibio con una clave, luego se considera una segunda clave que se codifica también con la misma tabla. A continuación se suman las parejas de números obtenidos para el mensaje y la clave, repitiendo la codificación de la clave tantas veces como sea preciso. A modo de ejemplo, si se quiere cifrar el mensaje «NO A LA RUSIA ZARISTA» mediante la tabla de Polibio con la clave «CLAVE» que mostramos en la Tabla Polibio1 y como segunda clave la palabra «LIBERTAD», se obtienen que las siguientes codificaciones del mensaje y de la segunda clave:

N	O		A		L	A		R	U	S	I	A		Z	A	R	I	S	T	A
34	35		13		12	13		43	51	44	31	13		55	13	43	31	44	45	13

L	I	B	E	R	T	A	D
13	31	21	15	43	45	13	22

Sumando ahora las parejas de números se tiene el mensaje cifrado:

34	35	13	12	13	43	51	44	31	13	55	13	43	31	44	45	13
13	31	21	15	43	45	13	22	13	31	21	15	43	45	13	22	13
47	66	34	27	56	88	64	66	44	44	76	28	86	76	57	67	26

Para descifrar el mensaje, el receptor resta al texto cifrado los números que corresponden a la segunda clave según la tabla de Polibio acordada, y luego recupera el mensaje original transformando los números resultantes mediante la misma tabla de Polibio.

El segundo de los métodos de cifrado basado en la tabla de Polibio lo debemos al francés Félix-Marie Delastelle (1840-1902). En este cifrado se transforma cada par de letras del mensaje original en duplas de números de acuerdo con la tabla de Polibio con la clave que se haya elegido (seguiremos usando, a modo de ejemplo, la Tabla Polibio1) y se escriben las dos cifras en vertical, debajo de la letra correspondiente. Después, se leen las duplas de iniciales que constituyen el texto cifrado. Así, para cifrar, por ejemplo, el mensaje «BÍFIDO» (nombre con el que se conoce a este cifrado por combinar el cifrado de una tabla de Polibio con una trasposición sobre parejas de letras), se elaboraría la Tabla Bífido y se obtiene como texto cifrado el dado por «sc fj flv». Para descifrar se hacen las mismas operaciones que para cifrar.

B	I			F	I			D	O		
2	3	*f*		2	3	*f*		2	3	*f*	
1	1	*c*		3	1	*j*		2	5	*h*	

Tabla 5. Sistema de cifrado bífido o de Delastelle.

Otro método de cifrado, que recuerda al de Polibio, aunque muy diferente, es el conocido como cifrado de Playfair. Lord Lyon Playfair (1818-1898) popularizó este sistema, de ahí que lleve su nombre, a pesar de haber sido inventado por su amigo Sir Charles Wheatstone (1802-1875). En este caso, las letras se distribuyen también en un cuadrado de 5×5 celdas y se selecciona una palabra como clave, de modo que las letras repetidas tampoco se consideran. La primera modificación con respecto al cifrado de Polibio es que emisor y receptor, además de la clave, acuerdan en qué posición de la tabla comienza dicha clave. Si la clave fuera precisamente «Wheatstone», esta se convertiría realmente en «WHEATSON» y si el lugar de inicio fuera el centro de la tabla, se tendría la Tabla 6:

I/J	K	L	M	P
Q	R	U	V	X
Y	Z	W	H	E
A	T	S	O	N
B	C	D	F	G

Tabla 6. Tabla de Playfair con la clave «WHEATSTONE».

Una vez establecida la tabla, el mensaje a cifrar se divide en grupos de dos letras, de modo que, si alguna pareja estuviera formada por dos letras iguales, la norma establece que se debe insertar entre ambas una letra ficticia (o nula). También, al igual que en el caso del cifrado de Delastelle, si el número de letras fuera impar, se añade una nula. El proceso para cifrar cada pareja de letras es el siguiente: se buscan las dos letras en cuestión en la tabla Playfair y se observa si las mismas están en la misma fila, en la misma columna o no. En cualquiera de los dos primeros casos, cada letra del par considerado se cambia por la letra que le sigue (de arriba abajo si están en la misma columna o de izquierda a derecha si están en la misma fila). Si las letras están en diferentes filas y columnas, se dibuja mentalmente el rectángulo que ambas determinan si fueran dos de los vértices del mismo, y se sustituyen por las letras que están en los vértices opuestos de dicho rectángulo, y se elige como primera letra para el cifrado la que está en la misma fila que la letra original.

A modo de ejemplo, si el mensaje fuera «El cifrado de Playfair», su separación en pares de letras daría lugar a «EL CI FR AD OD EP LA YF AI RX», de modo que el texto cifrado sería *wp bk cv bs sf nx js bh bq uq*. Está claro que el proceso de descifrado sigue los pasos inversos al de cifrado.

Hasta aquí hemos mostrado algunos métodos, más o menos ingeniosos, que ocultaban la información a transmitir modificando el mensaje original, llevando a cabo determinadas acciones con números y tablas y, en ocasiones, utilizando claves.

Sin embargo, con la excusa de la tabla de Polibio, nos hemos adelantado al curso de la historia y hemos presentado métodos más imaginativos de los que realmente aparecieron a lo largo de la historia, sobre todo hasta la Edad Moderna.

De hecho, los métodos de «sustitución simple», esto es, los que consisten en sustituir cada letra por un símbolo, más o menos extraño, o por otras letras o números, con la finalidad de que el mensaje no se revele a no ser que se conozca el diccionario de sustitución empleado, han sido una de las formas más extendidas de cifrado a lo largo de la historia. Estos métodos también se conocen como «monoalfabéticos», dado que solo se emplea un alfabeto para sustituir el alfabeto original, esto es, cada letra siempre se sustituye por el mismo símbolo durante el proceso de cifrado. A lo largo de este libro vamos a presentar algunos de los métodos más llamativos o curiosos, en particular cuando mencionemos ciertos personajes históricos de los que se sabe que emplearon dichos métodos y los describiremos con algo más de detalle.

Ahora solo mencionaremos uno de ellos, que nos permitirá presentar una forma muy sencilla de generalizar el método de cifrado de Julio César. Se trata de extender este tipo de cifrado con claves diferentes haciendo uso de un modelo mecánico, esto es, utilizar cualquier otra letra como base que no sea la tercera letra siguiente del alfabeto a la que se desea cifrar, y de realizarlo de modo efectivo. El sencillo artilugio se conoce como «regleta de SaintCyr», debido a que se empleó durante el siglo XIX en la escuela de oficiales del mismo nombre del ejército de tierra francés.

Esta regleta se puede elaborar de forma sencilla escribiendo en una regla o tablilla base el conjunto de los caracteres del alfabeto que se va a emplear y se realizan dos ranuras verticales debajo y a izquierda y derecha de los extremos del alfabeto. Además, se deben escribir en una tira de papel los mismos caracteres, pero dos veces, una a continuación de la otra. La tira de papel se introduce en la tablilla a través de las dos ranuras, haciendo coincidir los caracteres de la tablilla con los de la tira de papel, según el número de posiciones que se desee (véase la figura 3). Así, si el cifrado fuera el de César, coincidirían la «A» de la tablilla con la «D» de la tira, procediendo a cifrar o descifrar con la sustitución mostrada. Para cifrar con una clave diferente, bastará con alinear la letra «A» de la tablilla con la letra de la tira de papel que se desee.

	A	B	C	D	E	F	G	H	I	J	K	L	M
... *H*	*I*	*K*	*L*	*M*	*N*	*O*	*P*	*Q*	*R*	*S*	*T*	*U*	*V*	*W*

N	O	P	Q	R	S	T	U	V	W	X	Y	Z	
X	*Y*	*Z*	*A*	*B*	*C*	*D*	*E*	*F*	*G*	*H*	*I*	*J*	*K*	*L*	...

Figura 3. Ejemplo sencillo de regleta de SaintCyr.

Por otra parte, es fácil generalizar el uso de esta regleta de modo que, por ejemplo, la tira tenga el alfabeto duplicado, pero en un orden diferente del habitual. Ello daría lugar a un cifrado con una sustitución diferente. También se podría usar con una clave de modo que, una vez elegida una palabra como clave, bastaría con ir cifrando cada letra del texto claro con la letra que le corresponda en la tira. Así, para cifrar cada letra se mueve la tira haciendo coincidir la letra «A» de la tablilla con cada una de las letras de la clave. Las sustituciones monoalfabéticas presentan una debilidad que puede que el lector haya notado con antelación cuando hemos presentado algunos de estos métodos, como el cifrado de César, el empleado por Poe en su novela o la regleta de SaintCyr. Al cifrarse cada letra con el mismo símbolo o letra, parece factible hacer uso de la frecuencia con la que las letras aparecen en un idioma para obtener información del texto cifrado que lleve a determinar el texto claro. Así pues, en los siguientes párrafos vamos a desempeñar el papel de criptoanalista y no el de criptógrafo.

No se conoce quién o cuándo alguien se dio cuenta de esta característica de los cifrados monoalfabéticos. Sí se sabe que el primero en publicar esta técnica de descifrado en el siglo IX fue Al-Kindi. Este personaje polifacético escribió la obra *Tratado sobre el descifrado de mensajes criptográficos*, donde explica de forma clara cómo proceder. De forma resumida, Al-Kindi (801-873) señala que, conociendo el idioma en el que está escrito un mensaje, para descifrar el texto cifrado correspondiente se puede analizar la frecuencia con la que aparece de forma habitual cada una de las letras de ese idioma en un texto claro cualquiera, siempre que sea lo suficientemente largo. Una vez conocemos estas frecuencias, la letra o símbolo que aparece más veces en el texto cifrado se sustituye por la letra más frecuente en el idioma considerado, la segunda del texto cifrado por la segunda del idioma y así sucesivamente, hasta completar todas las letras o símbolos del texto cifrado.

En la actualidad, hay numerosas tablas publicadas donde se listan las frecuencias de las letras en diferentes idiomas, lo que simplifica el análisis de frecuencias propuesto por Al-Kindi. Sin embargo, a pesar de que no todas las tablas para un mismo idioma presentan los mismos valores, dado que estos dependen de los textos que se hayan utilizado para hacer el recuento, los resultados suelen ser muy parecidos. A modo de ejemplo, una de tales distribuciones porcentuales de frecuencias podría ser la que se muestra en la Tabla Frecuencias (Fúster et al. 2004).

A	B	C	D	E	F	G	H	I	J	K
12,69	1,41	3,93	5,58	13,15	0,46	1,12	1,24	6,25	0,56	0,00

L	M	N	Ñ	O	P	Q	R	S	T	U
5,94	2,65	6,63	3,20	9,49	2,43	1,16	6,25	7,60	3,91	4,63

V	W	X	Y	Z	*Vocales*
1,07	0,00	0,13	1,06	0,35	46,21

Tabla 7. Distribución de frecuencias de las letras en español.

Estas distribuciones de frecuencias de letras en español (al igual que las de otros idiomas) tienen las mismas características, a saber, las letras más frecuentes son las vocales «a» y «e», con frecuencias muy parecidas y que acaparan más del 25% del total, la mitad de las consonantes con menor frecuencia no llegan al 12% del total, y finalmente las vocales, que componen el 18,5% del total de las letras, representan más del 46% de la frecuencia. En definitiva, esta distribución de frecuencias sigue el típico diagrama de Pareto, esto es, muy pocas letras acumulan una alta frecuencia mientras que un elevado número de ellas apenas aparecen.

Una sencilla prueba práctica pone de manifiesto que no se debe seguir al pie de la letra el método de Al-Kindi para criptoanalizar un texto cifrado. En efecto, si el texto a analizar es pequeño, es muy probable que la distribución de las frecuencias de las letras que lo componen se distancie de la mostrada en la Tabla Frecuencias, mientras que cuanto más largo sea, más se parecerá a la misma. Incluso en este último caso, no siempre la letra más repetida en el texto cifrado corresponderá a la letra más repetida en el idioma del mensaje.

Como anécdota, si bien extrema, de que en ocasiones no siempre el método de Al-Kindi será aplicable, podemos citar el libro de doscientas páginas de Georges Perec (1936-1982), titulado *El secuestro* en el que el autor no usó ninguna palabra con la letra «e». Reproducimos un breve fragmento,traducido al español, donde no se emplea la letra «a»: a continuación:

Siempre he tenido en secreto el oscuro embrollo de tu origen. Si pudiese, te hubiese dicho hoy el Tormento que pende sobre nosotros. Pero mi Ley prohíbe referirlo. Ningún individuo puede en ningún momento vender el inconsistente porqué, el desconocido mínimo, el completo veto que, desde el origen, oscurece nuestros discursos, desluce nuestros deseos y pudre nuestros movimientos.

De hecho, es muy recomendable considerar las frecuencias de dígrafos y trígrafos del idioma que se considere, lo que afecta considerablemente a la distribución de frecuencias. Así, basta con tener en cuenta que, por ejemplo, en español, la «a» precede a la «b» con una frecuencia de más del 50%; mientras que en muy pocas ocasiones está precedida por la «e». Los dígrafos, ordenados por su mayor frecuencia en español, son: *de, el, la, as, en, es, os, ra, an, al, er, ue, ad, do, re, on, ab, nt, ar, ia, ta, se, co, qu* y *ba*. Por su parte, los trígrafos más frecuentes, ordenados de la misma forma, son: *que, del, aba, ela, sde, ent, nte, los, ode, era, ade, las, ado, con* y *des*. En estos casos se puede observar que, como ya hemos dicho, las letras «a» y «e» aparecen con una frecuencia muy parecida, pero cada una se presenta acompañada de letras diferentes. Por ejemplo, la «e» suele ir precedida por la «d», mientras que la «b» precede y sigue frecuentemente a la letra «a» pero no a la «e», etcétera.

Para verificar en un caso concreto y divertido los aspectos que acabamos de señalar, recomendamos al lector una lectura detallada de *El escarabajo de oro* de Poe, donde debe tenerse en cuenta que se trata de una traducción por lo que el autor aplica el análisis de frecuencia de las letras, dígrafos y trígrafos del idioma inglés.

Por lo dicho hasta aquí, se puede deducir que los métodos de cifrado por sustitución simple no son muy seguros y, en definitiva, con algo de trabajo se pueden descifrar. Los criptógrafos eran conscientes de este problema y, a medida que pasaron los años, propusieron nuevos métodos para intentar paliar el problema que suponía utilizar las frecuencias de las letras como método de descifrado. Una de las primeras soluciones propuestas fue la del uso de «nulos», es decir, símbolos, valores o letras que no tenían significado criptográfico, pero que permitían alterar la frecuencia real de las letras. Otra solución fue utilizar, además de las sustituciones de letras por símbolos, nomenclátores, esto es, colecciones de nombres de personas, cargos o lugares que se sustituían por un único símbolo como si se tratara de una única letra o sílaba. A modo de ejemplo, la Figura 4 reproduce un documento, datado entre 1619 y 1620 y conservado en los archivos de Estrasburgo, que muestra una sustitución simple (columna de la izquierda), una colección de nulos (parte superior), un nomenclátor (a la derecha de la columna y debajo de los nulos) y un ejemplo de su utilización.

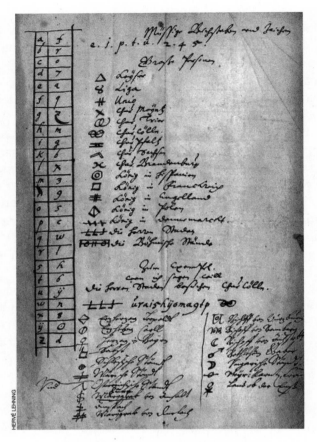

Figura 4. Ejemplo de nomenclátor.

Leon Battista Alberti (1404-1472), en su tratado De cifris (Alberti 1997), propuso el uso de un artilugio queadmite el cifrado de César y que permite emplear un cifrado en el que se use más de un alfabeto, es decir, que permite utilizar varios alfabetos diferentes en el mismo proceso de cifrado, lo que supone que una misma letra puede cifrarse con letras diferentes a lo largo de todo el proceso. Estos métodos se conocen como cifrados por «sustitución polialfabética». Nos vamos a detener en detallar el artilugio de Alberti porque es el primer método polialfabético que se propuso en la historia.

El artilugio, denominado «discos de Alberti» o «cifrador por rotación», consta de dos discos concéntricos que pueden girar sobre su eje común (véase la Figura 5). El disco exterior contiene veinte letras del alfabeto y los números del 1 al 4. El disco interior tiene un alfabeto de veinticuatro letras (veintitrés letras y el signo &). Si se gira un disco sobre el otro y no se lleva a cabo ninguna otra acción, lo que se tiene es una sustitución monoalfabética, como la del cifrado de César. Ahora bien, si rotamos el disco interior tras un determinado período durante un proceso de cifrado (según un patrón o regla acordada de antemano), lo que se obtiene es una sustitución polialfabética, dado que se cambia de alfabeto de cifrado (de hecho, se pueden obtener hasta 24 alfabetos diferentes).

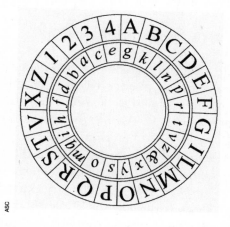

Figura 5. Cifrador de rotación (discos) de Alberti.

A modo de ejemplo, para cifrar el texto «DISCOS DE ALBERTI» se puede proceder como sigue. En primer lugar, se ha de convenir con el destinatario cuándo debe girar el disco interior y cuál será la nueva posición relativa de los mismos, acordando, por ejemplo, el número de giros a derecha a realizar. Este número de giros puede ser siempre el mismo, o variar en cada ocasión. En nuestro caso, el número 2 señalará que el primer giro será de trece posiciones, mientras que el segundo serán siete. Además, el destinatario debería conocer la posición inicial de los discos, lo que puede hacerse comenzando el texto cifrado con la letra que correspondería a la letra «A», en este caso, será la letra «g».

Así pues, el mensaje que se va a cifrar pasará a ser «-DIS- COS2DEAL2BERTI» con las acciones acordadas ya mencionadas. Este acuerdo con el receptor supone que el primer alfabeto de cifrado será el indicado en la figura Alberti, mientras que el segundo y el tercero pasarán a ser «ysomqihfdbacegkl- nprtvz&x» y «prtvz&xysomqihfdbacegkln», respectivamente. En definitiva, el texto cifrado, que escribimos debajo del texto claro, será la segunda fila de la Tabla 8:

-	D	I	S	C	O	S	2	D	E	A	L	2	B	E	R	T	I
g	n	v	q	l	y	q	a	m	q	y	d	z	r	z	f	b	y

Tabla 8. Ejemplo de cifrado de Alberti.

Es importante destacar algunas características de este cifrado. En primer lugar, se puede ver cómo la misma letra se cifra de forma diferente a lo largo del proceso según la posición que ocupe en el texto claro. Así, la «I» pasa a ser una «v» o una «y», y la «E» se convierte en una «q» o una «z»; o que la misma letra del texto cifrado corresponda a diferentes letras en el texto claro, como la «y», que puede corresponder tanto a una «O» como a la «A» o a la «I». Por otra parte, también se pueden detectar algunas posibles debilidades, como que una letra repetida se cifre de la misma manera si no ha habido un giro en los discos, como le sucede a la «S». Finalmente, cabe señalar que el proceso de descifrado se lleva a cabo invirtiendo las operaciones realizadas en el de cifrado, teniendo en cuenta el giro que se debe realizar con los discos cuando se encuentre que el valor descifrado es un 2. En todo caso, insistimos en que este método requiere de un acuerdo previo entre las dos partes que se intercambian los mensajes.

Hay que aclarar además que, con los discos de Alberti, un mismo mensaje se puede cifrar de diferentes maneras, según la posición inicial de los discos o la regla establecida para el cambio de alfabeto.

Finalmente, es importante comentar que la inclusión de los números 1 al 4 en el disco exterior de Alberti no es caprichosa. Se trata de una especie de codificación añadida que permite asignar a cada colección de dos, tres o cuatro números un mensaje concreto acordado por emisor y receptor de antemano. Por ejemplo, 24 podría significar «visita inminente» y 321 «cita suspendida». Es interesante señalar que el número de estos posibles mensajes acordados es elevado. Basta tener en cuenta que el número de grupos que se pueden formar con dos, tres y cuatro números con los cuatro disponibles es, respectivamente, 4^2, 4^3 y 4^4, por lo que el total es de 336.

Los discos de Alberti requieren de una preparación previa y de un acuerdo entre ambas partes, amén de una labor algo tediosa si el mensaje a transmitir es largo. Por ello, no es de extrañar que sea mucho más sencillo emplear discos cifradores que solo contengan los dos alfabetos y solo haga falta conocer la posición relativa inicial de los dos discos. Estos discos simplificados fueron utilizados por los sudistas durante la guerra de Secesión americana (véase la Figura 6).

Figura 6. Réplica de la NSA (National Security Agency) del disco empleado en la guerra de Secesión americana por los sudistas.

Otro de los padres de los sistemas de cifrado polialfabéticos fue Johannes Trithemius o Tritemio (1462-1516). A Tritemio se le deben, principalmente, dos sistemas. El primero de ellos, descrito en *Polygraphiae libri sex* (1518), consiste en sustituir cada una de las letras del texto claro por otra en el texto cifrado de modo que la primera letra del texto claro se mantiene tal cual en el texto cifrado, la segunda letra del texto claro se cambia por la letra que le sigue en el alfabeto, la tercera por la segunda que le sigue y así sucesivamente. De este modo es como si se tuvieran veinticinco alfabetos de cifrado diferentes compuestos por veintiséis letras cada uno: el primero empezaría con la letra «B», el segundo con la «C», etcétera. A modo de ejemplo, «TRITHEMIUS» se cifraría como *tskuljspdc*.

El segundo método ideado por Tritemio consistía en sustituir cada letra del alfabeto por una palabra o frase en latín, a modo de letanía o rezo litúrgico. En la tabla Tritemio se muestran solo algunos ejemplos que permiten cifrar la palabra «CEBADA» con la siguiente expresión en latín *creator universorum qui gloriosus in caelis benefactor pater*. Al margen de que haría falta saber latín para conocer si tal expresión tiene sentido o no, aún más en la época de Tritemio, otro inconveniente del método es la enorme diferencia entre la longitud del texto claro y la del texto cifrado.

A	Pater	Noster qui	Es in	Caelis
B	Dominus	Nostrum qui	Gloriosus in	Celo
C	Creator	Omnium qui	Graditur in	Altis
D	Benefactor	Cunctorum qui	Extas in	Alto
E	Sanator	Universorum qui	Existis in	Exelsi

Tabla 9. Sustitución de letras por palabras o frases de Tritemio.

Giovanni Battista della Porta (1535-1615) escribió el libro *De furtivis literarum notis-vulgo de ziferis* (Porta 1563), por el que se le considera como otro de los padres de la criptografía. Entre otras aportaciones, Battista della Porta es el autor del método de sustitución poligráfico más antiguo que se conoce. Se trata de una sustitución digráfica, esto es, cada dos letras se cambian por un símbolo siguiendo la figura Porta. Es decir, el par formado por la letra que encabeza una columna seguida por una letra final de una fila, se sustituye por uno de los cuatrocientos símbolos extraños, en particular, por el que está en la celda en la que se cruzan la columna y la fila de ambas letras.

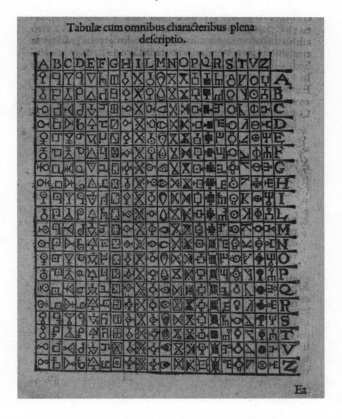

Figura 7. Sustitución digráfica propuesta por Battista della Porta.

Posiblemente, de todos los primeros padres de la criptología, el más famoso sea Blaise de Vigenère (1523-1596), cuya fama se debe, en gran medida, a la claridad de su obra *Traicte des chiffres* (1585) y cuyo método, al parecer irresoluble en su época, recibió el apodo de «código indescifrable» (*chiffre indéchiffrable*). Vigenère estudió los métodos propuestos por Alberti, Tritemio y della Porta y presentó su sistema de cifrado que utilizaba veintiséis alfabetos diferentes. En cierto modo similar al utilizado por Tritemio, aunque empleado de modo diferente, porque además añadía la opción de usar una clave. En este caso, los veintiséis alfabetos son los mismos que los de Tritemio, es decir, a excepción del primero que funciona como alfabeto original, los restantes se forman comenzando cada uno de ellos por la segunda, tercera, cuarta letra y así sucesivamente, hasta la última. Una versión reducida del cuadro de Vigenère se muestra en la Tabla 10.

A	A	B	C	D	E	F	G	H	I	J	K	L	M
B	b	c	d	e	f	g	h	i	j	k	l	m	n
C	c	d	e	f	g	h	i	j	k	l	m	n	o
D	d	e	f	g	h	i	j	k	l	m	n	o	p
…	…	…	…	…	…	…	…	…	…	…	…	…	…
X	x	y	z	a	b	c	d	e	f	g	h	i	j
Y	y	z	a	b	c	d	e	f	g	h	i	j	k
Z	z	a	b	c	d	e	f	g	h	i	j	k	l

N	O	P	Q	R	S	T	U	V	W	X	Y	Z
o	p	q	r	s	t	u	v	w	x	y	z	a
p	q	r	s	t	u	v	w	x	y	z	a	b
q	r	s	t	u	v	w	x	y	z	a	b	c
…	…	…	…	…	…	…	…	…	…	…	…	…
k	l	m	n	o	p	q	r	s	t	u	v	w
l	m	n	o	p	q	r	s	t	u	v	w	x
m	n	o	p	q	r	s	t	u	v	w	x	y

Tabla 10. Cuadro de Vigenère con los veinticinco alfabetos cifrantes.

Una vez construido el cuadro, una versión del método consiste en cifrar cada una de las letras de la primera fila usando el alfabeto que se define mediante la letra de la clave que le corresponde y que está en la primera columna, de modo que la letra cifrante la encontramos en la celda en la que la fila y la columna se cruzan. Así, la letra «M» se cifra mediante el alfabeto «C» como la letra «o», mientras que la misma letra se cifra con el alfabeto «Y» como la «k».

A modo de ejemplo, si se desea cifrar el mensaje «LA CIFRA INDESCIFRABLE» mediante la clave «BLAISE», bastará con escribir el texto claro y debajo la clave, repetida tantas veces como sea preciso, de modo que la primera fila contiene las letras a cifrar y la segunda los alfabetos cifrantes. Realizado el proceso de cifra de cada letra, se obtiene el texto cifrado. En la Tabla 11 puede verse el resultado de este ejemplo.

Texto claro	L	A	C	I	F	R	A	I	N	D	E	S	C	I	F	R	A	B	L	E
Clave	B	L	A	I	S	E	B	L	A	I	S	E	B	L	A	I	S	E	B	L
Texto cifrado	m	l	c	q	x	v	b	t	n	l	x	w	d	d	f	z	s	f	m	p

Tabla 11. Proceso de cifrado de Vigenère con la clave «BLAISE».

El método de Vigenère es invulnerable al método de las frecuencias de Al-Kindi, así como a las restantes sustituciones polialfabéticas ya comentadas, pero, además, este incluye la opción de utilizar una clave, lo que lo hace mucho más seguro, dado que se puede modificar la clave cuando se desee, siempre que se comparta entre emisor y receptor.

No obstante, existe otra forma de atacar y descifrar el «cifrado indescifrable» de Vigenère. Aquí solo daremos unas pinceladas de cómo llevar a cabo este ataque.

El ataque al método de Vigenère se conoce como método de Kasiski por Friedrich Wilhelm Kasiski (1805-1881), quien lo publicara en su libro *Die Geheimschriften und die Dechiffrierkunst*, (*La escritura secreta y el arte del descifrado*) en 1860, aunque todo apunta a que fue Charles Babbage (1791-1871) el primero en desarrollarlo, si bien nunca lo publicó.

De forma muy resumida, el método de Kasiski consiste en determinar, en primer lugar, la longitud de la clave para luego calcularla, reduciendo el cifrado polialfabético a varios cifrados monoalfabéticos. Para obtener la longitud de la clave, se buscan palabras repetidas en el texto cifrado (dígrafos o trígrafos, principalmente) que, presumiblemente, corresponderán a palabras repetidas en el texto claro que se cifran con la misma clave. Este hecho permite deducir que las diferentes distancias a las que aparecen estas palabras repetidas pueden ser un múltiplo de la longitud de la clave empleada. A partir de las distancias obtenidas y las longitudes de las palabras repetidas se puede hacer una suposición de la longitud de la clave. Entonces se divide el texto en bloques cuyo tamaño sea el mismo que el de la clave y se aplica un ataque a un cifrado monoalfabético (de tipo César) para obtener la clave.

Al margen de los posibles métodos para atacar un sistema de cifrado, que antes o después acaban apareciendo, es muy importante que tal sistema se utilice siguiendo las pautas con las que se diseñó o, al menos, teniendo en cuenta sus recomendaciones, dado que su autor es quien más lo ha estudiado y conoce sus propiedades. En este sentido, es de destacar que la sustitución polialfabética de Vigenère se empleara a lo largo de la historia en múltiples ocasiones, aunque ya se conocieran formas de atacarlo, y no siempre como se debía.

Así, por ejemplo, en la guerra de Secesión americana (1861-1865), los soldados del sur emplearon esta sustitución, pero redujeron su complejidad al usar solo tres claves diferentes: *Manchester Bluff*, *Complete Victory* y *Come Retribution*, lo cual facilitaba enormemente el trabajo de descifrado de sus enemigos.

También durante la Segunda Guerra Mundial (1939-1945) varias redes alemanas de espionaje emplearon este método. La complejidad añadida en este caso era la forma de elegir la clave de cifrado a emplear. Dicha clave era una palabra, frase o párrafo de un libro compartido por emisor y receptor, de modo que el emisor seleccionaba una clave al azar contenida en el libro y hacía llegar al receptor la página y la posición en la misma de la palabra, frase o párrafo elegido.

Otro ejemplo de mal uso del método de Vigenère lo encontramos en la guerra de Indochina (1946-1954) entre Francia y el Viet Minh de Ho Chi Minh. En este caso, el Viet Minh utilizaba claves de longitud constante igual a cinco que, además, siempre iban escritas al inicio del mensaje. Hasta aquí un breve repaso de lo que podemos considerar el nacimiento de la criptología, con mención expresa de los principales personajes que aportaron su saber, ciencia e ingenio para ello. En la siguiente sección comentaremos otros personajes históricos que son más conocidos por otras razones más que por su aportación a la criptografía, pero que la utilizaron para sus fines particulares.

ALGUNOS PERSONAJES DE LA HISTORIA

A lo largo de la historia, han sido numerosos los personajes que han utilizado diferentes métodos para enviar cartas o mensajes con la intención de que su contenido no fuera accesible por sus adversarios y solo lo conociera el destinatario de los mismos. Sería interminable detallar aquí todos los sistemas concretos que emplearon tales personajes, por lo que solo mencionaremos aquellos que puedan ser de especial interés para el lector (exceptuando a los españoles que los trataremos en el capítulo 3), bien sea por la relevancia del personaje, bien por la originalidad del sistema específico empleado.

Debe tenerse en cuenta que tales sistemas se engloban en los métodos criptográficos que se han mencionado en la sección anterior. Además, se da la circunstancia de que algunos de los personajes que mencionaremos más adelante no utilizaron los métodos más novedosos, que ya existían en su época, que evitaban el criptoanálisis y, por tanto, obtener los textos claros a partir de los cifrados, aún sin conocer la clave. Este retraso en la aplicación de tales métodos más seguros supuso, en algunos casos, graves consecuencias.

El primer personaje que mencionaremos es el emperador Carlomagno (742-814), quien utilizó la criptografía en sus misivas usando una sustitución simple. En el libro de Vigenère *Traicté des chiffres, ou secrètes manières d'écrire* se reproducen cuatro de los diferentes sistemas de sustitución que usó el emperador y que se muestran en la figura Carlomagno.

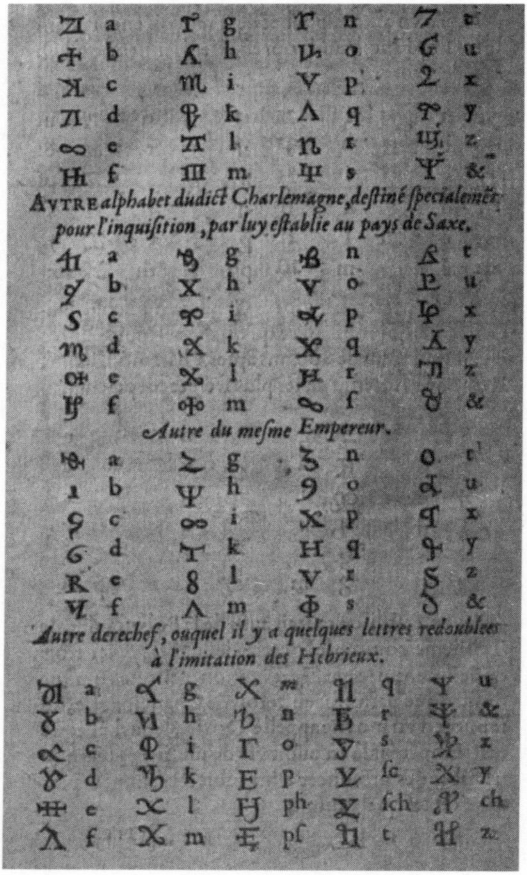

Figura 8. Sustituciones simples de Carlomagno.

Como se puede ver, cada una de las letras del alfabeto se sustituía por un símbolo, más o menos extraño, con el fin de ocultar el contenido del mensaje.

La característica principal de la francmasonería era el secretismo, pues utilizaban un sistema para intercambiar información. Este sistema asocia a cada letra una figura, relacionada con símbolos arquitectónicos y de la construcción que recuerdan su profesión. La forma más sencilla de recordar esta sustitución es hacer uso de la distribución de las letras como se muestra en la figura francmasonería.

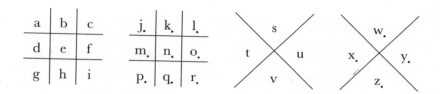

Figura 9. Disposición de las letras según los francmasones.

Así, la letra «b» se sustituye el símbolo ⊔, la «e» por □ ,la «f» por ⊏, la «n» por ⊡, la «s» por V, la «v» por ∧, etcétera.

Una sustitución simple, similar a la anterior, era la utilizada por los caballeros templarios, al parecer de antes del siglo XIII. Los símbolos empleados para cada una de las letras recuerdan, vagamente, a la cruz de la orden. En la Figura 10 se puede ver esta forma de sustitución y la cruz de la orden.

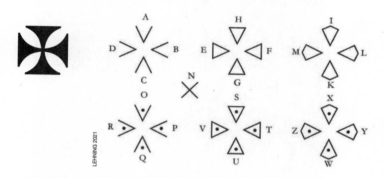

Figura 10. Sustitución simple usada por los templarios.

Algunos personajes históricos deben agradecer a grandes criptoanalistas sus éxitos en diferentes batallas, como el rey Enrique II de Francia (1519-1559), que utilizó la habilidad de Antoine de Rossignol (1600-1682) y a quien el Cardenal Richelieu (1585-1642) tomó a su cargo. Más adelante volveremos a mencionar la capacidad de Rossignol como criptólogo.

Un conocido caso de uso incorrecto de la criptografía, con fatales consecuencias, es el de María Estuardo (1542-1587), reina de Escocia. No entraremos en los detalles de la historia, pero es sabido que a María se la acusó, y posteriormente condenó a muerte, por conspirar para asesinar a la reina Isabel I de Inglaterra y hacerse con la corona inglesa. Mientras María estuvo en prisión mantuvo correspondencia cifrada con sus partidarios. En el juicio contra ella se pudo probar, gracias a la labor de los criptoanalistas de la reina Isabel, que estaba al tanto de la conspiración, por lo que se la condenó a muerte. El nomenclátor utilizado (véase la Figura 11), esto es, la colección de símbolos empleados para el cifrado, en lo que se llamó la «conspiración Babington», lo formaban veintitrés símbolos para las letras del alfabeto (a excepción de la «j», la «v» y la «w»), cuatro nulos (símbolos sin significado) y treinta y cinco símbolos para abreviar palabras o frases de uso común.

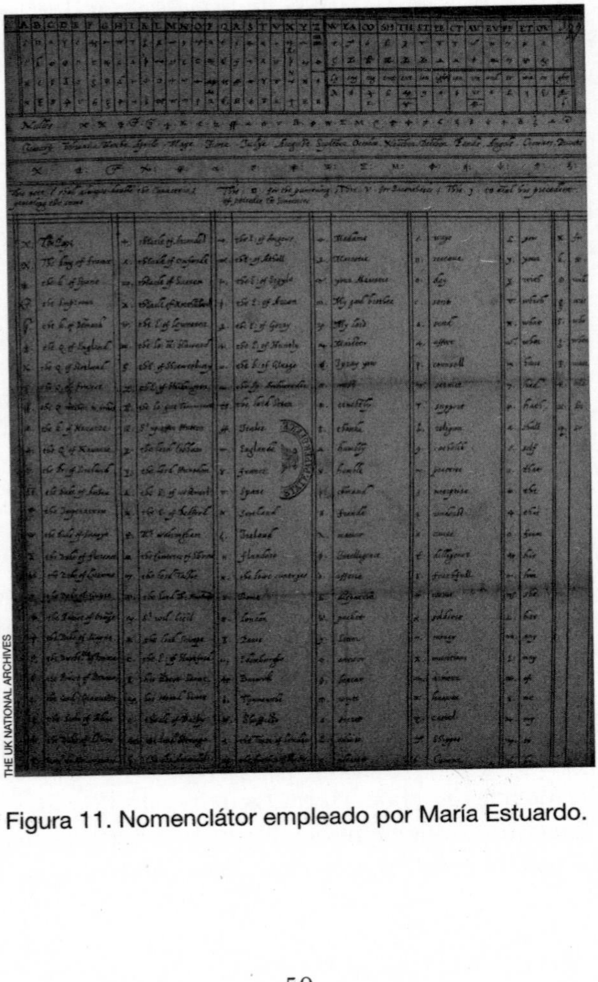

Figura 11. Nomenclátor empleado por María Estuardo.

Probablemente, uno de los ejemplos más destacables de modificación del cifrado monoalfabético es la conocida como la Gran Cifra (*Grande Chiffre*) empleada por Luis XIV (1638-1715), el Rey Sol. Uno de los nomenclátores de la Gran Cifra se muestra en la figura Luis XIV. Su importancia se debe a que fueron necesarios doscientos años para poder descifrarla. Los artífices de este sistema de cifrado fueron Antoine Rossignol y su hijo Bonaventure, que la emplearon para cifrar los mensajes más secretos del rey. También Antoine Rossignol fue el fundador del Gabinete negro (*Cabinet noir*), el servicio de descifrado de los reyes de Francia. Con el paso del tiempo este tipo de gabinetes se instauraron en otros países, destacando el austriaco y el americano.

Figura 12. Uno de los nomenclátores de la Gran Cifra de Luis XIV.

El gran criptógrafo francés Étienne Bazeries (1846-1931) fue el responsable del descifrado de la Gran Cifra. Su análisis para desentrañar los textos cifrados con este método es digno de mención y, por ello, lo comentaremos brevemente. Bazeries observó que los documentos cifrados contenían miles de números, pero sólo había quinientos ochenta y siete grupos de números diferentes. La primera hipótesis que estableció en su análisis es que como una sustitución simple solo necesita veintiséis números diferentes, el resto podrían ser homófonos, es decir, grupos de números que tenían el mismo significado y que pretendían enmascarar la frecuencia de su repetición. Sin embargo, tuvo que descartar esta hipótesis porque no le llevó a ninguna conclusión.

La segunda hipótesis que planteó es que cada grupo de números podría representar un dígrafo, debido a que el número de dígrafos con veintiséis letras es seiscientos setenta y seis (= 26^2), lo que se aproxima mucho a los quinientos ochenta y siete existentes. Este planteamiento le llevó a tratar de emparejar los dígrafos más empleados en francés con los grupos de números más repetidos, pero tampoco obtuvo buenos resultados. Finalmente, optó por asociar a cada número una sílaba, de modo que repitió la idea de emparejar los grupos de números más frecuentes con las sílabas de uso más corriente. Esta hipótesis le llevó a suponer que el grupo de números 124-22-125-46-345, que aparecía varias veces en cada página, podía significar «les-en-ne-mi-s» o «*les* enemis» (los enemigos). A partir de este sencillo dato y con un enorme esfuerzo, Bazeries logró descifrar el método ideado por los Rossignol.

Otro personaje ilustre fue María Antonieta de Austria (1755-1793), quien utilizaba la criptografía para cifrar la correspondencia que mantenía con sus amantes. El método de cifrado era una sustitución polialfabética para cada uno de los destinatarios de sus cartas, con cada uno de los cuales empleaba una clave diferente. Una de tales sustituciones puede verse en la figura Antonieta, donde se aprecia que solo se emplean veintidós letras dado que para las parejas (I, J), (U, V), (C, K) y (V, W), solo se emplea una de las letras.

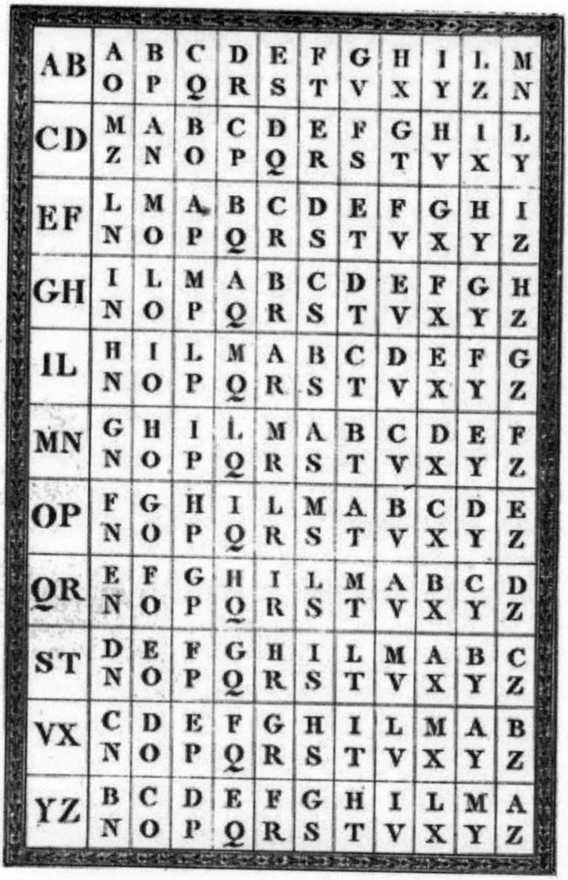

AB	A O	B P	C Q	D R	E S	F T	G V	H X	I Y	L Z	M N
CD	M Z	A N	B O	C P	D Q	E R	F S	G T	H V	I X	L Y
EF	L N	M O	A P	B Q	C R	D S	E T	F V	G X	H Y	I Z
GH	I N	L O	M P	A Q	B R	C S	D T	E V	F X	G Y	H Z
IL	H N	I O	L P	M Q	A R	B S	C T	D V	E X	F Y	G Z
MN	G N	H O	I P	L Q	M R	A S	B T	C V	D X	E Y	F Z
OP	F N	G O	H P	I Q	L R	M S	A T	B V	C X	D Y	E Z
QR	E N	F O	G P	H Q	I R	L S	M T	A V	B X	C Y	D Z
ST	D N	E O	F P	G Q	H R	I S	L T	M V	A X	B Y	C Z
VX	C N	D O	E P	F Q	G R	H S	I T	L V	M X	A Y	B Z
YZ	B N	C O	D P	E Q	F R	G S	H T	I V	L X	M Y	A Z

Figura 13. Cuadro de sustitución empleado por María Antonieta.

El proceso de cifrado no es muy cómodo y puede llevar a errores. La sustitución es como sigue: una vez elegida la palabra clave, se cifra cada una de las letras del texto claro haciendo uso de cada una de las letras de la clave de modo iterativo. Así, la primera letra a cifrar se sustituye por la que está en la misma celda (encima o debajo) donde se encuentra la letra a cifrar y que está en la fila determinada por la primera letra de la clave. La segunda letra y las siguientes se cifran de la misma manera, usando cada una de las letras de la clave. A modo de ejemplo, si se usa el cuadro de sustitución de la figura Antonieta y se desea cifrar el texto claro «ANTONIETA» con la clave «MAR», para cifrar la primera letra, la «A», se busca qué letra la acompaña en la fila correspondiente a la «M», que es la «S»; a continuación se localiza la letra que está en la misma celda que la «N» en la fila correspondiente a la letra «A», que es la «M» y así sucesivamente, de modo que el texto cifrado es *smmhmryfv*.

Si el lector ha seguido el ejemplo anterior, puede imaginar la complicación que resulta si se intenta cifrar una carta larga, de ahí que María Antonieta empleara un proceso más sencillo, probablemente sugerido por algún criptógrafo conocido (y podríamos decir que amateur). Este consistió en cifrar solo una de cada dos letras, por ejemplo, las que ocupaban las posiciones pares, pero esta estrategia, aunque simplifica el proceso de cifrado y de descifrado, hace que sea más inseguro.

Otro ilustre personaje fue Napoleón Bonaparte (1769-1821), pero todo apunta a que no era un gran entusiasta en el uso de la criptografía, si bien se tiene noticia de que empleó dos tipos de cifrado: la *grand chiffre* y varias *petit chiffre*. La primera tenía mil doscientos grupos y se utilizaba para las comunicaciones con el estado mayor; mientras que las segundas solo tenían ciento cincuenta grupos.

Al margen de estos personajes históricos, fundamentalmente relacionados con la política, queremos incluir aquí a otros personajes ilustres, sobre todo escritores, que usaron la criptología en algunas de sus obras y la ayudaron a su divulgación. Nos referimos, por orden de nacimiento, a Honoré de Balzac (1799-1850), Edgar Allan Poe, Julio Verne (1828-1905) y Arthur Conan Doyle (1859-1930).

Balzac, en el capítulo dedicado a las *Religiones y confesiones, consideradas en sus relaciones con el matrimonio* de su *Fisiología del matrimonio*, uno de sus trabajos dentro de la *Comedia Humana*, escribe lo siguiente:

> Ha dicho La Bruyere muy espiritualmente: Es demasiado para un marido requerir tanto devoción como galantería; una esposa debiera elegir.
> El autor piensa que La Bruyere se ha equivocado. En efecto…

A continuación, siguen cuatro páginas ilegibles formadas por letras escritas al revés, de costado, etcétera, sin un sentido aparente y diferentes según la edición del libro de que se trate (véase la Figura 14).

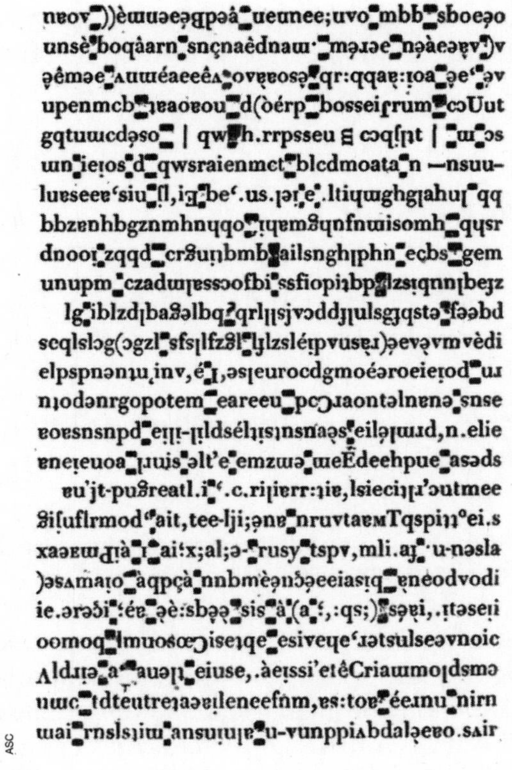

Figura 14. Reproducción de una página de *Fisiología del matrimonio* de Honoré de Balzac.

En la fe de erratas del libro en la que se advierte de «los errores que puede haber cometido el lector al leer esta obra», Balzac menciona estas cuatro páginas y a propósito de ellas señala:

Para comprender realmente el sentido de estas páginas, un lector honesto consigo mismo debe releer sus pasajes principales varias veces; porque el autor ha puesto todo su pensamiento allí.

El criptólogo Bazeries, a quien ya hemos mencionado anteriormente, trató de descifrar estas páginas y, al no poder con la tarea, concluyó que se debía tratar de una broma del autor. Más tarde, André Lange observó que el aparente texto cifrado era distinto en diferentes ediciones de la obra y, analizando una de tales ediciones (la de Furne de 1846), descifró el mensaje al comprobar que se trataba de un sistema de trasposición.

5	3	‡	†	3	0	5	)	)	6	*	4	8	2	6	)	4	‡	.	)	‡	)	;	8	0	6
*	;	4	8	‡	8	¶	6	0	)	)	8	5	;	1	‡	(	;	:	‡	*	8	†	8	3	(
8	8	)	5	*	†	;	4	6	(	;	8	8	*	9	6	*	?	;	8	)	‡	(	;	4	8
5	)	;	5	*	†	2	:	*	‡	(	;	4	9	5	6	*	2	(	5	*	–	4	)	8	¶
8	*	;	4	0	6	9	2	8	5	)	;	)	6	†	8	)	4	‡	‡	;	1	(	‡	9	4
8	0	1	;	8	:	8	‡	1	;	4	8	†	8	5	;	4	)	4	8	5	†	5	2	8	8
0	6	*	8	1	(	‡	9	;	4	8	;	(	8	8	;	4	(	‡	?	3	4	;	4	8	)
4	‡	;	1	6	1	;	:	1	8	8	;	‡	?	;											

Tabla 12. Mensaje, en inglés, objeto de criptoanálisis en *El escarabajo de oro* de Edgar Allan Poe.

Si el lector aún no ha leído con detalle, como recomendamos unas páginas antes, esta excelente novela, daremos unas pinceladas de cómo el protagonista de la obra aborda la tarea de intentar descifrar el mensaje secreto. En el caso de que el lector desee disfrutar de la obra de Poe en todo su esplendor, le recomendamos que se salte el siguiente párrafo, para evitar que le destripemos la trama.

Como se puede apreciar, el texto cifrado contiene veinte símbolos diferentes por lo que Legrand supone que se trata de un cifrado por sustitución simple. De modo que procede a asignar las letras y símbolos según la frecuencia de los mismos en el idioma inglés. Después de este proceso, observa que no ha obtenido un texto legible al completo por lo que sigue determinadas estrategias alternativas, como hacer uso de los dígrafos y trígrafos más empleados en inglés y asignarles los grupos de dos y tres símbolos, en especial del trígrafo «THE». Hecho esto, repite el proceso de sustitución y aplica nuevas estrategias hasta lograr su propósito.

Julio Verne, por su parte, escribió varias novelas en las que emplea la criptología como parte de sus tramas, que comentaremos brevemente.

En *Viaje al centro de la Tierra*, Verne presenta un pergamino con caracteres rúnicos que oculta un mensaje, como vemos en la figura centro.

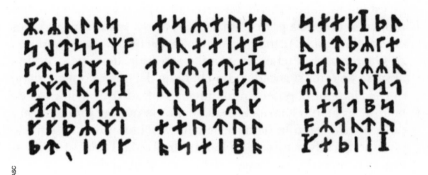

Figura 15. Reproducción del criptograma de
Viaje al centro de la Tierra de Julio Verne.

El primer paso de los protagonistas de la conocida historia consiste en deshacer la sustitución inicial para escribir las runas como caracteres latinos, de modo que obtienen el mensaje que aparece en la tabla centro1. El siguiente paso es descifrar el texto cifrado mediante una trasposición, que permite conocer el camino para llegar al centro de la Tierra (eso sí, de nuevo, conviene saber algo de latín).

mm.rnlls	esreuel	seecJede
sgtssmf	unteief	niedrke
kt,samn	atrateS	Saodrrn
emtnael	nuaect	rrilSa

Atvaar	nscrc	ieaabs
ccdrmi	eeutul	frantu
dt,iac	oseibo	KediiY

Tabla 13. Caracteres latinos de las runas de
Viaje al centro de la Tierra de Julio Verne.

Julio Verne vuelve a hacer uso de la criptología en la trama de la novela *La Jangada: 800 leguas por el Amazonas*. El personaje de esta obra, Juan Garral, ha heredado una hacienda y por este motivo se desplaza por el Amazonas junto a su familia y criados en una jangada. Al margen de los problemas de la travesía en sí, Garral parece tener problemas con la justicia, pero podría librarse de estos si accede a un chantaje del que es objeto, dado que el chantajista posee un manuscrito cifrado que le libraría de la justicia. Juan rechaza el chantaje, por lo que los protagonistas de la novela tratarán de hacerse con el manuscrito y descifrarlo para poder salvar a Juan de la muerte. En la Tabla 14 mostramos el contenido, en francés, del citado manuscrito.

ch	n	y	i	s	g	e	g	g	p	d	z	x	q	x	e	h	ñ	u	q
g	p	g	c	h	n	q	y	e	l	e	o	c	r	u	h	x	b	f	i
d	x	h	u	m	ñ	d	y	r	f	i	ll	r	x	v	q	o	e	d	h
f	n	g	r	o	b	p	b	g	r	ñ	i	u	l	h	r	g	r	ll	d
q	r	j	i	e	h	ñ	z	g	m	ñ	x	c	h	b	f	t	t	g	c
h	h	o	i	s	r	h	h	ñ	m	ll	r	l	r	e	m	f	p	y	r
u	b	f	l	q	x	g	d	t	h	ll	v	o	t	f	v	m	y	c	r
e	d	g	r	u	z	b	l	q	ll	x	y	u	d	p	h	o	z	f	f
s	p	f	i	ñ	d	h	r	c	q	v	h	v	x	g	d	p	v	s	b
g	o	n	l	x	h	t	f	e	n	c	h	h	ñ	u	ll	h	e	g	p
c	h	t	n	e	d	f	q	j	p	ll	v	v	x	b	f	l	l	r	o
c	h	f	n	h	l	u	z	s	l	y	r	f	m	b	o	e	p	v	m
ñ	r	c	r	u	t	ll	r	u	y	g	o	p	c	h	ll	u	ñ	t	d
r	q	o	k	o	f	u	n	d	f	i	s	r	q	r	ñ	g	s	h	s
u	v	i	h	d															

Tabla 14. Mensaje objeto de criptoanálisis
en *La Jangada* de Julio Verne.

En este caso, el texto claro se ha cifrado usando el método de Vigenère y una de las suposiciones de los que intentan descifrarlo, después de varias pistas, es que lo ha firmado su autor, un tal Ortega, por lo que las últimas seis letras del texto cifrado deberían corresponder al apellido. Un primer paso en el proceso de descifrado sería la siguiente asignación de letras: «s» con «O», «u» con «R», «v» con «T», «j» con «E», «h» con «G», y «d» con «A». Esta asignación correspondería a la serie con desplazamiento 432513. El lector podría intentar descifrar el manuscrito con esta pista o utilizar el método de Kasiski. Si no pudiera con ello o la tarea le parece demasiado complicada, siempre puede leer el libro y seguir los pasos que Julio Verne señaló en su novela.

Como es bien conocido, en *Los hijos del capitán Grant*, lord Edward Glenarvan descubre, durante un viaje de recreo por barco, dentro de una botella tres trozos de papel, parcialmente destruidos por el agua, que han sido escritos por el capitán Grant. Los hijos del capitán le piden llevar a cabo una expedición de rescate. El problema es que necesitan descifrar los tres mensajes, que parecen ser el mismo, pero escritos en tres idiomas diferentes: francés, inglés y alemán. En la tabla Grant se muestran los tres mensajes parciales en los tres idiomas. En este caso, no daremos ninguna pista acerca del contenido del mensaje original ni sobre las interpretaciones que se hacen del mismo a lo largo de la novela. Sugerimos al lector que disfrute de la lectura de esta novela.

Inglés			
62	Bri	gow	
sink	tra		
aland			
skripp	Gr		
that	monit	of	long
and	ssistance	lost	

Alemán		
7	juni	Glas
swei	atrosen	
graus		
bring	ihnen	

Francés			
troj	ats	tannia	
gonie	austrel	gonie	
abor			
contin	pr	cruel	indi
jete	ongit		
et	37°11	lat	

Tabla 15. Los tres mensajes encontrados
en *Los hijos del capitán Grant* de Julio Verne.

Finalmente, el uso de la criptología en la novela *Matías San-dorf* (Verne 1987) nos parece más interesante por cuanto nos permite hablar de un célebre matemático, Girolamo Cardano (1501-1576) y del coronel austriaco Edouard Fleissner von Wostrowitz (1825-1888). En este caso no se trata de un mensaje que se haya cifrado mediante el método de Vigenère, sino de una sustitución monoalfabética a la que le faltan palabras que hay que suponer y en las que se dispone como pista el hecho de que se ha escrito en diferentes idiomas, como si el lector tuviera que emprender una aventura como la de Champollion ante la piedra Rosetta (salvando las distancias, claro está).

Antes de presentar el método empleado por Julio Verne en su novela, comentaremos la idea original en la que se basa el método de von Wostrowitz y que se debe a Cardano. Cardano es especialmente conocido por publicar las fórmulas que permiten resolver una ecuación cúbica o de tercer grado, mediante operaciones algebraicas. No obstante, lo incluimos aquí por haber diseñado la rejilla que lleva su nombre. Se trata de una especie de tarjeta perforada que, situada sobre un texto, permite leer ciertas partes del mismo, de modo que el mensaje cifrado se diluye dentro del resto del mensaje.

Esta	carta	que	me	escribiste
ayer	por	la	noche,	no
puedo	admitirla	y,	en	vano,
para	verte,	debo	matar	veinte
siglos	esperando	horas	y	horas

Tabla 16. Mensaje aparentemente inocente.

Tabla 17. Rejilla de Cardano.

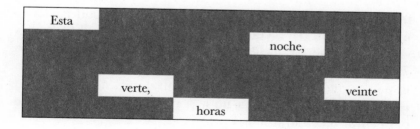

Tabla 18. Lectura de un mensaje secreto con la rejilla de Cardano.

Como hemos dicho, basándose en la rejilla de Cardano, von Wostrowitz ideó un método de trasposición, conocido como rejilla giratoria. En este caso, se trata de una rejilla cuadrada de 6×6 celdas, de modo que se perforan nueve celdas y que permite tanto cifrar mensajes de treinta y seis letras como descifrarlos. Para que el método funcione correctamente, las posiciones de las celdas perforadas deben ser tales que cuando se gire la rejilla noventa grados tres veces en el mismo sentido (en general en el de las agujas del reloj), nunca deberán coincidir en la misma posición dos celdas perforadas.

Para cifrar las treinta y seis letras del texto claro (si la longitud es menor, se puede hacer uso de nulos y si es mayor, bastará con repetir el proceso las veces que sea preciso) se colocará la rejilla en su posición inicial (que deberá señalarse de alguna manera, por ejemplo, con una marca en la parte superior izquierda) y se escribirán las nueve primeras letras, ordenadas, en las nueve casillas perforadas. A continuación, se gira la rejilla noventa grados y se vuelven a escribir las siguientes nueve letras. El proceso se repite hasta completar el cifrado del mensaje. Para descifrar el mensaje, bastará con proceder de forma inversa.

Hemos comentado que las posiciones de las celdas perforadas de la rejilla no pueden ser cualesquiera, dado que han de distribuirse a lo largo de las filas y columnas de modo que las posiciones que ocupan no coincidan con las de otras celdas perforadas cuando la rejilla se gira noventa, ciento ochenta y doscientos setenta grados. Este diseño no es fácil, pero tampoco es demasiado complicado. En particular, podrían diseñarse rejillas de 4×4 (con cuatro celdas perforadas), 8×8 (dieciséis celdas perforadas), etcétera, pero no de tamaño 5×5 o 7×7, puesto que, en estos últimos casos, al haber un número impar de celdas, habría una celda central que, si se perfora, lo estaría en todos los giros y si no se perfora, nunca podría usarse para cifrar o descifrar letras.

A modo de ejemplo, la Tabla 19 muestra una rejilla de 6×6 celdas que verifica esta propiedad, análoga a la empleada por Julio Verne en la novela *Matías Sandord*.

Tabla 19. Ejemplo de rejilla de tamaño 6×6.

En el caso de que el mensaje a cifrar con esta rejilla fuera «JULIO VERNE FUE EL AUTOR DE MATÍAS SANDORF», como tiene treinta y cinco letras, añadiríamos al final una más, por ejemplo, una «X», y procederíamos como se ha indicado. Así, las primeras nueve letras que escribiríamos serían las que se muestran en la tabla 17.

Tabla 20. Cifrado de las primeras nueve letras del texto claro.

Repitiendo el proceso como se ha indicado, el texto cifrado, fruto de la trasposición con esta rejilla, sería el que mostramos en la Tabla 21.

j	*e*	*s*	*f*	*u*	*u*
s	*l*	*o*	*i*	*e*	*r*
o	*a*	*e*	*d*	*n*	*v*
e	*l*	*e*	*d*	*a*	*m*

r	*o*	*a*	*n*	*i*	*u*
r	*i*	*f*	*t*	*x*	*a*

Tabla 21. Texto cifrado con la rejilla diseñada anteriormente.

Conviene señalar que tanto el emisor del mensaje como su receptor deberán tener la misma rejilla y compartirla en secreto. Finalmente, recomendamos al lector que lleve a cabo este proceso con el mensaje de la novela de Julio Verne para practicar con este método.

Un último ejemplo de presencia de la criptografía en una novela es la aventura de Sherlock Holmes, de Arthur Conan Doyle, titulada *El misterio de los bailarines* (Doyle 2013), en ocasiones publicada como *Los hombres danzantes*. En esta aventura, el señor Cubitt pide ayuda a Holmes porque su esposa está muy asustada desde que recibió unos papeles en los que se muestran unos muñecos que bailan o danzan, como los que se muestran en la Figura 16.

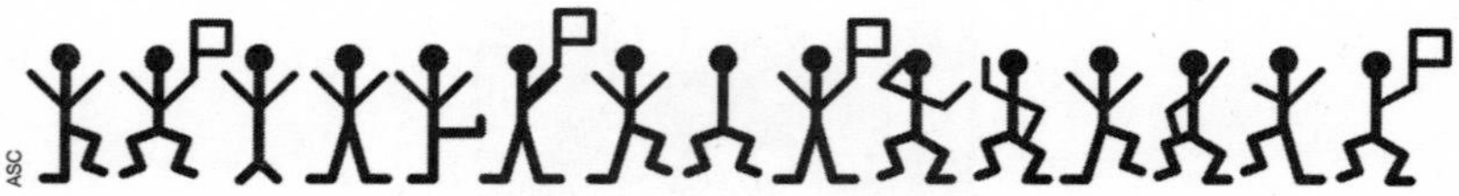

Figura 16. Hombres danzando de *El misterio de los bailarines* de Doyle.

En su investigación, Holmes se plantea la hipótesis de que se trate de un cifrado monoalfabético de modo que los muñecos se corresponden con letras que ocultan un mensaje. En el proceso deductivo que lleva a cabo, observa que hay bailarines idénticos, pero, en ocasiones, uno de ellos porta una bandera, por lo que una de sus primeras conclusiones es que tal hecho significa que dicho bailarín marca el final de una palabra o frase. Dejamos al lector que disfrute de la novela y no le destripamos más aspectos de los procesos deductivos del detective.

Qué duda cabe de que las situaciones bélicas son las que más han repercutido en el desarrollo de los métodos criptológicos, pues en ellas no se trata de ocultar información entre amantes o en aventuras, sino que el descifrado de un código puede acarrear consecuencias catastróficas, como es la pérdida de vidas humanas. Dado que son innumerables los casos que se pueden mencionar, comentaremos solo algunos de ellos, en especial los más importantes acaecidos durante el siglo XX. El lector interesado puede consultar alguno de los libros que citamos en las referencias para ampliar este tipo de información.

Las guerras del siglo XX se caracterizaron, entre otras cosas, por el progreso espectacular del armamento bélico y por el desarrollo de nuevos métodos de cifrado. En particular, en la segunda mitad del siglo, con el uso de máquinas cifradoras mecánicas y electromecánicas, hasta la aparición del ordenador. En el capítulo 4 trataremos este tipo de máquinas de cifrado, por lo que aquí nos vamos a limitar a comentar algunos hechos y situaciones que consideramos dignos de destacar.

Probablemente, uno de los episodios más llamativos y que pone de manifiesto la gran importancia que tiene no sólo descifrar la información del enemigo, sino también el cómo y con quién se gestiona dicho conocimiento, es el caso del telegrama Zimmermann. De modo resumido, la historia de este telegrama es la siguiente.

El llamado «telegrama Zimmermann» fue una comunicación secreta enviada en enero de 1917 por el Ministerio de Asuntos Exteriores alemán (el Secretario de Relaciones Exteriores alemán era Arthur Zimmermann, de ahí el nombre con el que ha pasado a la historia el telegrama) al embajador alemán en Washington D. C., en el que se ofertaba una alianza militar entre Alemania y México. El telegrama lo envió un diplomático alemán desde la embajada americana en Berlín, vía Copenhague y luego, por cable submarino, a la embajada alemana en Estados Unidos, pasando por Gran Bretaña, donde se interceptó.

La conocida como «Room 40», a la sazón una unidad de la Inteligencia Naval Británica, lo descifró parcialmente. El sistema de cifrado empleado por los alemanes, descifrado por los ingleses, se conocía como 0075, de modo que los ingleses pudieron hacerse una idea de su contenido. El mensaje, que debía enviarse desde Washington a Ciudad de México, proponía al gobierno mexicano una alianza con la causa alemana para lanzar un ataque militar contra los Estados Unidos, en caso de que estos entraran en la Primera Guerra Mundial, a cambio de ayuda financiera y militar para que México recuperara Texas, Arizona y Nuevo México.

El gobierno británico deseaba dar a conocer al gobierno estadounidense el contenido del telegrama y aprovechar esta situación para que los Estados Unidos se unieran a la guerra e inclinaran la balanza hacia el lado aliado. Sin embargo, se enfrentaba a un grave dilema. Por un lado, si daba a conocer el contenido del telegrama, pondría de manifiesto que los ingleses también espiaban las comunicaciones diplomáticas estadounidenses, además cabía la posibilidad de que el espionaje alemán acabara conociendo que su sistema de cifrado ya no era seguro, por lo que sería sustituido de inmediato, provocando un claro perjuicio a los británicos. Por el contrario, si no se lo daban a conocer, perderían la oportunidad de que los Estados Unidos se unieran al bando aliado.

Los británicos contaban con que la embajada alemana en Washington D. C. enviaría el mensaje contenido en el telegrama a su embajada en Ciudad de México, posiblemente mediante el sistema telegráfico estándar, de hecho, se envió por medio de la Western Union, para evitar las posibles sospechas americanas, dado que ambos países no estaban enfrentados. Los agentes británicos consiguieron una copia del telegrama en la oficina de telégrafos de Ciudad de México y la suerte los acompañó pues este estaba cifrado con un sistema viejo que los ingleses podían descifrar completamente (véase Figura 17).

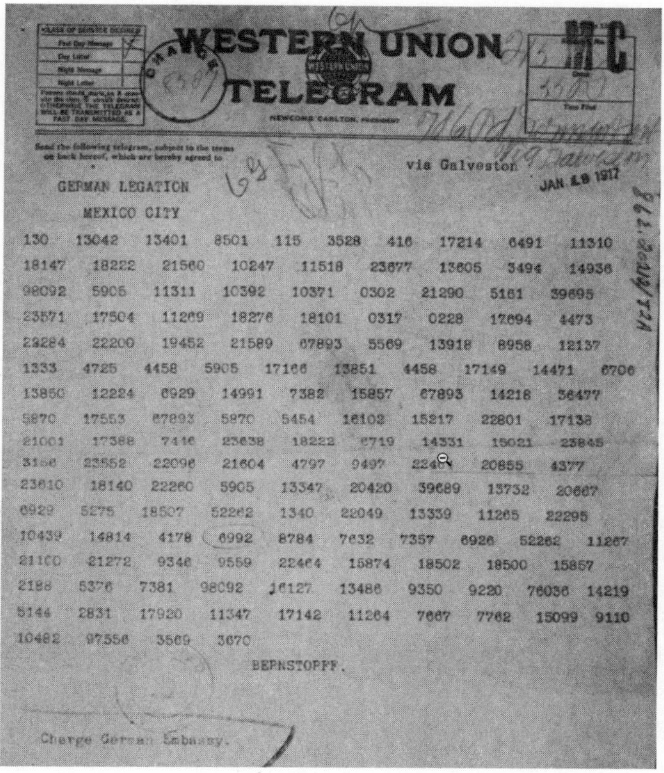

Figura 17. Telegrama Zimmermann
enviado desde Washington D. C. a Ciudad de México.

De este modo, los ingleses obtuvieron dos ventajas adicionales a la hora de revelar el telegrama Zimmermann a los estadounidenses: podían alegar que lo habían obtenido mediante sus agentes en México (sin usar las líneas telegráficas americanas) y no les importaba compartir con estos que habían descifrado un antiguo sistema de cifrado alemán y, a la vez, mantener en secreto que podían descifrar parcialmente el sistema 0075, mucho más nuevo y seguro. El caso del telegrama Zimmermann pone de manifiesto la gran importancia del trabajo de los criptoanalistas.

Otra situación dramática, también durante la Primera Guerra Mundial, fue no haber preparado o no disponer de equipos de criptógrafos lo suficientemente preparados como para poner en marcha un sistema de cifrado eficiente y seguro. La invasión de Prusia oriental por parte de los rusos contra el ejército alemán es un claro ejemplo de esto. El ejército ruso, en su rápido avance, no tuvo tiempo de entregar a sus tropas de vanguardia los libros de códigos imprescindibles para cifrar los mensajes, por lo que las transmisiones se hacían en claro a través de la radio, que, claro está, también escuchaban los alemanes, por lo que eran conocedores de los movimientos de tropas y planes de batalla del ejército ruso. La consecuencia de esto fue la derrota rusa en la batalla de Tannenberg (1914), por lo que de forma inmediata los rusos comenzaron a cifrar sus mensajes. No obstante, dicha solución no fue suficiente dado que el ejército alemán, con una estructura criptológica mucho mejor preparada, fue capaz de descifrar los mensajes rusos hasta el final de la guerra.

Esta falta de preparación rusa no terminó con la Gran Guerra. En efecto, en 1920, la ya Unión Soviética se lanzó a la conquista de Polonia, con la convicción de que su ejército era mucho más potente y que la guerra terminaría pronto. Sin embargo, Polonia tenía un excelente servicio de criptoanálisis en su Oficina de Cifrado. Destacamos este hecho porque allí trabajaban Waclaw Sierpinski (1882-1969) y su alumno Stefan Mazurkiewicz (1888-1945), ambos excelentes y reputados matemáticos. El primero de ellos es conocido, sobre todo, por las curvas fractales que llevan su nombre y el segundo por el Teorema de Hahn-Mazurkiewicz acerca de curvas que rellenan el espacio. Hoy en día, se considera que la intervención de ambos en el descifrado de los mensajes rusos influyó decisivamente para que los polacos vencieran en la batalla de Varsovia (también conocida como el «Milagro del Vístula»).

Por otra parte, uno de los sistemas de cifrado más conocidos de todos los empleados en la Primera Guerra Mundial se conoció entre los aliados como ADFGX y posteriormente modificado como ADFGVX. Su fama no se debe a su especial diseño sino al proceso de criptoanálisis logrado por los franceses.

Al margen de los avatares de la guerra (en los que no entraremos en detalle), el ejército alemán, justo antes de la gran ofensiva de 1918, tenía claro que sus sistemas de cifrado no eran demasiado secretos para los enemigos, por lo que decidieron emplear un nuevo método que les reportara ventajas. El método lo diseñó el coronel Fritz Nebel (1891-1977) y consistía en una sustitución seguida de una trasposición, denominado originalmente como «Cifrado de los radiotelegrafistas 18» (*Geheimschrift der Funker 18*).

El método consistía en una cuadrícula de 5×5, como la que se muestra en la tabla de Polibio, pero con dos diferencias: la primera es que las veinticinco letras se distribuían al azar, o acordadas entre emisor y receptor mediante una clave compartida, y en lugar de emplear números en la parte externa de la tabla, se escribían las letras ADFGX, como se muestra en la tabla ADFGX. En este caso, vamos a seguir la notación contraria a la que es habitual cuando se presenta este método, dado que hemos acordado que, a lo largo de este libro, los textos claros los escribiremos con letras mayúsculas y los cifrados con letras minúsculas y en cursiva. De ahí que las letras exteriores las escribamos en minúsculas y en cursiva. La razón de que Nebel eligiera las letras ADFGX se debe a que son muy diferentes en su codificación con el alfabeto Morse, lo que evitaba, en gran medida, los errores a la hora de transmitir los mensajes por telégrafo.

	a	*d*	*f*	*g*	*x*
a	O	L	D	R	G
d	Z	E	A	C	S
f	F	M	X	Q	P
g	V	B	U	H	K
x	Y	N	I/J	T	W

Tabla 22. Ejemplo de tabla de sustitución para el cifrado ADFGX.

Una vez elaborada la cuadrícula, el mensaje se cifraba como en el caso de Polibio, pero ahora cada letra del texto claro se convertía en dos letras del texto cifrado. Así, si el mensaje es:

«EL ATAQUE SERÁ A LAS CUATRO HORAS», el cifrado mediante esta sustitución daría lugar, letra por letra, a: «dd ad df xg df fg gf dd dx dd ag df df ad df dx dg gf df xg ag aa gg aa ag df dx». Después de la sustitución, Nebel propuso hacer una trasposición regida por una clave, acordada por las dos partes. En el caso de que esta fuera, por ejemplo, «FRITZ-NEBL», la trasposición se llevaba a cabo escribiendo esta clave como primera fila de una nueva cuadrícula y debajo, en las filas siguientes, se escriben todas las letras del primer cifrado, de modo que se tendría la distribución mostrada en la Tabla 23. Si el número de letras no completa la cuadrícula, las celdas vacías se completan con letras al azar.

F	R	I	T	Z	N	E	B	L
d	d	a	d	d	f	x	g	d
f	f	g	g	f	d	d	d	x
d	d	a	g	d	f	d	f	a
d	d	f	d	x	d	g	g	f
d	f	x	g	a	g	a	a	g
g	a	a	a	g	d	f	d	x

Tabla 23. Distribución del primer cifrado ADFGX por sustitución.

Finalmente, el texto cifrado definitivo se obtenía al recolocar las columnas según el orden alfabético de la clave elegida, esto es, EFKNRU, y volver a escribir las letras de la sustitución como corresponda según esta nueva ordenación (véase la Tabla 24), separándolas en grupos del tamaño que convenga.

B	E	F	I	L	N	R	T	Z
g	x	d	a	d	f	d	d	d
d	d	f	g	x	d	f	g	f
f	d	d	a	a	f	d	g	d
g	g	d	f	f	d	d	d	x

a	a	d	x	g	g	f	g	a
d	f	g	a	x	d	a	a	g

Tabla 24. Distribución del segundo cifrado ADFGX por trasposición.

Este proceso proporciona, usando el ejemplo anterior, el siguiente texto cifrado: *gxdad fdddd dfgxd fgffd daafd gdggd ffddd xaadx ggfga dfgax daag.*

Esta forma de cifrado resultó, inicialmente, imposible de descifrar para el ejército francés, hasta que entró en escena Georges Jean Painvin (1886-1980), profesor de Paleontología, quien logró descifrarlo. Debe tenerse en cuenta que, para mayor complicación, los alemanes habían aprendido la lección de errores pasados y cambiaban la clave todos los días.

Como ya mencionamos anteriormente, nos parece más interesante destacar el proceso seguido por Painvin para romper el cifrado ADFGX que el de su diseño, que, al fin y a la postre, era una sustitución seguida de una trasposición. Parece que su perseverancia por intentar romper este cifrado le llevó a perder, en el proceso, quince kilos. Veamos el método que siguió Painvin para descifrar este sistema de cifrado que parecía indescifrable.

En primer lugar, el hecho de que todos los mensajes estuvieran formados por solo cinco letras daba pie a pensar que se trataba de un cifrado de tipo Polibio, es decir, de una sustitución. Pero tenía que haber algo más porque el ataque por los métodos conocidos contra las sustituciones no daba resultado. Así pues, lo lógico era pensar que después de la sustitución hubiera una trasposición. Al margen del trabajo continuo y perseverante de Painvin, también la suerte acompaña a veces a las mentes preparadas, y en este caso, sucedió que el mismo día, el criptoanalista francés recibió dos mensajes con muchas similitudes. Parece lógico pensar que la similitud entre dos mensajes no podía deberse al azar sino más bien a que ambos mensajes eran muy parecidos. Con esta idea en mente, Painvin estudió la posición de las coincidencias y dedujo cuál sería el número de columnas en la trasposición, esto es, la longitud de la segunda clave. A continuación escribió los mensajes en columnas, lo que le permitió aplicar el análisis de frecuencias de las parejas de letras, dado que se trataba de una sustitución monoalfabética, y obtener el texto claro. A partir de entonces, y conocedores del método de cifrado, los franceses pudieron descifrar un gran número de los mensajes secretos alemanes.

Sin embargo, más adelante, las cosas se volvieron a complicar porque los alemanes cambiaron de nuevo el sistema de cifrado y pasaron del ADFGX al ADFGVX, es decir, añadieron una letra y, por tanto, pasaron a una cuadrícula de 6×6 celdas, lo que les permitía utilizar treinta y seis símbolos. Painvin notó, evidentemente, el cambio y supuso que el sistema seguiría siendo el mismo con la diferencia de que el paso de veinticinco a treinta y seis celdas solo consistiría en añadir una letra del alfabeto y los diez dígitos.

Esta aparente complicación resultó en perjuicio de los alemanes porque a partir del cambio de método, sus mensajes comenzaban por la dirección del remitente, escrito con todas las letras, por lo que tales encabezamientos eran solo ligeramente diferentes de unos mensajes a otros (la que puede haber entre la 1ª división de infantería y la 5ª división de infantería se reduce a una palabra), y en muchas ocasiones, además, el contenido del mensaje era el mismo. Todo ello se traducía en que muchos mensajes solo diferían en unas pocas letras, por lo que la permutación utilizada en la trasposición era fácilmente recuperable y con ello el texto cifrado.

Como ya hemos visto, uno de los problemas más serios a la hora de llevar a cabo el proceso de cifrado, cualquiera que sea este, es el de elegir una clave adecuada, de modo que no sea fácilmente deducible por el adversario. Este problema nos va a permitir tratar uno de los temas más importantes en la criptografía: el del uso de claves aleatorias. Parece que el primer criptólogo que se lo planteó fue el comandante Joseph Oswald Mauborgne (1881-1971), jefe de la investigación criptográfica del ejército de Estados Unidos. De hecho, Mauborgne introdujo el concepto de la clave aleatoria, esto es, una clave que estaría formada por una colección de letras o palabras irreconocibles, mezcladas al azar y propuso su uso como parte del cifrado de Vigenère, para dotarlo de un nivel de seguridad mucho mayor. De forma más precisa, su propuesta consistía en elaborar dos cuadernos iguales, uno para el emisor y otro para el receptor, cada uno de ellos con muchas páginas que contenían una extensa colección de letras escritas al azar. Una vez elaborados los cuadernos, se cifraría un mensaje con el método de Vigenère utilizando como clave todas las letras de una de las páginas. El receptor, con el mismo cuaderno, podría descifrar, sin problema, el texto cifrado recibido, de modo que, una vez finalizado el proceso, la página utilizada se destruiría, esto es, la clave solo se usaría una vez. Este método se denomina «cuaderno de uso único» (en inglés se conoce como *one time pad*). Claramente este método de cifrado es resistente a todos los ataques que hemos mencionado hasta ahora, incluso al ataque que consistiera en probar todas las posibles claves, esto es, al ataque por fuerza bruta. Si este ataque fuera factible, los mensajes sin sentido se podrían eliminar porque corresponderían a claves incorrectas, pero además de recuperar el mensaje original, el atacante también recuperaría otros muchos textos que tendrían sentido y no podría saber cuál de ellos sería el correcto.

La cuestión es, entonces, por qué no se emplea este método. Lo cierto es que casi nunca se ha usado porque aun siendo teóricamente perfecto, tiene sus fallos. Por ejemplo, en la práctica es casi imposible crear tales cantidades de claves aleatorias y un ejército puede generar en un solo día cientos de mensajes, largos o cortos, en cuyo caso, los expertos en cifra deberían disponer de ingentes cantidades de cuadernos de un solo uso, dado que deberían compartir uno diferente con cada uno de los posibles destinatarios, lo que conlleva un problema de distribución.

Así pues, el cuaderno de uso único es solo factible en aquellos entornos en los que la comunicación entre las dos partes debe ser extremadamente segura y, además, que pueden soportar su creación y mantenimiento, como fue el caso de los presidentes John Fitzgerald Kennedy (1917-1963) de Estados Unidos y Nikita Serguéyevich Jrushchov Khrushchev (1894-1971) de la Unión Soviética. En realidad, el llamado «teléfono rojo» era una línea directa de fax entre ambos dignatarios cuyo sistema de cifrado se basaba en el cuaderno de uso único con mensajes escritos en código binario, esto es, empleando solo ceros y unos. Para establecer la clave de uso único, cada país generaba su propia clave de modo que la clave compartida que se empleaba luego era la suma, bit a bit, de ambas. Las claves de cada país se transportaban por valija diplomática y se destruían después de cada uso.

Volviendo a la parte teórica del cuaderno de uso único, conviene destacar a dos expertos en la Teoría de la Información: Gilbert Sandorf Vernam (1890-1960) y Claude Elwood Shannon (1916-2001). Al primero se le debe el conocido como «cifrado de Vernam»: es un sistema de cifrado que requiere de una clave aleatoria tan larga como el propio mensaje y de un solo uso. De forma más precisa, el mensaje a cifrar se codifica en base binaria, es decir, como una colección de ceros y unos. Por otra parte, se genera una clave, también en binario, que sea completamente aleatoria y que se comparte con el receptor del mensaje. A continuación, se suman los bits del texto claro con los de la clave, bit a bit, y se destruye la clave. A modo de ejemplo, en la primera fila de la tabla Vernam se muestra el texto claro, «Unico», en la segunda su codificación en binario, en la tercera la clave aleatoria y en la última el correspondiente texto cifrado.

U								n								i								c								o							
0	1	0	1	0	1	0	1	0	1	1	0	1	1	1	0	0	1	1	0	1	0	0	1	0	1	1	0	0	0	1	1	0	1	1	0	1	1	1	1
1	1	0	0	1	0	1	0	1	1	0	0	0	1	1	0	0	0	1	1	0	0	1	0	1	1	0	0	0	1	1	0	1	1	1	1	1	0	0	1	0
1	0	0	1	1	1	1	1	1	0	1	0	1	0	0	0	0	1	0	1	1	0	1	1	1	0	1	0	0	1	0	1	1	0	0	1	1	1	0	1

Tabla 25. Ejemplo de cifrado de Vernam de la palabra «Unico».

Shannon, al desarrollar la Teoría de la Información, demostró que este cifrado es matemáticamente seguro, es decir, que, si se utiliza tal y como se ha definido, resulta indescifrable. Tal afirmación se puede comprender fácilmente, dado que, si el texto claro se cifra con una clave realmente aleatoria, el texto cifrado también se convierte en aleatorio. Ahora bien, es fundamental que la clave sea de uso único, aleatoria y tan larga como el mensaje. El hecho de que la prueba de la indescifrabilidad del cifrado de Vernam sea un teorema matemático con unas hipótesis muy restrictivas supone que, si las mismas no se cumplen, entonces el teorema ya no es aplicable. Esta es la diferencia entre la teoría y la práctica, ya que, aunque en teoría, ambas son iguales, en la práctica no sucede así. De hecho, el método es apenas aplicable en la práctica porque no hay forma de que las hipótesis del teorema se cumplan para un cifrado de Vernam que se emplee de forma asidua.

En esta línea, un caso curioso fue el de la cifra empleada por Ernesto «Che» Guevara (1928-1967), el revolucionario cubano. Una vez terminada la revolución en Cuba, el «Che» intentó repetirla en Bolivia, donde lo capturaron y ejecutaron. Entre sus pertenencias se encontró la descripción del sistema de cifrado que empleaba para comunicarse con Fidel Alejandro Castro Ruiz (1926- 2016). El método comenzaba con una sustitución simple de letras por números de una o dos cifras, tal y como ya hemos visto en varias ocasiones. Esta sustitución, en concreto, se muestra en la Tabla 26. Además, había dos indicadores: el símbolo «/» (73) señalaba que se procedía al cambio de letras a números; mientras que el símbolo «\» (77) indicaba el cambio contrario, es decir, de números a letras.

	8	2	0	6	4	9	1	3	7	5
	e	s	t	a	d	o	y			
3	b	c	f	g	h	i	j	.	;	,
7	k	l	m	n	ñ	p	q	/	\	
5	r	u	v	w	x	z				

Tabla 26. Sustitución simple empleada por el Che
en sus comunicaciones con Fidel Castro.

Después de hacer esta sustitución, las cifras se agrupaban de cinco en cinco y a cada una de ellas se le sumaba una serie de números aleatorios, que pueden verse en la Figura 18. Dado que los mensajes eran fundamentalmente tácticos, eran muy cortos, por lo que la longitud de la clave era la misma que la del mensaje, pero no era de uso único, incumpliendo así una de las hipótesis necesarias para que el teorema de Shannon se verificara.

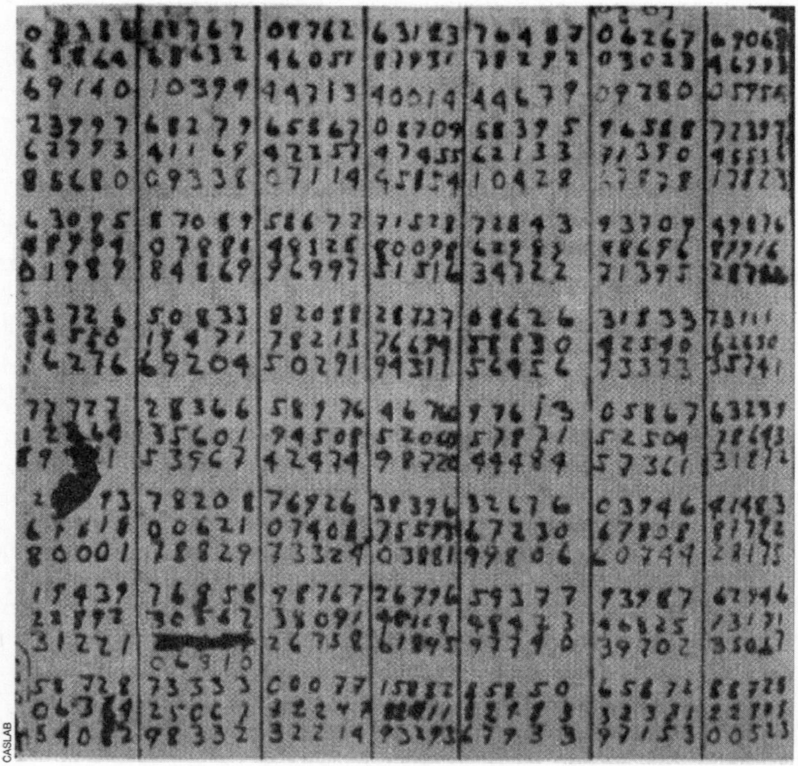

Figura 18. Tabla de números aleatorios usada por el Che para comunicarse con Fidel Castro.

En algunas ocasiones se ha dicho que la Primera Guerra Mundial fue la guerra de los químicos, porque, por primera vez, se utilizaron el gas mostaza y el cloro como armas contra el enemigo. De la Segunda Guerra Mundial se ha dicho que fue la guerra de los físicos, porque se lanzó la bomba atómica. En esta ocasión, nos apuntamos a los que han afirmado que también fue la guerra de los matemáticos y de las máquinas de cifrado porque los primeros han sido, en gran parte, los responsables del gran desarrollo de los sistemas de cifrado que se utilizaron para proteger, sobre todo, la información militar; mientras que el desarrollo y expansión de las máquinas de cifrado, dio lugar a máquinas como la Enigma alemana o la Purple (Púrpura) japonesa.

También hemos comentado anteriormente que la robustez de un sistema de cifrado no depende solo de la complejidad de su diseño para evitar ser vulnerado, sino también y, en gran medida, de cómo usan dicho sistema los especialistas de cifra o personal encargado del cifrado y descifrado. Una adecuada preparación y formación de los mismos es indispensable para que las cosas funcionen como es debido. Un ejemplo de esta importancia lo muestra el conocido como código JN-25B empleado para las comunicaciones de mando y control principal utilizado por la Armada Imperial Japonesa durante la guerra del Pacífico, en la Segunda Guerra Mundial.

El nombre de JN-25B se lo asignaron los americanos por la expresión *Japanese Navy* (Armada Japonesa). El JN-25B no utilizaba una máquina de cifrado, como la que se emplearía luego para el código Purple, sino que era un método manual en uso durante la Primera Guerra Mundial. Este sistema, como todos los sistemas japoneses de cifrado que se conocen, estaba compuesto por tres documentos: un libro de códigos, que contenía alrededor de cuarenta y cinco mil palabras o expresiones, que tenían asignados números de cinco cifras (véase Figura 19), y dos libros, cada uno de los cuales constaba de unos cincuenta mil números, también de cinco cifras, que se empleaban para llevar a cabo un supercifrado. Cada uno de ellos se usaba como una tabla sumatoria formada por números colocados en filas y columnas y también identificados con números. Para incrementar la seguridad del sistema, esas tablas se reemplazaban cada seis meses. Si en alguna ocasión hacía falta utilizar una palabra que no estuviera contenida en el libro de códigos, por ejemplo, el nombre de un militar o de un lugar, se escribía en kana (silabario japonés), usando de nuevo un número de cinco dígitos.

Figura 19. Extracto del libro de códigos del JN-25B.

Para cifrar un mensaje con este método, el emisor codifi-caba el texto claro haciendo uso del libro de códigos (o del silabario kana), de modo que cada palabra se sustituía por la colección correspondiente de números de cinco cifras. A conti-nuación, elegía al azar uno de los dos libros de tablas sumato-rias y tantos números de cinco cifras consecutivos como grupos de números hubiera dado lugar el texto claro. Luego se suma-ban los grupos de números, dos a dos, pero sin acarreo, esto es, sin considerar las «llevadas» que pudieran producirse en cada una de las sumas parciales, lo que permite sumar tanto de de-recha a izquierda como de izquierda a derecha. La colección de grupos de cinco números obtenida con tales sumas consti-tuía el texto cifrado. A la hora de transmitir el texto cifrado, se incluían las referencias al libro de supercifrado empleado y la posición del primer grupo de números elegido del mismo.

A modo de ejemplo mostramos este proceso en la Tabla 27, de modo que la codificación del mensaje corresponde a la primera fila, la colección de grupos a sumar a la segunda y el texto cifrado a la tercera.

Texto codificado	76153	98450	12643	21472
Grupos a sumar	55842	65214	21145	89745
Texto cifrado	*21995*	*53664*	*33788*	*00117*

Texto codificado	38455	99578	66524	62587
Grupos a sumar	52457	25458	55633	33654
Texto cifrado	*80802*	*14926*	*11157*	*95131*

Tabla 27. Ejemplo de proceso de cifrado con el código JN-25B.

Una vez conocidas las referencias adecuadas y el texto cifrado, el descifrado se llevaba a cabo siguiendo el proceso inverso al del cifrado, esto es, restando de cada grupo de cinco números del mensaje cifrado los correspondientes grupos del libro de supercifrado, también sin considerar el acarreo necesario para proceder a la resta, como se muestra en la Tabla 25, y de la misma forma se puede realizar la resta tanto de derecha a izquierda como de izquierda a derecha.

Texto cifrado	*21995*	*53664*	*33788*	*00117*
Grupos a restar	55842	65214	21145	89745
Texto decodificado	76153	98450	12643	21472

Texto cifrado	*80802*	*14926*	*11157*	*95131*
Grupos a restar	52457	25458	55633	33654
Texto decodificado	38455	99578	66524	62587

Tabla 28. Ejemplo de proceso de descifrado con el código JN-25B.

Cuando antes nos referíamos a una adecuada formación de los especialistas en cifra lo hacíamos porque si bien este sistema de cifrado podría haber sido indescifrable, los operadores cometieron el error (humano) de empezar siempre con el mismo número de supercifrado, lo que supone que transformaban el cifrado anterior en un clásico libro de códigos.

Que el ejército americano fuera capaz de descifrar el código JN-25B resultó trascendental para el desarrollo de la Guerra del Pacífico pues influyó decisivamente tanto en la batalla del mar del Coral como en la de Midway. Otro hecho, también determinante en el desarrollo de esta guerra, fue que los criptoanalistas estadounidenses lograron descifrar un mensaje en el que se indicaba el itinerario que seguiría el almirante Isoruku Yamamoto (1884-1943), a la sazón comandante en jefe de la flota japonesa, en una visita a las islas Salomón. El almirante norteamericano Chester William Nimitz (1885-1966) decidió enviar varios aviones de caza para interceptar y derribar el avión donde viajaría Yamamoto, cosa que logró, en parte por la obsesiva puntualidad del japonés.

Una de las ideas que se ha utilizado a lo largo de la historia en varias ocasiones, y sobre todo en las grandes guerras del siglo pasado, con diferente resultado, es la de transmitir información utilizando un idioma poco extendido. Probablemente el método más conocido es el de los indios navajos en la Segunda Guerra Mundial. De hecho, hay un día nacional en EE. UU. dedicado a los mensajeros de código navajo, el 14 de agosto, e incluso se hizo una película titulada *Windtalkers*, dirigida por John Woo y protagonizada por Nicolas Cage y Christian Slater (en la Figura 20 se puede ver el monumento dedicado a los indios navajos que participaron en la Segunda Guerra Mundial).

Figura 20. Monumento a los indios navajos, en Ocala, Florida.

Ya en la antigüedad, Julio César utilizó el griego para algunas de sus comunicaciones secretas; los ingleses emplearon el latín en la guerra de los Bóers (1880-1881) y el ejército francés usó a los bretones durante la guerra de Indochina. En la guerra de los Bóers esta estrategia tuvo nefastas consecuencias porque no solo había muy pocos oficiales británicos que supieran latín, sino porque sus enemigos tenían personal que sí que lo conocía. También los norteamericanos utilizaron como operadores de radio en el norte de Francia, durante la Primera Guerra Mundial, a los indios nativos *choctaw*, originarios de los estados de Oklahoma y Alabama. Estas comunicaciones jamás fueron descifradas por el ejército alemán; sin embargo, el principal inconveniente del idioma de los *choctaw*, llamado *muskogi*, es que no tenía palabras que pudieran representar al armamento y otros términos utilizados en la guerra.

La idea de utilizar el idioma de los navajos parece que surgió con motivo de una visita de representantes de este pueblo indio al presidente Theodore Roosevelt (1858-1919). Durante la misma, cuando los navajos hablaban entre sí, el presidente no entendía absolutamente nada y pensó que podría utilizarse como método para las comunicaciones; bastaba con tener a un navajo en cada uno de los extremos de la misma. El sistema, llamado «código navajo», se puso en práctica en la Guerra del Pacífico y los japoneses nunca pudieron descifrarlo.

A la hora de ponerlo en marcha, los indios navajos tenían que seguir un proceso de aprendizaje para memorizar el código que permitía relacionar palabras de su idioma con términos usados en la guerra y en entornos militares, de ese modo se evitaba tenerlas escritas y que pudieran caer en las manos del enemigo. Así, a modo de ejemplo, un tanque era una «tortuga», un torpedo era un «marisco», un avión de caza era un «colibrí» o un avión bombardero era un «halcón comepollos». El código lo formaban doscientas setenta y cuatro palabras, pero como este número no era suficiente para codificar todos los posibles términos, se elaboró otro código que asignaba a cada letra del alfabeto una palabra en inglés y esta se correspondía con otra palabra en navajo, obteniendo así una especie de nomenclátor. Esto permitía transmitir nombres de personas, ciudades o ríos, por ejemplo. Así, el emperador de Japón, «HI-ROHITO» (1901-1989) se cifró en navajo como: *Lin Tkin Gah Ne-ash-jsh Lin Tkin Tfian-zie Ne-ash-jsh*, siguiendo la equivalencia mostrada a continuación:

Letra	Palabra	Traducción	Navajo
H	Horse	Caballo	*Lin*
I	Ice	Hielo	*Tkin*
R	Rabitt	Conejo	*Gah*
O	Owl	Búho	*Ne-ash-jsh*
H	Horse	Caballo	*Lin*
I	Ice	Hielo	*Tkin*
T	Turkey	Pavo	*Tfian-zie*
O	Owl	Búho	*Ne-ash-jsh*

Tabla 29. Algunos términos navajos de su nomenclátor.

Y EN ESPAÑA, ¿QUÉ?

Después de haber repasado la historia de la criptología hasta la Segunda Guerra Mundial, es el momento de abordar qué se ha hecho en España en este tema. El lector nos permitirá que en este capítulo comentemos algunas de las cuestiones que atañen a la criptología y que han sido de interés para los españoles, pero vamos a salirnos del hilo temporal que veníamos arrastrando desde el capítulo 2. Al final del capítulo anterior nos hemos quedado en la Segunda Guerra Mundial y a punto de tratar las máquinas que cambiaron la visión de la criptología en el mundo. Creemos que es un buen momento para hablar de lo nuestro, a modo de cuña, de modo que vamos a volver atrás en el tiempo para hablar de los visigodos, los Reyes Católicos, Carlos V, Hernán Cortés, Felipe II y otros muchos personajes de nuestra historia, y la de Hispanoamérica, que aportaron su granito de arena a la criptología. Pero, además, nos adelantaremos en el tiempo al momento que hemos dejado en el capítulo anterior, para hablar de la guerra civil española y otros temas contemporáneos.

Cuando uno hace un repaso a la bibliografía internacional que trata aspectos de la criptología, la palabra «España» apenas si aparece mencionada. En la mayoría de las ocasiones se cita dentro de una lista de países que se caracterizaron por algún hecho común, pero muy pocas veces con una entrada propia. La única excepción destacable es en lo que atañe a

Felipe II y su época; pero en este caso, como luego veremos, no es tanto para resaltar nuestras aportaciones como para destacar la pericia de otros, en particular de los franceses. En cualquier caso, y al margen de los artículos y libros de producción nacional, que los hay y muy buenos, acerca de nuestra historia criptográfica, hay un excelente libro internacional en el que sí se nos menciona con más frecuencia y es el de Kahn (1968).

Con relación a los trabajos de investigación que tratan de la criptología española, con diferentes enfoques, queremos destacar algunos libros muy recomendables para el lector interesado, así como otros artículos más específicos, que citaremos a lo largo del texto, cuando sea oportuno. Por razones de espacio no es posible llevar a cabo ni un estudio exhaustivo de la criptología en España, ni tan siquiera una recopilación de los métodos empleados por nuestros paisanos; por ello, nos limitaremos a dar unas pinceladas y destacaremos algunos hechos que consideramos dignos de mención. No obstante, sí queremos hacer una muy breve reseña de algunos libros que extienden algunos de los aspectos que se van a tratar en este capítulo.

En primer lugar y no solo por fecha de publicación, destacamos el libro del primer teniente de infantería Joaquín García Carmona, titulado *Tratado de criptografía con especial aplicación al ejército*, que data de 1894; si bien la edición que hemos podido consultar es una reimpresión de 2011 del Ministerio de Defensa con dos interesantes capítulos previos, «El *Tratado de criptografía* de Joaquín García Carmona. Una aproximación a su autor», escrito por José Ramón Soler Fuensanta y «El *Manual de criptografía* del teniente Carmona» de Jorge Dávila Muro. El libro es un excelente manual de criptografía y uno de los pocos escritos por un español, ampliamente citado, pero no muy conocido. En él, el autor hace un repaso de los diferentes métodos empleados para el cifrado de datos e incluye, en algunos casos, las debilidades que ha encontrado en la aplicación de los mismos, en particular, en el método criptográfico empleado en su época por el Ministerio de Defensa.

Un libro curioso es el del inspector de policía Pedro Serrano García, titulado *Policiología. Criptografía y Perlustración* (1940), que no solo llama la atención por su título sino también por el gran número de sistemas de cifrado que se describen a lo largo de su obra, alrededor de setenta, separándolos en dos grandes capítulos: Métodos criptográficos y Perlustración o descriptado. En el título del capítulo, ya el propio autor anuncia el significado del término «perlustración» y distingue entre «descifrado» para referirse al proceso de descifrado cuando se conoce el método a utilizar y la clave empleada y el de «descriptado», «descriptación» o «perlustración» cuando no se conoce el método de cifrado o se desconoce la clave empleada.

El libro de Juan Carlos Galende Díaz, titulado *Criptografía: historia de la escritura cifrada* (1995), viene a ser una especie de compendio de algunos de los muchos artículos que el autor ha publicado sobre esta especialidad, si bien su perspectiva es muy diferente a la que hemos presentado aquí y de la que uno podría esperar de un libro dedicado a la criptografía moderna. Es un libro muy interesante desde el punto de vista de la historia de la criptografía en España, en especial la evolución de la misma desde la Antigüedad a la Edad Contemporánea, pasando por la Edad Media y la Edad Moderna. Si bien en su primera parte presenta algunas de las nociones básicas sobre la criptografía, deteniéndose luego en los métodos de transposición y sustitución, su enfoque va especialmente dirigido a «paleógrafos, historiadores, archiveros, documentalistas e investigadores en general pueden llegar a comprender mejor los textos redactados con escritura cifrada o que contengan caracteres ocultos». Dicho de otro modo, el libro está enfocado al estudio de la escritura oculta y la paleografía.

José Ramón Soler Fuensanta y Francisco Javier López-Brea Espiau, *Mensajes secretos: la historia de la criptografía española desde sus inicios hasta los años 50* (2016), publicaron un excelente tratado sobre los mensajes secretos que aborda la criptología europea y mundial, para tratar luego el caso de la criptología en España. En particular, abordan con gran detalle nuestra Guerra Civil desde el punto de vista de los dos bandos, sin olvidar la etapa de la postguerra hasta nuestros días.

Por último, es interesante destacar el número extraordinario de la Revista de Historia Militar sobre *Los servicios de información modernos y contemporáneos*. En este monográfico sobre los servicios de información españoles, se incluyen ocho artículos, a cuál más interesante, que van desde la monarquía hispánica de los siglos XVI y XVII, el mundo árabe, la guerra de independencia, la primera guerra carlista y la Primera Guerra Mundial.[2]

La criptografía clásica en la Península Ibérica se ha dividido, fundamentalmente, en dos etapas: la medieval y la moderna, sin contar, claro está la criptografía del siglo XX. La primera se desarrolló desde el año 476 con la caída del Imperio romano de Occidente hasta 1492, año del descubrimiento de América. La segunda etapa se considera que duró desde 1492 hasta la Revolución francesa, en 1789. Posteriormente trataremos la época contemporánea, el caso de Hispanoamérica y las máquinas de cifrado usadas en España.

LA ÉPOCA MEDIEVAL

Conviene destacar que, en España, en la primera etapa del Medievo, tuvo importancia la etapa visigótica, entre mediados del siglo V y comienzos del siglo VIII. En esta época se emplearon los dos métodos clásicos de cifrado que ya hemos comentado con antelación: la trasposición y la sustitución. En el primer caso, se hizo uso, sobre todo, del método de inversión, es decir, de escribir el texto al revés, ya fuera afectando a frases completas, a palabras enteras o a cada una de las sílabas. Mientras que la sustitución fue el principal método empleado, presentándose diferencias entre unos códigos de sustitución y otros. Por ejemplo, en la Figura 21 se puede apreciar que los símbolos empleados para sustituir las letras del alfabeto recuerdan ligeramente a las propias letras que se sustituyen, y no se utilizan símbolos especiales para los números. En otros casos se emplearon neumas convencionales, esto es, una especie de escritura o notación que se empleaba para escribir la música

---

[2] El lector interesado puede consultar la página web http://www.criptohistoria.es/index.html donde encontrará diversa información relacionada con la historia de la criptografía en España.

antes del sistema actual y que parece derivarse de la escritura cursiva visigótica. También se hicieron sustituciones parciales, cambiando las vocales por las cinco primeras decenas de los numerales romanos, esto es, la «a» se sustituyó por «X», la «e» por «XX», la «i» por «XXX», la «u» por «L» y la «o», excepcionalmente, por un aspa con un «l» cursiva a modo de superíndice «χˡ»; o sustituyéndolas por puntos y líneas, como si fuera un alfabeto Morse. También se emplearon, como en Italia y Francia, otras sustituciones parciales, cambiando las letras latinas por sus equivalentes griegas.

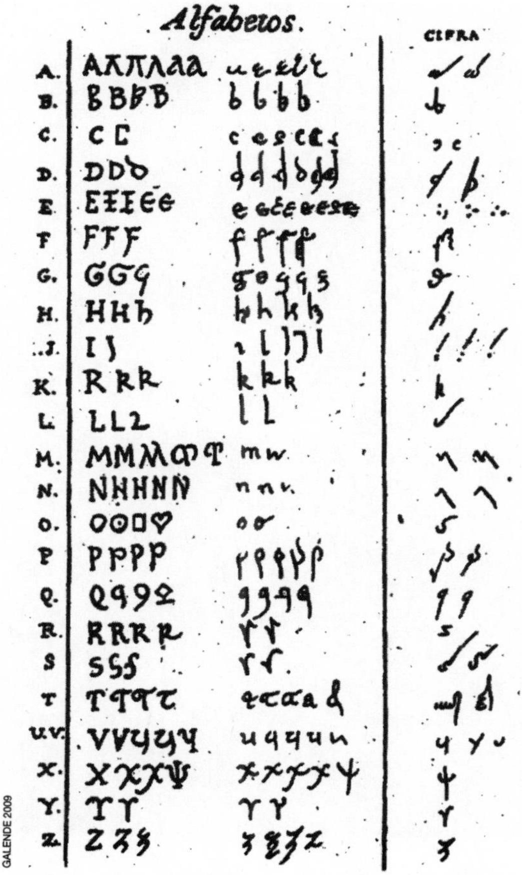

Figura 21. Alfabetos visigóticos y cifrado de sustitución.

Es digna de mención, a título de curiosidad, una obra llamada *Libro del Tesoro* de la que hay una versión en prosa y otra en verso, que contiene una parte cifrada y que se atribuyó erróneamente a Alfonso X de Castilla (1221-1284), el Sabio. La obra, conservada en la Biblioteca Nacional, se divide en dos libros, el primero tiene once octavas en claro y treinta y seis cifradas; mientras que el segundo tiene cuatro en claro y veintiséis cifradas (Galende 2003a). Los signos de la parte cifrada (véase la Figura 22), que llegan a un total de trescientos cuarenta y seis, se asemejan a letras árabes, griegas y hebreas.

Figura 22. Página 2 del *Libro del Tesoro* donde se aprecian las dos últimas octavas en claro del primer libro y las primeras cifradas.

Las octavas cifradas del ejemplar de la Biblioteca Nacional se muestran en claro en los manuscritos que se conservan en Biblioteca universitaria de Salamanca y en Alicante. Con esta información, se sabe que el libro se cifró mediante el método de sustitución múltiple, de modo que casi todas las letras se remplazan por varios símbolos (en algunos casos hasta cinco). En total se utilizaron ciento cuarenta y cinco caracteres para las letras, siendo los demás nulos, para dificultar su descifrado.

La Edad Moderna

Al contrario que en la Edad Media, la Edad Moderna sí supone un auge en la criptografía, sobre todo debido a que se establecen embajadas en los distintos países, lo que obligará a proteger de miradas indiscretas la correspondencia enviada o recibida entre los Estados y sus embajadas situadas en otros países.

En particular, es de destacar la época de los Reyes Católicos, Isabel I de Castilla (1451-1504) y Fernando II de Aragón (1452-1516), en la que, si bien se emplea aún el método de sustitución, aparecen algunas novedades que son dignas de mención, como el hecho de incluir números y letras y otros símbolos no convencionales. La cifra general de los Reyes Católicos, que se muestra en la Figura 23, constaba de un diccionario con homófonos y una larga colección de palabras en un diccionario que incluía ciudades, nombres comunes y propios, adjetivos, adverbios, etcétera y que se sustituían por grupos de dos o tres letras (Galende 1994a). Así, «Boloña» era «vaq», «capitán» era «vet», «ciudad» era «vur», «dinero» era «xek», «claramente» era «xuc», etcétera.

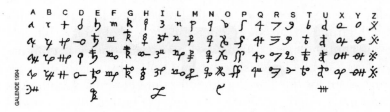

Figura 23. Cifra general de los Reyes Católicos.

Al margen de esta cifra general, en ocasiones los reyes empleaban cifradores particulares, según el interlocutor. Parece ser que el primero de los cifradores que se conserva es el que emplearon los Reyes Católicos con el doctor Rodrigo González de la Puebla (*ca.* 1450-1509), embajador en Inglaterra, siendo el código empleado una especie de diccionario con unas dos mil cuatrocientas expresiones, cada una de las cuales se sustituía por un numero romano.

Por otra parte, entre la correspondencia personal del archivo particular de Juan Rena (*ca.* 1480-1539), clérigo veneciano, ayudante de Fernando el Católico y Carlos V y obispo de Pamplona, se encontraron tres sistemas de cifrado que, al parecer, empleó entre 1520 y 1529 (Serrano Larráyoz 2015). Uno de ellos es el que empleó con Juan Vallés (1496-1563) y es muy sencillo dado que, en el alfabeto, cada letra se sustituye por un símbolo o un número (véase la parte superior de la figura Rena). No se sabe a ciencia cierta con quien empleó el segundo cifrador, pero dado que en la descripción del sistema se emplea el italiano, todo apunta a que pudiera haber sido el método empleado con sus espías italianos. En este cifrador, además del alfabeto en el que la mayor parte de las letras se sustituía por otra letra, con algunas excepciones para las que se usan números u otros signos, se empleaba un silabario en el que hasta un total de noventa sílabas de dos letras y veinte de tres letras, se cambiaban por otros tantos símbolos (véase un fragmento del silabario en la parte central de la figura Rena) y también un diccionario, en el que se incluían términos relacionados con lugares, cargos, cuestiones bélicas y monetarias, que asimismo se sustituían por símbolos. Finalmente, el cifrador empleado con Juan de Alarcón utiliza un alfabeto en el que cada letra se sustituye por dos símbolos (véase la parte inferior de la Figura 24), esto es, se hace uso de homófonos; si bien, la misma cantidad para cada letra. En este cifrador no se empleaban letras dobles, pero sí se usaban nulos, los cuales eran los símbolos en los que se colocaba un punto encima. También se utilizó un pequeño diccionario en el que las palabras empleadas se sustituían por trígrafos.

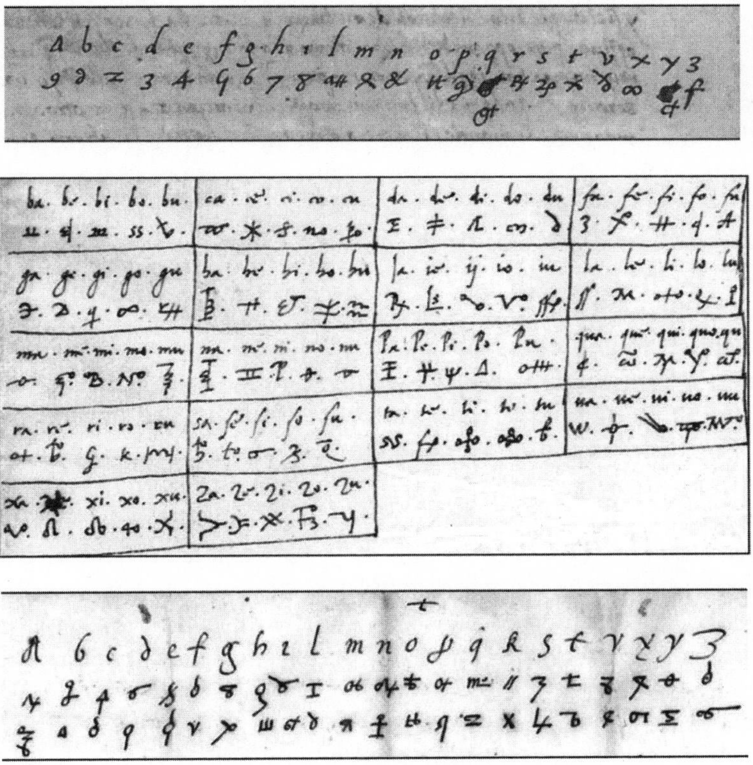

SERRANO LARRAYOZ 2015

Figura 24. Cifradores particulares empleados por Rena.

Otro ejemplo de estos cifradores particulares es el empleado en la correspondencia entre el obispo de Oviedo, Diego de Muros (1450-1525) y los Reyes Católicos, que destaca por el hecho de que entre los homófonos se incluyen no solo símbolos sino también números, eso sí, solo dos homófonos y exclusivamente para las letras vocales «a», «i», «o» y «u» y las consonantes «F», «R» y «S». Además, los nombres elegidos en el diccionario para codificar lugares o personajes de la época hacen referencia a otros lugares o personajes de la Antigüedad (Galende 1994b). Por ejemplo, España es «Ardea», Francia es «Athenas», Navarra es «Atlante», el rey de Francia era «Eraclio», etcétera.

Otro de los sistemas empleados en esta época (Kahn 1986) lo introdujo en 1480 el regidor Miguel Pérez de Almazán

(?-1514), privado de los Reyes Católicos, que transformaba el texto claro en números romanos. Sin embargo, este método era tan simple que algunos de los documentos donde se descifraban los textos cifrados llevaban notas marginales como «Tonterías», «No se puede entender», «Ordene al embajador que envíe otro despacho», etcétera. Es posible que Cristóbal Colón (1451-1506) utilizara uno de estos métodos para escribir a su hermano en 1498, estando en el Nuevo Mundo, para confabularse contra un gobernador enviado desde España. La carta cifrada en cuestión se utilizó para que el gobernador enviara a Colón de regreso a España encadenado.

Es de destacar, por otra parte, la creación de la Santa Liga como coalición militar para luchar contra el Imperio otomano, auspiciada por los Reyes Católicos e integrada también por los Estados Pontificios, las Repúblicas de Venecia y Génova, el Ducado de Saboya y la Orden de Malta. Esta Liga supuso una enorme actividad diplomática entre todos sus integrantes con el fin de compartir información y formar alianzas, de modo que para mantener en secreto los acuerdos y actuaciones se recurrió, cómo no, a métodos criptográficos. Entre esta correspondencia cifrada está la que mantuvo el embajador en Nápoles, Joan Escrivà de Romaní i Ram (1468-1548), señor de Patraix y Beniparrell, con el rey Fernando. Parisi (2004) publicó un criptoanálisis de estas cartas, ocho cifradas totalmente y otras dos solo parcialmente, para lo que el autor siguió tres pasos: determinación del método criptográfico utilizado, análisis de la metodología empleada y edición final de los textos descifrados. El método criptográfico utilizado es el que ya conocemos de la época, el de la sustitución homófona, formado por la codificación del alfabeto con símbolos, normalmente entre cuatro y seis para cada letra, y el de un nomenclátor o diccionario para los términos y expresiones más comúnmente empleadas, sustituidos por grupos de dos o tres letras. De hecho, en las cartas mencionadas se emplearon diferentes variantes de este método. En la Figura 25 se muestran sendos fragmentos de las dos codificaciones de los alfabetos. También difieren los diccionarios asociados a cada variante.

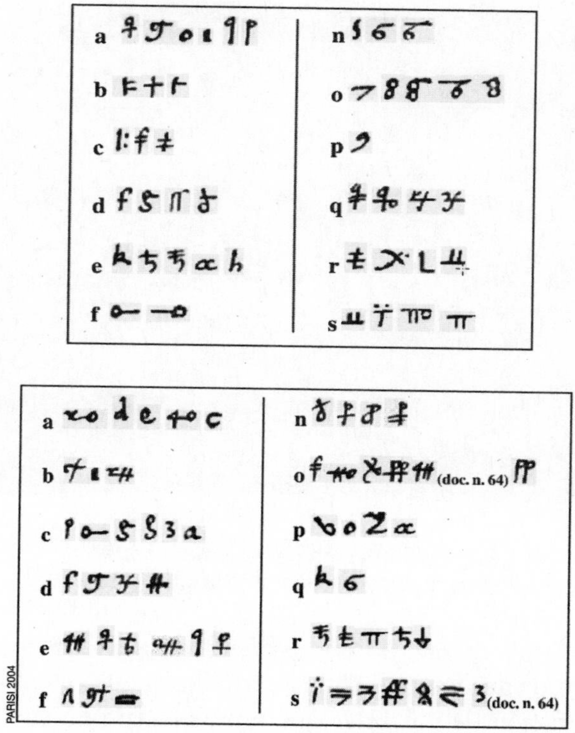

Figura 25. Fragmentos de los cifrados empleados por Joan Escrivà de Romaní.

Con relación a las cartas cifradas de la Edad Moderna, queremos destacar el trabajo realizado, en 2016, por el Departamento de Criptología del Centro Nacional de Inteligencia (CNI) con motivo del quinto centenario de la muerte de Gonzalo Fernández de Córdoba y Enríquez de Aguilar (1453-1515), el Gran Capitán. El trabajo consistió en el descifrado de cuatro de las cartas que el rey Fernando II de Aragón, Fernando el Católico, envió a su primo, el Gran Capitán, cuando este se encontraba en Italia al frente de la campaña de Ceriñola para recuperar Nápoles. Las cartas están fechadas entre 1502 y 1506 y el criptoanálisis de las mismas se abordó haciendo uso de algunas frases que el propio Gran Capitán había descifrado en la primera de las cartas y que estaban anotadas en la misma (véase Figura 27).

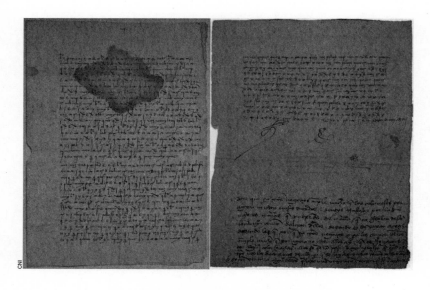

Figura 27. Página de la primera carta
con frases descifradas y otra página cifrada.

Con estos datos, el CNI comenzó su trabajo y observó que se trataba de un cifrado por sustitución múltiple, que el texto no contenía separación de palabras, que estaba escrito en el castellano de la época, a lo que había que añadir el hecho de que las cartas las cifraron diferentes personas por lo que los símbolos empleados no eran siempre idénticos, dado que la caligrafía variaba en cada caso. El cifrado, además de ser múltiple o con homófonos, esto es, cada letra o grupo de letras se sustituye por un símbolo, que no siempre es el mismo, también recurría al uso de nulos y a un diccionario para abreviar términos de uso común. El departamento del CNI consiguió determinar el valor asociado a los ochenta y siete símbolos de que consta el código, así como a los doscientos treinta y siete símbolos del diccionario, lo que les permitió descifrar las cuatro cartas, y obtener información valiosa sobre los aspectos políticos y diplomáticos de la época; así como algunas discrepancias entre los dos protagonistas sobre otros aspectos estratégicos. En la Figura 28 se puede observar la tabla de sustitución de las letras del alfabeto y una parte del diccionario empleado, con sus símbolos correspondientes.

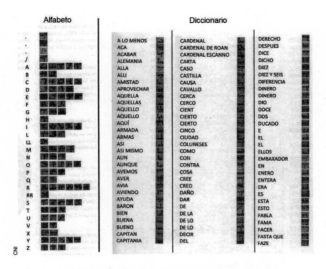

Alfabeto		Diccionario	

**Figura 28. Tabla de sustitución múltiple
y algunos términos del diccionario.**

Durante el reinado de Carlos I de España y V del Sacro Imperio Romano Germánico (1500-1558) se siguieron utilizando métodos similares a los de la época de Isabel y Fernando, es decir, métodos de sustitución homófona con el añadido de un diccionario. Un ejemplo significativo de esta época son los cifradores que Lope de Soria (?-1544), embajador en Génova y Venecia (Galende 1992), empleó en su correspondencia con el emperador y otras personalidades de la época. Se conservan dos de las cifras utilizadas con Carlos V. La primera, que se puede ver parcialmente en la Figura 28 (arriba) es bastante breve y en ella las letras del alfabeto se codifican mediante dos símbolos, salvo las vocales que usan tres, y las letras dobles, «ll», «rr» y «ss», por uno solo cada una y también se utilizan algunos nulos. En el diccionario de términos comunes de la época se sustituían ciudades, cargos, países y nombres en general, por sílabas. En la segunda de las cifras, las letras se codifican con tres o cuatro homófonos, según sean vocales o consonantes, pero en este caso, no hay nulos ni letras dobles y el diccionario, más extenso que el anterior, sigue con la codificación de los términos más empleados con grupos de dos o tres letras. En la Figura 27 (abajo) se muestra un fragmento de esta sustitución.

95

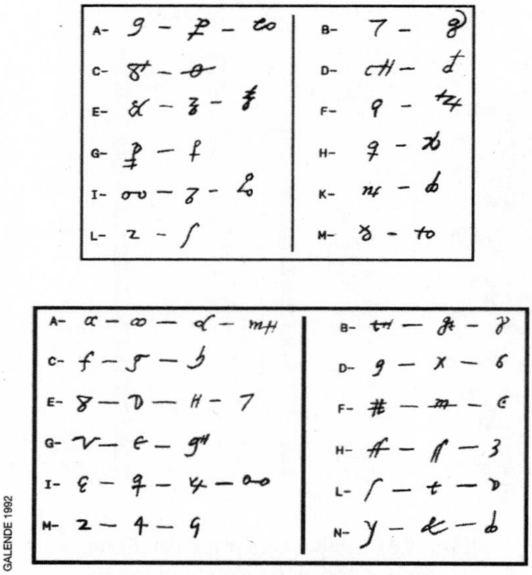

Figura 27. Símbolos empleados
por Lope de Soria para codificar algunas letras.

En las bibliotecas y archivos españoles se conservan numerosas pruebas del uso de correspondencia cifrada por parte de
Carlos V y otros personajes de la época, pero que no tienen
cabida en este libro, en el que solo pretendemos dar una visión
general del uso de esta ciencia en España.

Con respecto a la época de Carlos V queremos mencionar,
por último, la que probablemente sea la carta cifrada más antigua de la que se tenga noticia llegada desde el Nuevo Mundo,
México en concreto, y firmada por Hernán Cortés de Monroy
y Pizarro Altamirano (1485-1547), fechada el 25 de junio de
1532. Hernán Cortés, bachiller en Leyes por la Universidad
de Salamanca, empleó en este caso un sencillo nomenclátor
formado por una sustitución monoalfabética homófona en la
que cada letra se sustituía por dos o tres símbolos, junto con
algunas palabras clave para los nombres propios, como puede
verse en la figura Cortés. Más adelante volveremos a retomar
el tema de los documentos cifrados en Hispanoamérica.

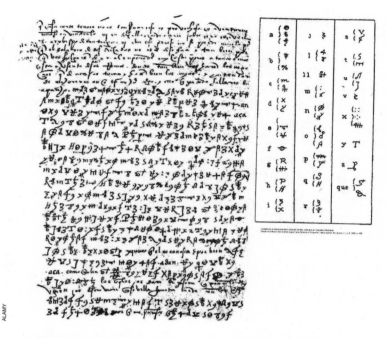

Figura 28. Carta cifrada de Hernán Cortés y nomenclátor.

Entre los historiadores, la opinión generalizada es que la época de mayor auge de la criptografía en España es la de Felipe II (1527-1598), probablemente debido a que fue el periodo de mayor esplendor en cuanto a extensión del imperio y, por tanto, en lo que tiene que ver con la correspondencia diplomática con los propios dominios y con otros países (Carnicer y Marco 2005). De hecho, se sabe que el propio Felipe II envía una carta a su tío, el emperador Fernando I de Habsburgo (1503-1564), el 24 de mayo de 1556, donde le explica que ha decidido cambiar el sistema de la cifra general que usaba su padre, Carlos V, porque le parecía algo débil y probablemente conocidas por algunos de sus enemigos. En todo caso, cabe destacar que en esta época eran bien conscientes de la importancia de utilizar métodos de cifrado para las comunicaciones, como lo prueba el hecho de que toda esta gestión se centralizaba en la llamada Secretaría de Despacho Universal, que se trasladó al Alcázar de Madrid cuando la capitalidad de España pasa, en 1561, a esta ciudad. Por todo esto, nos detendremos algo más en esta época de Felipe II. De hecho, es comúnmente aceptado que el cifrado de Felipe II, conocido con la «Cifra General», de 1556, fue uno de los mejores nomenclátores de la época. Se componía de un alfabeto de sustituciones de letras homófonas (en general, dos símbolos para las consonantes y tres para las vocales), un silabario para el cifrado de grupos de dos o tres letras y un diccionario de términos comunes codificados por grupos de dos o tres letras, como se muestra en la Figura 29.

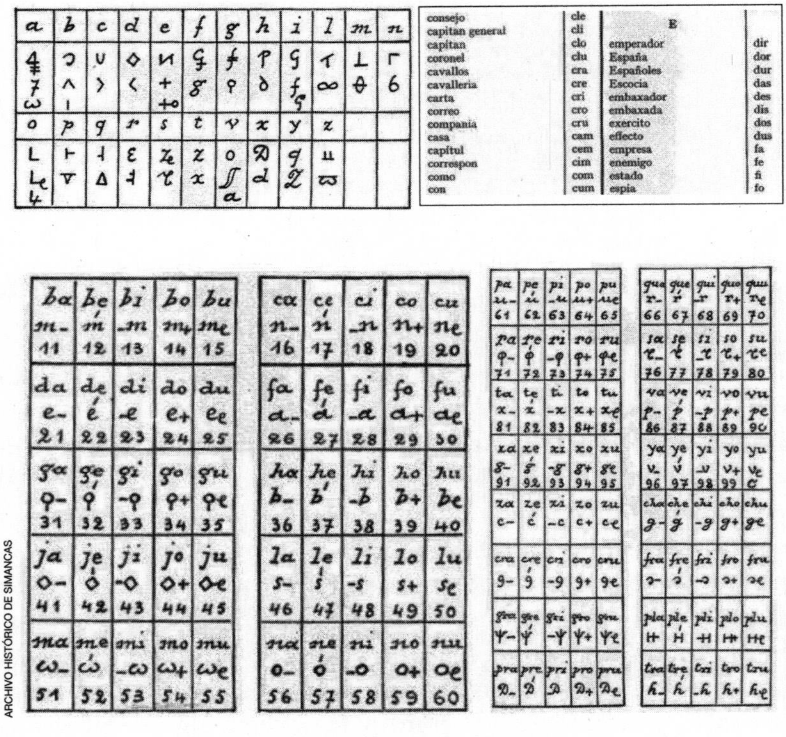

Figura 29. Cifra General de Felipe II: abecedario, parte del diccionario y silabario.

La complejidad de esta «Cifra General» hacía que no fuera de uso común. De hecho, como en la mayoría de las situaciones, existían diferentes sistemas de cifra, unos para uso particular, más sencillos, y otros, más complejos, para las comunicaciones con embajadores en diferentes países y altos cargos o para las comunicaciones con los virreyes y gobernadores de las recién nacidas colonias del Nuevo Mundo. También hay que señalar que la codificación se cambiaba cada cierto tiempo, tres o cuatro años, para proteger las comunicaciones y complicar el trabajo a los criptoanalistas de otros países. Por ejemplo, se sabe que la cifra general de 1614 se cambió en 1618 y que la cifra particular de 1604, utilizada con los ministros en Italia, llevaba anotado en su anverso que solo se podía utilizar entre 1605 y 1609.

No obstante, como ya hemos mencionado en varias ocasiones en este libro, los sistemas de cifrado históricos, en general, son todos susceptibles a un criptoanálisis, y eventualmente vulnerados, y el caso de la Cifra General de Felipe II no fue una excepción. Para comprender las razones, basta con analizar detenidamente el silabario, notándose que existen determinados patrones o regularidades que facilitan la labor de un adversario. Por ejemplo, se observa que la consonante inicial (o consonantes) de la sílaba se sustituye por un símbolo o letra y la vocal que la acompaña es otro símbolo de menor tamaño, que es siempre el mismo para todas las vocales, sin importar qué sílaba sea. Véase en la Figura 29 cómo todas las sílabas acabadas en «a» llevan como símbolo menor una especie de subíndice que es un guion, «_», las acabadas en «e» llevan un apóstrofe, «'», encima del símbolo, las acabadas en «i» llevan el guion antes del símbolo, las terminadas en «o» utilizan un signo de suma, «+», y las que finalizan en «u» usan una «d», «⸝». Además, si se observa la parte numérica, también hay un patrón que casi se repite continuamente: las sílabas terminadas en «a» llevan como segundo dígito el 1 o el 6, las acabadas en «e» terminan en 2 o 7, las que finalizan en «i» llevan asociadas los números 3 y 8, las terminadas en «o» usan el 4 o el 9, y, finalmente, las que acaban en «u» finalizan en 5 o 0. Pero es que, además, los dígitos de las decenas de las sílabas también tienen su norma, que funcionan también con un orden establecido: las que empiezan con «b» y «c» son decenas, es decir, comienzan con 1, la «d» y la «f» son veintenas, la «g» y «h» son treintenas, etcétera. Nótese que el mero hecho de que podamos escribir «etcétera» es una muy mala señal, porque si un adversario detecta una de estas regularidades en el sistema de cifrado, las habrá detectado casi todas.

También se observan otras deficiencias en el alfabeto de homófonos. Se sabe que el método de los homófonos es bueno si el diseñador tiene en cuenta la frecuencia de las letras en el idioma de que se trate, de modo que se deben usar más homófonos para las letras de mayor frecuencia, pero como puede verse en la figura FelipeII, esto no es completamente cierto en la «Cifra General», por lo que un ataque por frecuencias sería factible. Todas estas pautas están grandemente influenciadas por la estructura del español y la construcción de sus palabras, al margen de que el diseñador del silabario no parece que fuera un gran experto en la materia. A esta debilidad y otras más, se añade que los encargados de la cifra españoles no fueron muy rigurosos a la hora de aplicar todas las posibilidades que tenían a su disposición. De hecho François Viète (1540-1603), ilustre matemático a quien debemos la representación de los parámetros de una ecuación mediante letras, por lo que se le considera el padre del álgebra moderna y de quien hablaremos más adelante, era consciente de que los sistemas de cifrado españoles eran muy sutiles y muy difíciles de vulnerar, si no hubiera sido porque los encargados de cifrar los mensajes no lo eran tanto, dado que no explotaban todas las ventajas de los sistemas tan complejos que tenían a su disposición, al repetir los mismos símbolos con bastante frecuencia en lugar de emplear otras formas de sustitución.

Todo ello condujo a que se descifrara una carta cifrada con la «Cifra General», interceptada por el secretario del papa y dirigida al cardenal de Burgos, abriendo paso al descifrado de nuevas misivas entre ambas partes (ver Figura 30).

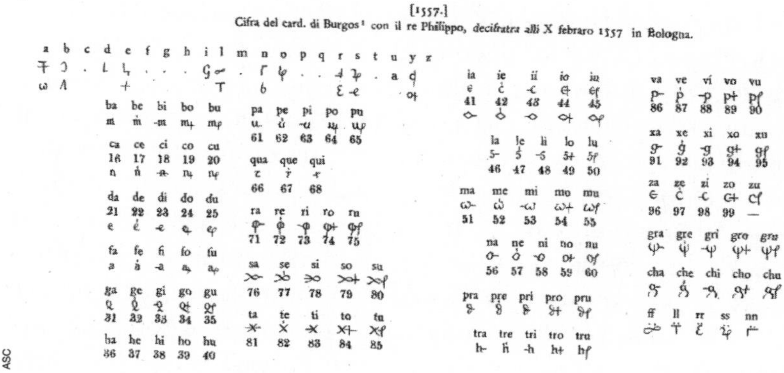

[1557.]

Cifra del card. di Burgos¹ con il re Philippo, *decifrata alli* X febraro 1557 in Bologna.

a b c d e f g h i l m n o p q r s t u y z

ba be bi bo bu   pa pe pi po pu
m ṁ -m m+ mƒ   u ù -u u+ uƒ
                          61 62 63 64 65

ca ce ci co cu   qua que qui
16 17 18 19 20   66 67 68
n ñ -n n+ nƒ

da de di do du   ra re ri ro ru
21 22 23 24 25   71 72 73 74 75
e é -e e+ eƒ

fa fe fi fo fu   sa se si so su
a à -a a+ aƒ   76 77 78 79 80

ga ge gi go gu   ta te ti to tu
31 32 33 34 35   81 82 83 84 85

ha he hi ho hu
36 37 38 39 40

ia ie ii io iu   va ve vi vo vu
41 42 43 44 45   86 87 88 89 90

la le li lo lu   xa xe xi xo xu
46 47 48 49 50   91 92 93 94 95

ma me mi mo mu   za ze zi zo zu
51 52 53 54 55   96 97 98 99

na ne ni no nu   gra gre gri gro gru
56 57 58 59 60

pra pre pri pro pru   cha che chi cho chu

tra tre tri tro tru   ff ll rr ss nn

ASC

Figura 30. Descifrado parcial de la «Cifra General».

Volviendo a Viète y su forma sistemática de criptoanalizar los sistemas de otros países, en particular, el de Felipe II, hemos de indicar que una de sus hipótesis de partida, que consideraba infalible, era que cuando aparecen tres letras sucesivas, al menos una de ellas debiera ser un vocal. Esta hipótesis no es del todo correcta, pero es una buena aproximación para obtener información valiosa a la hora de enfrentarse a documentos cifrados.

En 1590, Viète, que trabajaba para el rey de Francia Enrique IV (1553-1610), publicó los detalles del descifrado de una carta de Juan de Moreo (?-1590), representante de Felipe II ante la Santa Liga Católica y comendador de la Orden de Malta, lo que puso en aviso a Felipe II acerca de las capacidades criptoanalíticas de los franceses. Felipe II, conocedor de que los franceses eran capaces de descifrar la «Cifra General», los acusó ante el Papa de estar aliados con el demonio porque, en otro caso, no se explicaba que fueran capaces de tal proeza, habida cuenta de la dificultad de la tarea. Ni que decir tiene que al rey de Francia no se le excomulgó, posiblemente porque el gabinete de cifras del Papa hacía tiempo que también era capaz de la misma hazaña. La publicación original de Viète no nos ha llegado hasta nuestros días, pero sí una copia de la misma que fue analizada en (Pesic 1997) por lo que conocemos los métodos empleados por el matemático en su tarea.

Una característica en el envío de la correspondencia cifrada de la época era que los documentos se enviaban por duplicado o triplicado, por diferentes medios, dado que había que asegurarse de que la misiva llegaba a su destino, lo cual no siempre era fácil. Como cada copia se cifraba en diferentes momentos o por diferentes individuos, era factible que una misma palabra se cifrara de diferentes maneras. De modo que, si alguien llegaba a tener más de una copia del mismo documento cifrado de diferente manera, podría extraer información al comparar las diferencias entre los mismos. Baste notar que una palabra podía cifrarse usando el diccionario, el silabario o el alfabeto, lo que permitiría obtener símbolos equivalentes. Al margen de esta cuestión, que puede considerarse como una ayuda colateral al criptoanalista, existían otros detalles que sí eran de gran ayuda para Viète. Por ejemplo, el uso de frases estándares en las cartas al inicio o al final de las mismas, como «su excelencia», «tengo el placer de informarle», «a los pies de su majestad», etcétera, lo que permitía suponer la codificación de esta o aquella sílaba. Otro detalle era la forma de codificar los números. Aquí no queda otra opción que o escribirlos con letras, lo que era bastante tedioso para el experto en cifra, o directamente escribir la cantidad en cuestión. Si se utilizaba la segunda opción, la más probable, el valor de la cantidad podría hacer hipótesis sobre el significado de la palabra siguiente. Así, no es lo mismo que una cantidad se refiera a una fecha (muy pequeña) con lo que la palabra siguiente sería el «día» o «mes», o que se refiera a dinero, en cuyo caso, la palabra siguiente haría referencia a una moneda, «ducado», «maravedí», etcétera; o que tal vez hiciera referencia a cantidades de tropa, en cuyo caso las palabras siguientes, dependiendo de la cantidad, podrían ser «infantería», «caballería», etcétera. Una cuarta particularidad era la proporcionada por el análisis de frecuencias de las letras, dígrafos y trígrafos, dado que, como ya hemos dicho era una debilidad en la «Cifra General». Con todo ello, Viète fue capaz de descifrar las cifras de Felipe II, lo que no se sabe a ciencia cierta es cuántas logró romper y cuántos documentos y despachos logró descifrar.

Otros ejemplos de cartas cifradas enviadas a Felipe II son la de Juan Andrea Doria (1539-1606), príncipe de Melfi, y la de

Enrique de Guzmán y Ribera (1540-1607), conde de Olivares y embajador en Roma, y que se muestran en la Figura 31. Como se puede observar, los cifrados son por sustitución de la mayor parte de las palabras por números, si bien se mantienen algunas palabras en castellano.

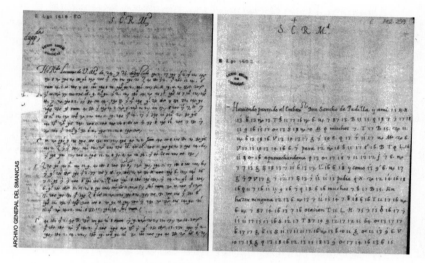

Figura 31. Cartas cifradas dirigidas a Felipe II.

Pero no solo los monarcas, embajadores y sus cortes eran usuarios de la criptología, de hecho, con el paso de los años, otros estamentos sociales vieron su utilidad, desde notarios a economistas y, cómo no, escritores y literatos. Por ejemplo, es el caso, sorprendente para más de uno, de los llamados «códigos teresianos», en honor a Santa Teresa de Jesús (1515-1582) como se señala en *Los Criptogramas de Santa Teresa* (Moreyra 1964). En este caso, se empleaban palabras con un significado distinto al del texto normal con el fin de que no se los acusara de malas artes, o de ofender al clero establecido por las críticas vertidas en sus escritos. En ocasiones este tipo de escritura se suele llamar «lenguaje convenido», del que son conocedores solo unos pocos, por lo que llegar a comprender completamente su significado no es nada sencillo. A modo de ejemplo, la propia Santa Teresa lo empleó en su correspondencia y así se refería a ella misma como «Ángela», mientras que los frailes y monjas descalzos (de su orden) eran «águilas» y «mariposas»; los frailes y monjas calzados eran «los de Egipto» y «cigarras» o «aves nocturnas»; mientras que los «gatos» eran los jesuitas opuestos al descontento Salazar y los «ángeles» eran los inquisidores.

Después de Felipe II no hubo grandes progresos en esta ciencia en España. No obstante, destacaremos, brevemente, algunos pasajes de nuestra historia en la que determinados personajes utilizaron la criptología para comunicarse y de los que tenemos noticias. Así, en la época de Felipe III (1578-1621) cabe mencionar a Rodrigo Calderón de Aranda (1576-1621), conde de la Oliva de Plasencia, marqués de Siete Iglesias (López 2013) y valido del duque de Lerma. Aquí no nos vamos a detener en su azarosa vida, salvo en la parte que concierne al uso de la criptografía. De hecho, de los doscientos cuarenta y cuatro cargos imputados a Calderón (incluido homicidio, tráfico de influencias, etcétera), el que nos afecta, el doscientos cuarenta y dos, era por quebrantar la ley que prohibía expresamente escribirse con cifras y números:

Hazesele cargo que estando prohibido por leyes destos reynos el escribirse ni corresponderse persona alguna con cifras, números ni otros modos esquisitos y estrahordinarios, el dicho marqués para encubrir y ocultar los tratos y correspondencias en negocios y pretensiones que por su medio trataban y él tratava y tenía con diversas personas en diferentes y graves materias tenía asentado con ellos el corresponderse por vías de las dichas cifras como muy hordinariamente lo a hecho y al tiempo que fue presso reconociendo el daño que devenir a tenerse notiçia desta materia.

Los cifradores de Calderón, que en este caso eran particulares, es decir, los empleaba para comunicarse con otras personas con las que deseaba que la comunicación fuera secreta, eran como otros muchos de la época. Constaban de una tabla cifradora o de sustitución homófona del alfabeto y un diccionario con los términos relativos a personas, cargos y lugares. En una de las tablas cifradoras las consonantes se sustituían por un signo o un número y las vocales por dos, incluyéndose dúplices, letras dobles y nulos. En otro, como puede verse en la figura Calderón, las consonantes se sustituyen por dos números a partir del 10 y las vocales por cuatro.

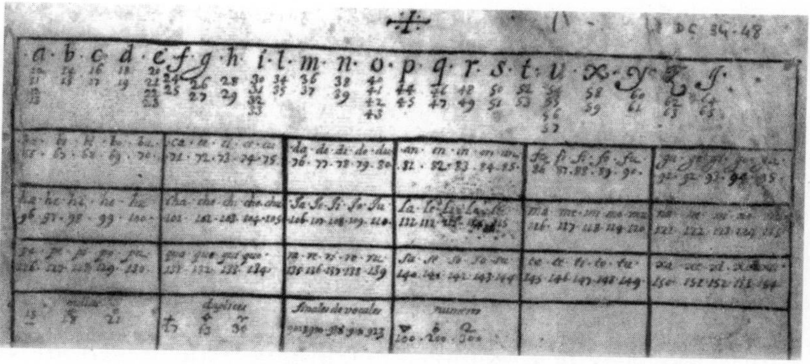
ARCHIVO GENERAL DEL SIMANCAS

Figura 32. Cartas cifradas dirigidas a Felipe II.

También merece mención el reinado de Felipe IV (1605-1665) y su cifra general, que sigue las pautas ya establecidas de ser un método de cifrado basado en nomenclátores, esto es un alfabeto cifrado y un diccionario de frases y términos frecuentes, aunque con algunas diferencias (Galende 1994c). En este caso, las letras del alfabeto se sustituyen, en su mayor parte, por números, aunque a veces se emplean símbolos o literales, como se aprecia en la Figura 33. Se usan también números y algunas parejas de letras para sustituir sílabas, símbolos para los nulos y las letras dobles, así como para las vocales que son final de palabra. Por último, los términos empleados en el diccionario son números de dos o tres dígitos y letras o grupos de letras.

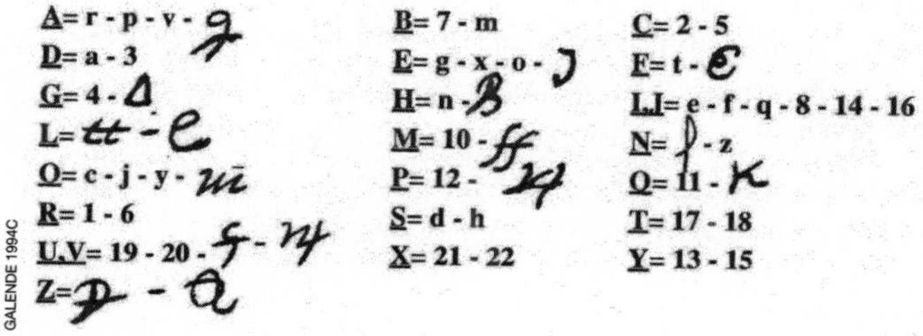
A= r - p - v -
D= a - 3
G= 4 -
L= tt -
O= c - j - y -
R= 1 - 6
U,V= 19 - 20 -
Z=
B= 7 - m
E= g - x - o -
H= n -
M= 10 -
P= 12 -
S= d - h
X= 21 - 22
C= 2 - 5
F= t -
LI= e - f - q - 8 - 14 - 16
N= - z
Q= 11 -
T= 17 - 18
Y= 13 - 15
GALENDE 1994C

Figura 33. Fragmento de la cifra general de Felipe IV.

Pero no todo fue el uso de métodos de cifrado más o menos estándares, con mejor o peor fortuna, también hubo criptógrafos en España que llevaron a cabo estudios y propuestas de cómo cifrar documentos. Entre ellos, destaca el fraile dominico Pedro Mártir Anglés (1681-1754). Al margen de otras obras literarias, en nuestro caso nos interesa el libro *Prontuario Orthologi-graphico trilingüe en que se enseña a pronunciar, escribir y letrear correctamente, en latín, castellano y catalán, con una idia-graphia o arte de escribir en secreto ó con llave idia-graphica* (Galende 1993), cuyo último capítulo está dedicado a la criptografía y lleva por título «De la Idia-graphia o arte de escribir en secreto, ó por llave idia-grápica» (pp. 424-443). En él, el autor explica la tabla de cifrado, por sustitución simple, que propone y que resumimos a continuación. En primer lugar, indica que la sustitución de las letras se puede hacer mediante números, tal y como se muestra en la Tabla 30, si bien Anglés señala que los números deben ir seguidos de un punto para evitar confusión (en nuestro caso en lugar del punto, para evitar errores gramaticales, los representaremos en cursiva). Se puede observar que no aparecen la «j», la «k» ni la «v», que, en nuestros días, podrían cambiarse por la «i», la «c» y la «u», respectivamente.

1	*2*	*3*	*4*	*5*	*6*	*7*	*8*	*9*	*10*	*11*	*12*	*13*	*14*	*15*	*16*	*17*	*18*	*19*	*20*	*21*	*22*	*23*	*24*
a	b	c	d	e	f	g	h	i	l	ll	m	n	o	p	q	r	s	t	u	x	y	z	ñ

Tabla 30. Disposición de las letras
y números según el cifrado de Anglés.

A continuación, señala que se elegirá una letra, o su número asociado, como clave de modo que esa letra se colocará en la primera posición y luego las restantes en el mismo orden, y debajo de cada una, su número correspondiente. Si la clave elegida fuera la letra «h» (llamada clave «idia-graphica»), la tabla quedaría como se muestra en la Tabla 31.

1	*2*	*3*	*4*	*5*	*6*	*7*	*8*	*9*	*10*	*11*	*12*	*13*	*14*	*15*	*16*	*17*	*18*	*19*	*20*	*21*	*22*	*23*	*24*
A	B	C	D	E	F	G	H	I	L	LL	M	N	O	P	Q	R	S	T	U	X	Y	Z	Ñ
H	I	L	LL	M	N	O	P	Q	R	S	T	U	X	Y	Z	Ñ	A	B	C	D	E	F	G
8	*9*	*10*	*11*	*12*	*13*	*14*	*15*	*16*	*17*	*18*	*19*	*20*	*21*	*22*	*23*	*24*	*1*	*2*	*3*	*4*	*5*	*6*	*7*

Tabla 31. Disposición de las letras con la clave «h».

Para cifrar un mensaje, bastaría con sustituir cada letra del texto claro, situada en la segunda fila, por su correspondiente letra de la tercera fila o por el número que le corresponde en la cuarta. Por ejemplo, el mensaje «AMIGO, PELIGRA TU VIDA» se cifraría como *htqox, ymrqoñh bc cqllh* o bien, numéricamente, como *8.19.16.14.21.,–22.12.17.16.14.24.8.– 2.3.–3.16.18.8.* Anglés presenta una segunda forma de cifrado que consiste en tomar las letras del texto claro en la tercera fila, la del alfabeto de cifra, y sustituirlas por las de la segunda fila, de modo que el mensaje anterior pasaría a ser *seqñg, hycbñls mn nbxs.*

Como se puede observar, a pesar de que estas propuestas de cifrado son de principios del siglo XVIII, ninguna de las dos presentaría apenas complicaciones para un criptoanalista dado que se trata de una sustitución simple, con todas las desventajas que ello supone, al ser vulnerable mediante el método del análisis de frecuencias. Llama la atención que, después de los grandes avances que se hicieron en criptografía en los siglos XVI y XVII, se siguieran proponiendo métodos de cifrado que se habían demostrado vulnerables con antelación. En todo caso, esta situación no es exclusiva del siglo XVIII, como muestra la historia. Pero es que hay más, Luis Basols y Bastons (1720-1794), conocido como Luis de Olod, publicó una obra titulada *Tratado del origen y arte de escribir bien*, cuyo capítulo dedicado a la escritura cifrada es casi una copia del de Anglés (Galende 2003b). De hecho, la única diferencia es que Olod utiliza un alfabeto de veinticinco letras al añadir la «k», pero no aporta nada novedoso y hasta utiliza el mismo ejemplo que Anglés (nosotros hemos empleado una versión resumida del mismo como ejemplo aclaratorio).

Por último y ya casi en los inicios de la Edad Contemporánea, mencionaremos algunos sistemas de cifrado de la época del rey Fernando VI (1713-1759). En esta etapa, como en las ya comentadas, los sistemas de cifrado seguían basándose en los de sustitución homófona múltiple con la ayuda de silabarios y diccionarios, lo que hemos denominado nomenclátores. Al margen de la necesidad de comunicarse en secreto con embajadores y otros cargos diplomáticos, se incrementa la necesidad de utilizar esta protección en otros ambientes, ya sean espías profesionales, como otros personajes que aprovechaban sus viajes de negocio y otros quehaceres para recabar información que pudiera ser de interés para su país de origen. Es el caso, por ejemplo, de Jorge Juan y Santacilia (1713-1773), de quien hablaremos más adelante.

El cifrado de las letras del alfabeto, de las sílabas y del diccionario se llevaba a cabo mediante números de entre uno y cuatro dígitos, de forma aparentemente aleatoria. Por ejemplo, la «s» era 610, la «r» el 580, «Estado» era 327, una coma era el 965, el 966 un punto, etcétera. Un aspecto curioso del que se hacía uso en esta época es el empleo de motes o alias para referirse a determinadas personas, con el fin de ocultar su nombre real y, además, dificultar la labor de los criptoanalistas. De hecho, algunos personajes más relevantes de la época tenían sus apodos, así, José de Carvajal y Lancaster (1698-1754) era «el tío no hay tal»; Ricardo Wall y Devereux (1694-1777) era «el dragón»; Zenón de Somodevilla y Bengoechea (1702-1781), marqués de la Ensenada era «el amigo»; Isabel de Farnesio (1692-1766) era «filosa»; Fernando Álvarez de Sotomayor y Lima, duque de Sotomayor (1630-1705) era «cegato», etcétera (Lorenzo 1998). También se empleaban nulos y otros números que anulaban el número anterior o el siguiente.

Uno de los personajes más interesantes de la época de Felipe VI es el ya mencionado Jorge Juan (Sánchez 2019), gran marino, miembro de la Royal Society de Londres y, además de otros muchos méritos, un excelente científico. De hecho, en 1735, se incorporó, autorizado por la Corona española, junto con Antonio de Ulloa y de la Torre-Guiral (1716-1795), a la expedición organizada por la Academia de Ciencias de París con el objetivo de medir, en el virreinato del Perú, un grado del meridiano por debajo del ecuador y poder determinar el tamaño y la forma de la Tierra, cosa que hizo, estableciendo la longitud del meridiano terrestre y probando que la Tierra está achatada por los polos. Como decimos, al margen de su interesante vida (recomendamos al lector la excelente obra de José Calvo Poyato *El espía del rey*), la faceta que nos interesa ahora en este libro es su labor como espía en Londres, al servicio del gobierno del rey Felipe VI y más en concreto, a las órdenes del marqués de la Ensenada. El marqués, deseoso de reconstruir la Armada española le encargó la misión de espiar la construcción de los navíos ingleses. Con la cobertura de científico y *fellow* de la Royal Society de Londres, pudo frecuentar las recepciones y reuniones científicas de la sociedad londinense y familiarizarse con la organización de los astilleros de Londres y con cómo los ingleses construían sus naves de guerra. En particular, se hizo con libros, instrumentos y los planos de las piezas empleadas en la construcción de las naves inglesas, y logró contratar y traer a España a casi ochenta especialistas en la construcción de buques.

La forma en la que Juan debía comunicar sus descubrimientos al marqués se señala en las instrucciones que este recibió, junto con el correspondiente libro de claves (Sala 2012):

> […] que sea preciso dar noticias, las pondrá en cifra D. Jorge Juan, sirviéndose de la que acompaña à esta instrucción con la precaución de que no ha de firmar, ni haber en ella palabra clara, sino puros números y en el centro, y no al principio ni fin las fechas y todos en números.

Sin embargo, el libro de claves que Juan utilizó no se ha conservado, pero Amadeo Sala Cola señaló que hizo uso de las cartas cifradas que Juan envió al marqués y que se conservan en el archivo de Simancas, algunos fragmentos de las mismas se pueden ver en la Figura 34.

Sala señala en su investigación, que las claves empleadas responden a dos grupos distintos de números: un grupo que va desde el 01 hasta el 0200 y otro desde el 1 al 410, haciendo uso de homófonos y nulos; por ejemplo, 154, 155 y 156 representaban la «a» o 157, 158 y 159 la «e»; mientras que 103, 104 y 105 eran nulos. También se utilizaban números para expresar los signos de puntuación, como el 51 para el punto, «.», el 52 para la coma, «,», y el 53 para los dos puntos, «:».

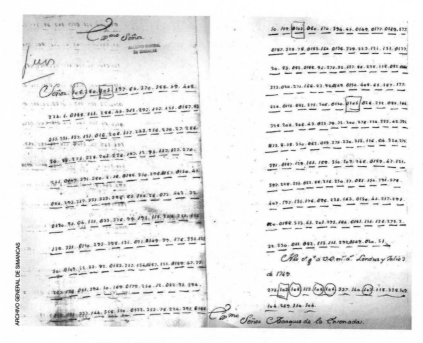

Figura 34. Fragmento de una carta enviada
por Jorge Juan al marqués de la Enseñada.

Como se puede ver en la Figura 34, cada uno de los números que formaban el cifrado utilizado podía hacer referencia a una letra, un dígrafo, trígafo, sílaba o palabra. No se sabe si este sistema de cifrado se criptoanalizó por sus adversarios de la época.

La Edad Contemporánea

La Edad Contemporánea se caracteriza por la aparición de las primeras máquinas de cifrado, que culminan en la Segunda Guerra Mundial con la máquina Enigma, hasta el desarrollo de los primeros ordenadores y los de hoy en día. No obstante, antes de llegar a estas máquinas, tienen lugar en España y en sus dominios en el Nuevo Mundo otros hechos relevantes que resumiremos en esta sección.

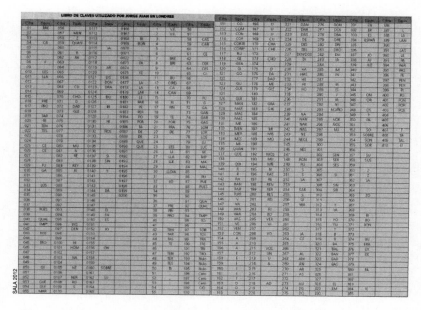

Figura 35. Recuperación del libro de claves empleado por Jorge Juan.

Podemos decir que el inicio de la época contemporánea se caracteriza en nuestro país por la invasión francesa y la coronación de José I Bonaparte (1768-1844), más conocido por «Pepe Botella», como rey de España. Durante la Guerra de la Independencia (1808-1814) también se hace uso de los mensajes cifrados, sobre todo por parte del ejército francés, dado que las fuerzas españolas se basaban en un sistema de guerrillas que, como bien sabemos, estaban muy lejos de organizarse como un verdadero ejército. No obstante, esta guerra de guerrillas permitió a los guerrilleros capturar numerosos despachos enemigos, algunos de los cuales estaban cifrados, si bien no era una cifra excesivamente complicada, dado que se trataba, en general, de una sustitución simple, con el agravante de que solo se cifraban las partes que pudieran declararse secretas. Por la parte española, parece que el uso de la criptografía en esta época era bastante escaso y seguramente de baja calidad, aunque Francisco José Buenaventura de Paula Martí y Mora

(1761-1827) publica un pequeño folleto en el que se dan unas normas para escribir en cifra (1808), si bien su calidad criptográfica no es nada relevante. En la primera parte del folleto se presentan algunas tablas de cifrado muy elementales, como puede verse en la figura Paula, mientras que en la segunda se trata el tema de la escritura oculta mediante diferentes tipos de tinta. En *Mensajes secretos. La historia de la criptografía española desde sus inicios hasta los años 50* (Soler y López-Brea 2016), se mencionan otros sistemas de cifrado de la época, quedando patente que todos ellos eran de baja calidad y ponen de manifiesto la degradación de la criptografía en España en el siglo XIX. De hecho, la mayor parte de los sistemas de cifrado eran sustituciones simples monoalfabéticas, aunque, claro está, hubo algunas excepciones, como el uso de la cifra de Vigenère, que entonces seguía considerándose indescifrable.

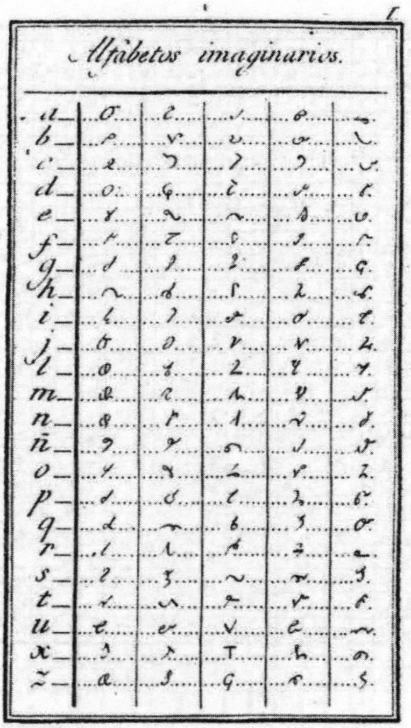

Figura 36. Ejemplo de tabla de cifrado de Paula.

112

Es interesante destacar la situación que se creó a causa de la primera guerra carlista (1833-1840) que tiene lugar en España entre los partidarios del infante Carlos María Isidro de Borbón (1788-1855), los «carlistas», y los «isabelinos» o «liberales», seguidores de Isabel II de España (1830-1904) y de la regente María Cristina de Borbón-Dos Sicilias (1806-1878). Durante esta guerra se emplea la criptografía como medio de comunicación entre ambos bandos. En el excelente trabajo de José Ramón Urquijo Goitia (1953-) se hace un pormenorizado análisis de los sistemas de cifra que utilizaron carlistas e isabelinos (2005). A modo de resumen, podemos señalar que los liberales mantuvieron el sistema de cifra que empleaba la Secretaría de Estado y que consistía en una sustitución de letras por números mientras que, como diccionario, se empleaban números más grandes para hacer referencia a determinadas personalidades. Sin embargo, los carlistas sí emplearon métodos más novedosos, aunque no muy seguros, que comentamos a continuación y entre los que destacan dos. El primero de ellos es una «clave de tarjetas», llamado así porque las veinticinco letras del alfabeto utilizado (no se emplearon la «X», la «K», la «W», pero sí la «LL») se dividían aleatoriamente en grupos de cinco letras, de modo que tales grupos eran diferentes para cada destinatario. En la Tabla 32 se muestra el alfabeto en claro y algunas de las tarjetas utilizadas por los carlistas para cifrar documentos con destino a diferentes países.

Claro	A B C D E	F G H I J	L LL M N Ñ	O P Q R S	T U V Y Z
Londres	D U Q N J	A E LL F Z	Y B S O H	C G L M P	I T R V Ñ
Rusia	F J N Q T	U A E L Z	I M P D H	B C G LL Y	Ñ R O S U
Roma	M Y F H S	U T L D C	B A Q Z J	G Z LL N Ñ	R P O V I

Tabla 32. Tarjetas utilizadas por los carlistas para el cifrado.

A la hora de cifrar se indicaba la posición de las cinco tarjetas mediante la primera letra de cada grupo, precedida de la letra «X». Con tal disposición de las tarjetas se iniciaba el cifrado del texto claro, por lo que el método podría considerarse

113

como una sustitución monoalfabética. No obstante, en de-terminado momento podría incluirse una nueva ordenación de las tarjetas al volver a escribir la letra «X», seguida de las cinco letras iniciales de cada tarjeta con el nuevo orden. De este modo, el cifrado carlista se convertía en un cifrado polial-fabético. A modo de ejemplo, para cifrar el texto «LOS SER-VICIOS DE INFORMACIÓN EN LA PRIMERA GUE-RRA CARLISTA» dirigido a Roma, se puede utilizar como clave inicial *XMUBGR* para las primeras cuatro palabras y una segunda clave, dada por *XBMRUG*, para las últimas cinco palabras. Con estas dos claves, se obtendría la distribución de tarjetas que se muestra en la Tabla 30 y, en consecuencia, el siguiente texto cifrado: *XMUBGR BGÑ ÑSNODFDGÑ HS DZUGNQMFDGZ XBMRUG JV RB TDHOJDB YZJDDB QB-DRHCGB*. En este ejemplo mantenemos las letras mayúsculas por coherencia con el método empleado en la época, si bien las escribimos en cursiva.

Claro	*A B C D E*	*F G H I J*	*L LL M N Ñ*	*O P Q R S*	*T U V Y Z*
Clave 1	*M Y F H S*	*U T L D C*	*B A Q Z J*	*G Z LL N Ñ*	*R P O V I*
Clave 2	*B A Q Z J*	*M Y F H S*	*R P O V I*	*U T L D C*	*G Z LL N Ñ*

Tabla 33. Ejemplo de tarjetas
para un cifrado a Roma por los carlistas.

El otro sistema de cifra que conviene mencionar fue el em-pleado por Antonio de Saavedra y Jofré (1777-1842), conde de Alcudia, con Pedro de Alcántara Álvarez de Toledo y Pa-lafox (1803-1867), marqués de Villafranca. El sistema era una sencilla modificación del cifrado de Vigenère, diseñada por el conde, en el que se incluyeron la «ñ» y la letra doble «ll», ante su sospecha de que los franceses pudieran haber roto el mé-todo usado por los carlistas. Además, añadió la posibilidad de utilizar hasta cuatro claves diferentes para el mismo mensaje, al incluir algún tipo de dato que la pudiera identificar exclusi-vamente por ambas partes o mediante unos números que refe-renciaban claves acordadas con antelación.

Otros sistemas de cifrado empleados en esta época, que tampoco ofrecieron demasiada fortaleza, se relacionan más bien con las comunicaciones con ultramar, que comentaremos en la siguiente sección, dedicada a Hispanoamérica.

A finales del siglo XIX, la administración española comenzó a utilizar el cifrado de cinta como método oficial de cifrado (Carmona 2011) y los dos bandos de la guerra civil lo mantuvieron, lo que posibilitó que cada uno de ellos pudiera descifrar los mensajes del otro, sin demasiado esfuerzo. Con el fin de hacer más difícil esta tarea al bando contrario, cada uno de ellos desarrolló diferentes cifrados de sustitución, pero basados en variaciones de los anteriores. Durante la guerra, y también una vez concluida la misma, se emplearon otros métodos criptográficos con mayor fortaleza, aunque el cifrado de cinta se siguió utilizando durante la época franquista, eso sí restringido fundamentalmente, a aspectos civiles.

Un destacado criptoanálisis es el que lleva a cabo el investigador español Alberto Peinado Domínguez (1970-), al reconstruir un cifrado de cinta móvil español de 1940 aplicado a telegramas cifrados (2019, 2023). El cifrado de cinta que se empleó en España es un caso particular de sustitución homófona en el que los homófonos se aplican a todos los caracteres del alfabeto y, además, se emplean todos los números menores que 100, con dos dígitos, del 00 al 99. En la tabla cinta se muestra una posible implementación de este tipo de cifrado de cinta móvil consistente en una tabla de homófonos distribuidos en tantas columnas como caracteres hay en el alfabeto. Como la tabla es la clave, esta debe mantenerse en secreto y no modificarse, dado que cada vez que se cambie, se obtendrá un nuevo cifrado. En la parte superior de la tabla cinta se distribuyen dos alfabetos, de modo que el primero es fijo y el segundo es una tira móvil (como en el caso de la regleta de SaintCyr) con un segundo alfabeto duplicado, pero ordenado de modo aleatorio.

	A	B	C	D	E	F	G	H	I	J	K	L	M	N	O	P	Q	R	S	T	U	V	X	Y	Z	
..I	X	D	M	R	H	U	P	C	Y	N	V	K	A	T	Q	F	G	L	O	B	Z	J	S	E	I	X..
	04			03		07			00	06			09		01	08		02						05		
		12	10		19	11		17						16			13				15			14	18	
	23	29		28		20		25			24			21				28			22	26				
	35		34		33				36	30					37					38	39	31			32	
		49	44			40		41			48		45	42				46					47	43		
		53		57	56			50		54			55				51		59				58		52	
	60		61	67			66	68		65		63		69				62				64				
		70		72	71			73				78				77	76				74	79	75			
			88			84		85						86	87		83				89	82	80		81	
						93	99	94	98		95	96	92					97	91		90					

Tabla 34. Ejemplo de cifrado por cinta móvil.

Para cifrar, se coloca la cinta móvil en una posición determinada y a partir de ese momento, cada letra se cifra utilizando cualquiera de los números que están en su columna. En este caso particular de la tabla cinta, se dice que el cifrado es «M en C» puesto que la letra «M» de la cinta móvil está en la misma columna que la letra fija «C» y entonces, la letra «T», por ejemplo, se podría cifrar con cualquiera de los siguientes números: 09, 45, 55 o 92. Siguiendo esta explicación, está claro que las posibles claves se determinan en función de las diferentes posiciones de la cinta móvil para cada una de las posibles tablas de homófonos.

El trabajo de Peinado ha consistido en reconstruir este cifrado, conocido como «clave PILAR», a partir de un conjunto de telegramas cifrados enviados por la Dirección General de Seguridad de Madrid al Gobierno Civil de Málaga, en 1940, después de la Guerra Civil Española. La forma de proceder se ha basado en la aplicación de un modelo de rotación cíclica al cifrado de cinta móvil, que permite recuperar tanto la tabla de homófonos como la cinta móvil, con lo que los mensajes se han podido descifrar sin problema alguno. En la Figura 36 puede verse uno de los telegramas descifrados.

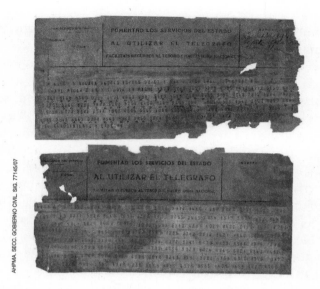

Figura 36. Foto de los telegramas descifrados por Alberto Peinado.

De vuelta a los inicios del siglo xx, hemos de recordar que España comienza el siglo con la pérdida, en la firma del Tratado de París (1898), de Cuba, Puerto Rico y Filipinas, lo que habitualmente se considera el fin definitivo del imperio español. Durante este siglo, y hasta la guerra civil, el sistema más empleado fue el ya mencionado de la cinta móvil. Una vez que estalla la Guerra Civil, cada uno de los dos bandos busca apoyo en los países extranjeros: el bando republicano en la Unión Soviética y el nacional en Alemania e Italia. Este apoyo llegará no solo con el envío de combatientes y armas, sino también con métodos y máquinas de cifrado. En todo caso, durante la primera parte de la guerra, ambos bandos no solo emplearon los mismos métodos, al fin y al cabo, se trataba del mismo ejército dividido en dos, sino también las mismas claves, lo que contribuyó a un replanteamiento de los sistemas de cifrado por ambas partes.[3]

---

[3] Sugerimos al lector que consulte los siguientes artículos citados en la bibliografía: Soler 2009, Soler et al. 2010a, Ros 2016 y Juárez 2021. Tampoco entraremos a detallar las ligeras modificaciones de los diferentes sistemas de cifrado que se utilizaron, dado que apenas tienen interés criptográfico. Reco-

Con antelación hemos comentado la guerra de guerrillas en España en la época de la invasión napoleónica. No obstante, este tipo de guerra también tuvo lugar en la Guerra Civil, más concretamente en la parte republicana, aunque es bastante menos conocida. A nosotros nos interesan, sobre todo, los sistemas de comunicación que estos grupos armados de civiles utilizaron para evitar que sus enemigos conocieran sus planes y que podrían considerarse como los precursores de los grupos especiales de operaciones (Soler y Guasch 2015). Si el guerrillero se encontraba en territorio enemigo buscando información, necesitaba emplear un método rápido de cifrado para poder enviar su información por radio y exponerse lo menos posible, por lo que el sistema empleado era uno basado en el método de Playfair. Otro sistema empleado se conoce como «OBREROS Y CAMPESINOS» por aparecer así en un documento firmado por el Jefe del Estado Mayor, Antonio Buitrago Ruiz, y que parece que se envió a un grupo guerrillero para explicar cómo utilizarlo. Dado que el nombre es el original, vamos a seguir el mismo ejemplo que se menciona en dicho documento. El proceso es relativamente sencillo: se escribe la frase anterior, que juega el papel de clave, y a cada letra se le va asignando un número de forma correlativa según su posición ordenada en el alfabeto, de modo que, si aparece una letra dos o más veces, se le asignan números seguidos, no el mismo. Para la frase anterior, se obtendría la asignación que se muestra en las dos primeras filas de la tabla guerrilla. Hecho esto, si se desea cifrar la frase «GUERRILLA REPUBLICANA DE LA GUERRA CIVIL», el texto claro se sitúa, tal cual, debajo de los números ya determinados y que ocupan tantas filas como sea preciso. A continuación, se escriben de forma ordenada los grupos de letras, en vertical, siguiendo el orden determinado por los números de la segunda fila, de modo que el texto cifrado en este ejemplo sería:

---

mendamos al lector interesado en los diferentes métodos de cifrado utilizados durante la contienda nacional que consulte Mensajes secretos. La historia de la criptografía española desde sus inicios hasta los años 50 (Soler y López-Brea 2016), donde se lleva a cabo un amplio y exhaustivo estudio de este tema.

RR-UA-AE-RE-UC-LV-ER-II-GN-IA-CL-PA-ED-RL-LG-BI-A-LU. Como se puede apreciar, este sistema de cifrado no es más que un sistema de trasposición (como si se tratara de una escítala especial) dado que las letras del texto cifrado son las mismas que las del texto claro, pero en el orden definido por una clave.

O	B	R	E	R	O	S	Y	C	A	M	P	E	S	I	N	O	S
9	2	13	4	14	10	15	18	3	1	7	12	5	16	6	8	11	17
G	*U*	*E*	*R*	*R*	*I*	*L*	*L*	*A*	*R*	*E*	*P*	*U*	*B*	*L*	*I*	*C*	*A*
N	*A*	*D*	*E*	*L*	*A*	*G*	*U*	*E*	*R*	*R*	*A*	*C*	*I*	*V*	*I*	*L*	

Tabla 35. Asignación de números a la clave elegida y cifrado.

Criptología española en Hispanoamérica

No queremos terminar la parte histórica dedicada a la criptología en España sin dar unas pinceladas sobre el uso de esta ciencia y de sus repercusiones en Hispanoamérica. Es cierto que lo que vamos a tratar en esta sección podríamos haberlo incluido cronológicamente en las secciones anteriores, pero nos ha parecido más oportuno y conveniente dedicar una sección exclusivamente a esta cuestión.

Ya hemos comentado con antelación que la carta cifrada enviada por Hernán Cortés sea, posiblemente, la más antigua de las cartas de este tipo enviada desde el Nuevo Mundo de la que se tiene noticia. Se sabe que Cortés envió numerosas cartas a su emperador dándole cuenta de sus actuaciones y de la producción de mercancías de las que era responsable en Nueva España. De hecho, tal es el volumen de estas cartas y tan minucioso es su contenido que le sirvieron a Hernán Cortés para acabar siendo nombrado doctor por la Universidad de Salamanca. De Hernán Cortés se tiene noticia de otra carta cifrada, escrita el 20 de junio de 1533, desde Puerto de Santiago, y dirigida al licenciado Francisco Núñez, contra el marqués del Valle, por pago de devengados (Narváez 2007). Un fragmento de la misma puede verse en la Figura 37.

Figura 37. Fragmento de una segunda cara
cifrada de Cortés de 1533.

No obstante, al margen de esta correspondencia epistolar cifrada y no cifrada, existen noticias del uso de otros sistemas de cifrado entre el reino de España e Hispanoamérica. Debe tenerse en cuenta que si bien en un principio, y en especial a partir del reinado de Carlos V, surge la necesidad de comunicarse mediante documentos cifrados entre España y el Nuevo Mundo, más tarde surge en aquella otra parte del océano un desarrollo propio de la criptología, en especial en la época de la emancipación de Hispanoamérica, que puede datarse a partir de 1810 cuando se instauraron las juntas revolucionarias para expulsar de sus cargos a los gobernantes españoles.

Todo indica que, a partir del siglo XVI, se hizo necesaria la protección de los documentos que se enviaban y recibían desde Hispanoamérica para evitar que cayeran en manos de los enemigos. Ya hemos mencionado que, a la necesidad de enviar varias copias de los documentos y despachos por diferentes medios para asegurarse su recepción, en muchos casos era preciso que este envío se hiciera cifrado. Téngase en cuenta que era muy conveniente evitar que los adversarios pudieran llegar a conocer las fechas previstas para la navegación y para el envío de mercancías y riquezas. Debido a todo ello, de forma periódica, se confeccionaban claves para compartirse entre el Consejo de Estado y los virreyes de Nueva España, Perú y Nueva Granada y el embajador en Buenos Aires (Galende 2000, Lohmann 1954 y Soler y López-Brea 2016). Pero, como ya hemos mencionado, también utilizaron sistemas de cifra otros personajes de la época como Cristóbal Colón y Hernán Cortés, amén de órdenes religiosas, como los jesuitas. Todos estos cifradores siguieron las pautas de la época, ya comentadas, es decir, eran sistemas de sustitución simple o múltiple y, en ocasiones, con el empleo de nulos.

La evolución de la criptología en España siguió los cauces y derroteros que hemos comentado en este capítulo, siendo su época de mayor esplendor la de Felipe II y llegando a convertirse en un sistema de cifra de muy baja calidad y seguridad en los siglos siguientes. Es de suponer que esta decadencia también afectara a los sistemas de cifra empleados en Hispanoamérica, donde su época de mayor interés criptográfico fue la de la emancipación, por la necesidad de los llamados «libertadores» de acordar sus planes y estrategias y ponerlos a buen recaudo de la corona española. No es de extrañar, por tanto, que personajes como Antonio José Francisco de Sucre y Alcalá (1795-1830), conocido como Antonio José de Sucre o mariscal de Ayacucho; Simón José Antonio de la Santísima Trinidad Bolívar Ponte y Palacios Blanco (1783-1830), esto es, Simón Bolívar o el libertador; José Francisco de San Martín y Matorras (1778-1850) o José de San Martín; José Julián Martí Pérez (1853-1895), conocido como José Martí, etcétera, desarrollaran sus propios sistemas de cifrado; eso sí, muy similares a los españoles y casi tan débiles como estos. De hecho, Sucre modificó la clave de sustitución simple por medio de letras muertas, números, separaciones de palabras e intercalaciones. Bolívar utilizó un sistema parecido al de Sucre, pero algo más simple, mientras que San Martín empleó rejillas, un nomenclátor y hasta tintas simpáticas, es decir, tintas invisibles elaboradas, fundamentalmente, a base de jugos de uvas, de cítricos o con productos químicos. Por su parte, se sabe que Martí, a finales de 1894, envió un mensaje desde Nueva York, parcialmente cifrado, con el plan para la liberación de Cuba, que utilizaba un cifrado de Vigenère, con la deficiente clave «HABANA», en el que las letras de la tabla se habían cambiado por números, esto es, la «A» era el 2, la «B» el 3 y así sucesivamente, hasta la «Z» que era el 29 (se incluía la «LL»), de modo que los últimos números seguían la serie natural: 30, 31, etcétera, hasta el 56, sin que se volviera a iniciar con el 2, 3, etcétera (Kahn 1968; Soler y López-Brea 2016). En la web http://www.criptohistoria.es/criptografia-real.html se listan algunas de las claves empleadas en Cuba, así como algunas otras de la Guerra Civil española, tanto del bando republicano como del nacional.

Al margen de los ya comentados, es de destacar el sistema de cifrado empleado durante la etapa de la Revolución Filipina (1896-1898) entre el gobernador general de Filipinas y el ministro de Ultramar del gobierno español, formado por un extenso nomenclátor con números de cuatro dígitos y constituido por varios cientos de términos (Galende 2000).

LAS MÁQUINAS DE CIFRADO EN ESPAÑA

Para terminar este capítulo dedicado a la criptología en España, no queremos dejar pasar la ocasión de mencionar, aunque sea brevemente, las máquinas de cifrado que se emplearon en nuestro país a partir del segundo tercio del siglo XX. Ya hemos comentado varios métodos de cifrado usados en España que entran en la categoría de lo que se ha dado en llamar «criptología de lápiz y papel» (Sgarro 1990), es decir, por métodos manuales; pero es a partir de los años treinta del siglo pasado cuando se comienzan a utilizar en España diferentes mecanismos de cifrado, especialmente en el ámbito militar. Aquí solo vamos a mencionar algunos de ellos, pero el lector interesado puede consultar el artículo *States by secrecy: Cryptography and guerrillas in the Spanish Civil War* (Soler y Guasch 2015). Más tarde hablaremos del uso de la máquina Enigma en España, una vez que la hayamos presentado en el capítulo siguiente.

Entre los primeros dispositivos mecánicos de cifrado que se usaron en España están las conocidas regletas, que se empleaban con el fin de simplificar el trabajo de cifrado y descifrado manual de los operadores mediante sustituciones polialfabéticas por desplazamiento, basados en el cifrado de Vigenère. Ya hemos mencionado la regleta de SaintCyr, pero ahora comentamos una de las más complejas y que utilizó el ejército español hasta la década de los setenta; se trata de la «regleta de cifrado de cuadro tipo S-51». Como se puede observar en la figura regleta, se trata de un instrumento en forma de regla con dos partes: una fija y una móvil. La parte fija contiene un alfabeto con las letras en negro y la parte móvil contiene dos alfabetos, uno de color azul y otro de color rojo que está oculto, salvo por una pequeña ventanilla que permite ver solo una letra a medida que se mueve la parte móvil. Para cifrar una letra se empleaba un cuadernillo de claves aleatorias de modo que, con un sistema acordado de antemano, se asignaba a cada valor de la clave aleatoria del cuadernillo un valor del texto claro. Hecho esto, se hacían coincidir en la regleta esos dos valores en los alfabetos negro y azul, de modo que la letra roja que aparecía en la ventana correspondía a la letra cifrada.

Figura 38. Regleta de cifrado de cuadro tipo S-51.

Otro de los sistemas empleados por el ejército español en los años cuarenta, en este caso por el Ejército del Aire, es el llamando «criptógrafo San Carlos». Se trata de una versión española del disco de Wheatstone y está formado, como puede verse en la figura SanCarlos, por dos discos dentados y engranados sobre una misma plancha de acero y una regla media con una doble ventana que sirve de índice. Uno de los discos contiene caracteres alfabéticos y el otro, caracteres numéricos en la corona exterior y alfabéticos en la interior.

Figura 39. Criptógrafo San Carlos.

El dispositivo de cifrado británico conocido como Syko se utilizó durante la Segunda Guerra Mundial y no está claro que haya sido empleado por nuestro ejército; no obstante, dado que algunos ejemplares de este dispositivo se encuentran en dependencias españolas, vamos a hacer una somera descripción del mismo. Syko se patentó antes de la Segunda Guerra Mundial, y se usó en la misma, sobre todo, por los aviadores por ser un método rápido de cifrado. Es un dispositivo mecánico que tiene treinta y dos columnas móviles con treinta y siete caracteres en cada una de ellas: las letras de la «A» a la «Z», los números del 0 al 9 y un carácter de pausa, como puede verse en la figura Syko. El dispositivo incluye un lápiz con un pequeño alfiler en el extremo que se inserta en una muesca de cada letra, lo que permite mover las columnas según se precise. La clave empleada para cifrar en cada ocasión es una tarjeta que se coloca dentro de la máquina y se va descubriendo a medida que las columnas se mueven hacia abajo. La tarjeta clave contiene también treinta y dos columnas con los mismos treinta y siete caracteres que las columnas móviles, pero en un orden aleatorio. Para cifrar una letra del texto claro, se desplazaba hacia abajo la columna móvil hasta que aparecía dicha letra. Hecho esto con las treinta y siete letras del texto claro, el texto cifrado se determinaba por la última línea de la tabla. Se repetía el proceso para las siguientes treinta y siete letras del texto claro. A la hora de descifrar, se procedía de manera inversa, esto es, se desplazaban las columnas móviles hasta que en la última línea apareciese el texto cifrado, de modo que en la parte superior de las columnas aparecería el texto claro. El método de cifrado era muy rápido, aunque no muy seguro. En todo caso, la mayor parte de las comunicaciones en las que se empleó este método solo era para señalar las posiciones de los aviones.

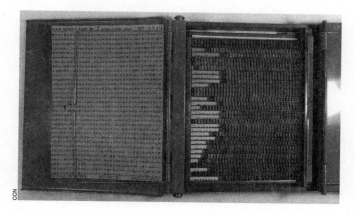

Figura 40. Cifrador británico Syko.

El dispositivo de cifrado conocido como «Clave Norte» estaba formado por dos ruedas dentadas, como se muestran en la figura norte. Ambas ruedas se situaban sobre sendos círculos, uno a la izquierda, que era de cartulina y que contenía el alfabeto cifrado y que se cambiaba con frecuencia, al ser la clave, y otro a la derecha, donde se situaba el alfabeto claro con algunas letras repetidas. El número de dientes de cada una de las ruedas es diferente: la del texto cifrado consta de cuarenta y la del texto claro de treinta y siete. Además, también sus tamaños son diferentes. La rueda de la izquierda tiene 10,5 cm de diámetro exterior y 10 cm de diámetro interior; mientras que la izquierda es ligeramente menor, con 9,7 cm de diámetro exterior y 9,2 cm de diámetro interior. En la Figura 41 se puede ver que la rueda izquierda tiene un agujero que permite observar el valor cifrado correspondiente a la letra a cifrar. También se observa en la parte interna de la tapa de la caja, donde están las instrucciones de cifrado, que la «Clave Norte» se comenzó a utilizar en España en 1937.

Figura 41. «Clave Norte».

Tal y como se explica en las instrucciones de la tapa de la caja de la figura norte, para iniciar el proceso de cifrado se eligen las letras de coincidencia, por ejemplo, la «M» en la «P», luego se desatornilla el disco de la derecha y se hace coincidir el diente de la rueda derecha que lleva la letra «M» con el hueco del de la izquierda que marca la «P». Hecho el emparejamiento, se vuelve a atornillar el disco y se cifra cada letra seleccionándola en la rueda derecha que, como hemos dicho, es la correspondiente al texto claro. El valor cifrado de la letra correspondiente es el número que se muestra en el agujero de la rueda izquierda. El movimiento de las ruedas para ir cifrando letras de modo sucesivo es el que se muestra, con sendas flechas, en las ruedas. Acabado el proceso de cifrado, los números que correspondían al texto cifrado se agrupaban en grupos de cuatro dígitos, correspondientes a dos letras del texto claro. En el caso de que el número de letras del texto claro fuera impar, se añadía una letra «Z» como última. En el caso de que se tratara de cifrar números, el comienzo de los mismos se denotaba por «NN» y su final por «XX». El proceso de descifrado era el inverso al seguido anteriormente, esto es, una vez colocadas las ruedas como correspondiera, se localizaban los números del texto cifrado en el agujero de la rueda izquierda y se obtenía la letra del texto claro en la rueda derecha. En este proceso, las ruedas se giraban al revés que en el de cifrado. Finalmente, debe hacerse notar que el número de dientes de las ruedas es de cuarenta y treinta y siete,respectivamente, lo que hace que el periodo de coincidencia, según van rotando las ruedas, sea máximo puesto que ambos números son primos entre sí, esto es, no tienen factores comunes.

Una de las máquinas cifradoras empleada en España durante la Guerra Civil, tanto por el bando nacional como por los servicios secretos vascos, fue la Kryha, inventada por el ruso Alexander Von Kryha (1891-1955), que trabajó durante la Segunda Guerra Mundial para el ejército alemán. La Kryha se fabricó entre los años veinte y los cincuenta del siglo XX y su mecanismo se basa en dos círculos concéntricos, uno con un alfabeto fijo que corresponde a las letras del texto en claro y otro con un alfabeto móvil con las letras correspondientes al texto cifrado. Además, como puede verse en la Figura 42, el dispositivo tiene una rueda interior con tornillos numerados y unos huecos con la combinación interna secreta y una palanca que desplaza el alfabeto interior un número irregular de posiciones cuando se presiona. La clave inicial se define mediante la combinación de la rueda y la coincidencia de una letra del alfabeto móvil con su correspondiente letra en el fijo. Colocada la máquina en esta posición, se cifra la primera letra y luego se va presionando la palanca de modo sucesivo para cada una de las letras del texto claro siguientes.

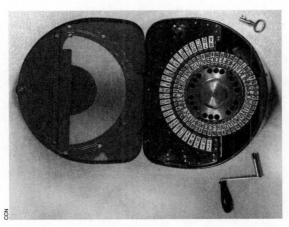

Figura 42. Máquina de cifrado Kryha en su versión estándar.

De esta máquina existen tres versiones: la estándar, que suele llamarse «bombonera» por su aspecto exterior, pesa alrededor de cinco kilos y es totalmente manual; una versión de bolsillo llamada Lilliput (véase la Figura 43) y una versión eléctrica. Las tres versiones son totalmente compatibles entre sí, esto es, un texto cifrado con una versión puede descifrarse con cualquiera de las otras. La Kryha llegó a ser bastante popular, aunque no era excesivamente segura, de hecho, William Frederick Friedman (1891-1969), uno de los criptógrafos de la armada estadounidense, consiguió vulnerarla descifrando un mensaje de mil ciento treinta y cinco caracteres en dos horas y cuarenta y un minutos.

Figura 43. Máquina de cifrado Kryha en su versión Lilliput.

En el capítulo siguiente comentaremos de forma general las máquinas conocidas como Hagelin, por lo que aquí nos

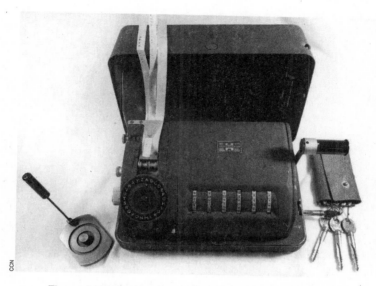

Figura 44. Máquina de cifrado Hagelin, modelo CX-52.

limitaremos a señalar que la máquina de cifrado de este tipo empleada en España fue el modelo CX-52, desarrollada en el año 1952. De toda la serie de máquinas creadas por Hagelin, esta es una de las mejores y se basa en la combinación de numerosas variables en su configuración, como la selección y orden de las ruedas, los arrastres y sus barras de movimiento, la rueda de impresión, la clave del mensaje, etcétera. Los diferentes modelos de esta máquina los adquirieron más de cien países durante unos veinticinco años, antes de que se sustituyeran por sistemas electrónicos, de hecho, el ejército español la utilizó hasta mediados de los sesenta. El modelo CX-52 consta, como puede verse en la Figura 44, de seis ruedas dentadas con cuarenta y siete caracteres cada una y un sistema para desplazarlas aleatoriamente. La elección del modo de cifrado o de descifrado se hace mediante el mando que se encuentra a la izquierda del aparato. Para cifrar, el responsable de la cifra movía la manivela grande hasta que la letra que quería cifrar aparecía en el dial y, entonces, presionaba la palanca de la derecha y obtenía un número aleatorio de desplazamientos que daba lugar al texto cifrado. Tanto el texto claro como el cifrado se imprimían en una cinta de papel engomado.

Figura 45. Teclado eléctrico B-52
que podía acoplarse a la Hagelin, modelo CX-53.

Al modelo CX-52 de la Hagelin se le podía acoplar un teclado eléctrico, llamado B-52, que la dotaba de mayor velocidad de procesado (véase la Figura 45).

LA ENIGMA Y OTRAS MÁQUINAS DE CIFRADO

Posiblemente, el estudio de las máquinas de cifrado sea uno de los capítulos más llamativos y excitantes de la historia de la criptología. Si ya las primeras máquinas puramente mecánicas, como los cifradores de rotación de Alberti y otros ya comentados, ponen de manifiesto la capacidad humana para el diseño de extraños artilugios para cifrar información, el desarrollo de las máquinas electromecánicas es realmente un hito en el campo de la criptología.[4]

A lo largo de este capítulo, vamos a ver algunas de estas máquinas. No es el propósito de esta sección hacer un estudio exhaustivo de las mismas, pero sí dar unas pinceladas de su diseño y de cómo es posible cifrar y descifrar con ellas. En este caso nos detendremos, principalmente, en la máquina Enigma, la más famosa de todas ellas, de la que haremos una descripción más detallada acerca de los procesos de establecimiento de claves, cifrado, descifrado y cómo se pudo vulnerar a base de tesón y estudios matemáticos.

Primeras máquinas de cifrado

Al margen de las máquinas mecánicas de cifrado que hemos mencionado hasta ahora, vamos a presentar algunas otras que

---

[4] Recomendamos al lector interesado consultar la bibliografía: Bauer 2007, Hernández 2016, Kahn 1968, Lehning 2021 y Singh 2000, y visitar la página web www.cryptomuseum.com, en la que se muestran numerosas máquinas de cifrado.

nos van a permitir hacernos una idea de cómo estas han evolucionado hasta llegar a la que, sin duda, es la estrella: la Enigma.

El norteamericano Decius Wadsworth (1768-1821) tuvo la idea de considerar dos discos concéntricos, pero en lugar de que ambos tuvieran el mismo número de letras, optó por incluir treinta y tres caracteres en el disco exterior, conteniendo las letras del alfabeto y las cifras del 2 a 8, y solo las veintiséis letras del alfabeto en el disco interior, de modo que la disposición de las letras de cada disco podía cambiar según conviniera. Para cifrar un mensaje, los discos se alineaban en alguna de las posiciones que quedaba fijada, enfrentado una determinada letra del texto claro del disco interior con un carácter del texto cifrado en el disco exterior. Tanto la distribución de los discos como esta posición inicial debían compartirse entre el emisor y el receptor. La originalidad de los discos de Wadsworth consistía en que los dos discos podían girar alrededor del centro común gracias a los treinta y tres dientes del engranaje del disco exterior y los veintiséis dientes del disco interior. Al hacerlo así, resulta que como 26 y 33 son primos entre sí; es decir, no existe ningún número, salvo el 1 claro está, que los divida a los dos a la vez; cuando el disco interior da una vuelta completa, al disco exterior le faltan siete caracteres para completarla. Por ello, es preciso dar treinta y tres vueltas al disco interior para que la posición fijada al inicio del proceso se vuelva a repetir. Así pues, para cifrar una letra, se gira el disco interior hasta que la misma se sitúa en la posición marcada inicialmente con la letra a cifrar en el marco.

El disco de Wheatstone, personaje del que ya hemos hablado cuando presentamos el cifrado de Playfair, es, de nuevo, un artilugio formado por dos discos concéntricos, pero en este caso, el disco exterior tiene veintisiete posiciones, veintiséis para las letras del alfabeto y una más para el espacio en blanco, mientras que el interior solo tiene veintiséis posiciones para las veintiséis letras. El hecho de que el disco exterior tenga menos posiciones que el de Wadsworth supone que ofrece menor seguridad. En cualquier caso, este dispositivo constaba, además, con dos manecillas diferentes, cada una de las cuales señalaba a uno de los discos. Para cifrar una letra, se colocaban las dos manecillas apuntando al espacio en blanco y luego la manecilla del disco exterior se colocaba apuntando a la primera letra a cifrar, lo que hacía girar los engranajes del artilugio y hacía que la manecilla del disco interior apuntara a otra letra, que era la que cifraba la primera. El proceso se repetía para cada letra de la palabra a cifrar y se volvían a colocar las manecillas apuntando al espacio en blanco al inicio de cada palabra.

Figura 46. Disco de Wheatstone.

Un sistema más elaborado que los basados en dos discos concéntricos, atribuido al presidente norteamericano Thomas Jefferson (1743-1826), se conoce como cilindro de Jefferson (véase la Figura 47). Se trata de un cilindro de madera que consta de treinta y seis discos que giran alrededor del eje central del cilindro, de modo que cada uno de ellos contiene las veintiséis letras del alfabeto, con ordenaciones diferentes.

Figura 47. Reproducción en plástico
del cilindro de Jefferson con solo diez discos.

El texto claro se componía girando los discos y se elegía como texto cifrado cualquiera otra de las líneas que aparecían en el cilindro. Para descifrar el texto cifrado, se colocaban los discos hasta formar el criptograma y se leían las restantes líneas hasta que una de ellas tuviera sentido. La seguridad del sistema se basa, claro está, en el orden en el que se colocan los discos a lo largo del eje del cilindro y en la distribución de la letras de cada uno de ellos.

Parece que el cilindro de Jefferson no fue de los primeros dispositivos de este estilo que se empleó, aunque sí el más famoso. De hecho, se cree que el primer artilugio similar al descrito se debe al sueco Fredrik Gripenstierna (1728-1804), quien presentó su máquina al rey Gustavo III (1746-1792). La máquina de Fredrik Gripenstierna estaba formada por cincuenta y siete discos colocados sobre el eje de un cilindro, de modo que cada disco tenía grabadas las letras del alfabeto ordenadas y consecutivas y, a continuación, veintiséis números entre el 0 y el 99, desordenados para cada disco. El cilindro tenía dos ranuras diametralmente opuestas, y seguían el eje, que daban sobre los discos, de modo que una permitía mostrar cincuenta y siete letras y la otra, cincuenta y siete números. Como se puede apreciar, este cilindro resultaba más complicado de utilizar que el de Jefferson, de hecho, requería de dos operadores, uno para el alfabeto y otro para las cifras, de modo que el primero giraba los discos para escribir el texto en claro en su ranura, mientras que el segundo iba tomando nota del texto cifrado. Debemos añadir, además, que tampoco se puede afirmar que este dispositivo fuera el primero de este tipo dado que el propio Fredrik Gripenstierna señaló que su diseño se basó en el sistema que su abuelo empleaba para comunicarse en secreto con el matemático John Wallis (1616-1703), quien hizo de criptoanalista descifrando los mensajes de los monárquicos durante la revolución inglesa.

Por su parte, Bazeries, a quien también hemos mencionado anteriormente a propósito del descifrado de la Gran Cifra, propuso el uso de un cilindro muy similar al de Jefferson, con veinte discos, cada uno de ellos con veinticinco letras desordenadas. Gaëtan Viaris (1847-1901) demostró que el cilindro de Bazeries era de fácil vulneración si se disponía de uno de los modelos del cilindro. El ataque se basaba en la búsqueda de la palabra probable, a pesar de la inicial complejidad que pueden tener estos sistemas, dado que, inicialmente, un adversario debería probar cada una de las posibles posiciones en las que se pueden colocar los discos, que en cada caso es el factorial de su número (permutaciones del número de discos). En efecto, como el disco de Bazeries tenía veinte discos, este número es 20 factorial es decir, $20! = 20 \cdot 19 \cdot 18 \cdots 3 \cdot 2 \cdot 1$ $= 2.432.902.008.176.640.000 \approx 2,4 \cdot 10^{18}$, mientras que, en el caso del cilindro de Jefferson, el número de permutaciones de 36 asciende a $36! = 36 \cdot 35 \cdot 34 \cdots 3 \cdot 2 \cdot 1 = 371.993.326.789$ $.901.217.467.999.448.150.835.200.000.000 \approx 3,7 \cdot 10^{41}$.

Uno de los problemas relacionados con esta debilidad estribaba en el diseño de los discos, esto es, en la disposición de las letras a lo largo de los mismos. Si pensamos que los bordes de los discos son tiras de papel, con las letras ordenadas de la misma manera que en los discos, y extendemos tales tiras una al lado de otra, obtenemos una tabla con veinte columnas (una para cada disco) y veinticinco filas (para las letras de cada disco o tira). En esta situación se podría observar que, si bien en cada fila solo aparece un carácter cada vez, no sucede lo mismo en las columnas, es decir, en cada columna aparecen varias letras iguales. Esto se puede observar en la tabla Bazeries, donde se muestra una reproducción parcial de los veinte discos de Bazeries.

1	a	b	c	d	e	f	g	h	i	j	k	l	m	n	o	p	q	r	s	t	u	v	x	y	z
2	b	c	d	f	g	h	j	k	l	m	n	p	q	r	s	t	v	x	z	a	e	i	o	u	y
3	a	e	b	c	d	f	g	h	i	o	j	k	l	m	n	p	u	y	q	r	s	t	v	x	z
4	z	y	x	v	u	t	s	r	q	p	o	n	m	l	k	j	i	h	g	f	e	d	c	b	a
5	y	u	z	x	v	t	s	r	o	i	q	p	n	m	l	k	e	a	j	h	g	f	d	c	b
6	z	x	v	t	s	r	q	p	n	m	l	k	j	h	g	f	d	c	b	y	u	o	i	e	a
7	a	l	o	n	s	e	f	t	d	p	r	i	j	u	g	v	b	c	h	k	m	q	x	y	z
8	b	c	d	f	g	h	j	k	l	m	n	p	q	r	s	t	v	x	z	a	e	i	o	u	y

Tabla 36. Reproducción parcial de la distribución de las letras en ocho de los veinte discos del cilindro de Bazeries.

Quien sí consiguió mejorar sustancialmente este tipo de cilindro, con una idea interesante para evitar el ataque de Viaris, fue Mauborgne, a quien ya conocemos por ser el introductor del concepto de clave aleatoria. Su idea fue utilizar «cuadrados latinos». Se trata de distribuir letras o números en una tabla cuadrada de modo que solo aparezca uno y solo uno de estos caracteres en cada fila y en cada columna que, como se puede ver, no es lo que ocurre en la distribución del cilindro de Bazeries. A modo de ejemplo mostramos los cuadrados latinos de los primeros órdenes en la tabla cuadrados.

2	
a	b
b	a

3		
a	b	c
b	c	a
c	a	b

4			
a	b	c	d
b	c	d	a
c	d	a	b
d	a	b	c

4			
a	b	c	d
b	d	a	c
c	a	d	b
d	c	b	a

4			
a	b	c	d
b	a	d	c
c	d	b	a
d	c	a	b

4			
a	b	c	d
b	a	d	c
c	d	a	b
d	c	b	a

Tabla 37. Cuadrados latinos de órdenes 2, 3 y 4.

Una propiedad matemática muy interesante de los cuadrados latinos es que el número de los posibles cuadrados para cada orden crece muy deprisa. De hecho, ilustres matemáticos a lo largo de la historia se han preocupado de este tema, determinando cuántos cuadrados latinos existen para diferentes tamaños. La tabla latinos muestra algunos de estos valores.

Orden	Número de cuadrados latinos
2	1
3	2
4	4
5	56
6	9408
7	16.942.080
8	535.281.401.856
9	377.597.570.964.258.816
10	7.580.721.483.160.132.811.489.280
11	5.363.937.773.277.371.298.119.673.540.771.840

Tabla 38. Número de cuadrados latinos para cada tamaño de lado.

Comentamos estas características de los cuadrados latinos porque Mauborgne propuso utilizar uno de ellos, de orden 26, para distribuir las letras del alfabeto en los discos del cilindro. El cilindro constaba de veinticinco discos porque se excluyó el que tenía el alfabeto en su orden normal. Tan solo cabe mencionar que el cuadrado concreto que presentó para su uso no era exactamente uno latino, dado que el disco número 16 presentaba las letras «a», «b» y «c» en un orden incorrecto (no sabemos si por error o de modo intencionado), que podría modificarse fácilmente, logrando un cuadrado latino perfecto.

En cualquier caso, la propuesta de Mauborgne, que se conoció como M-94 (ver Figura 48), tuvo un gran éxito porque la utilizó el ejército americano durante muchos años, en concreto entre los años 1922 y 1943, eso sí, la clave se cambiaba todos los días.

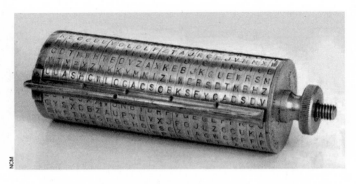

Figura 48. Máquina M-94 basada en las ideas de Mauborgne.

Mediante estas ideas, pero haciendo uso de los avances de la técnica y de los fundamentos de las primeras máquinas de escribir eléctricas, comenzaron a desarrollarse las máquinas electromecánicas que utilizaban rotores como forma extendida de los discos mencionados hasta ahora. No entraremos en demasiados detalles porque se escapan a los objetivos de este libro, pero para tener una primera aproximación de cómo realizar una sustitución fija mediante contactos eléctricos, basta con imaginarse un tablero de conmutadores con determinado número de tomas de entrada (una para cada uno de los caracteres a utilizar en el texto claro) y el mismo número de tomas de salida para los caracteres del texto cifrado, todas ellas conectadas, dos a dos, internamente por cables (ver Figura 49). En este sencillo ejemplo, a la entrada «A» le corresponde como salida la «c», a la «B» la «e», etcétera.

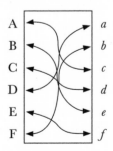

Figura 49. Ejemplo tablero de sustitución mediante contactos eléctricos.

Las primeras máquinas electromecánicas de cifrado se deben a Boris Caesar Wilhelm Hagelin (1892-1983), de quien tomaron el nombre: las Hagelin. Se construyeron diferentes modelos, identificados por la letra «C» seguida del año de su fabricación: C-35, C-36, etcétera. Otras llevaron diferentes denominaciones (M-209, BC-38, etcétera) según sus características. Hemos presentado la Hagelin CX-52 en el capítulo anterior porque fue el modelo que se empleó en España en el siglo XX. El método de cifrado de esas máquinas se basaba en el método del almirante británico Francis Beaufort (1774-1857), que no era sino una modificación del cifrado de Vigenère, con la misma tabla. En este caso, en lugar de que el cifrado de una letra con una clave fuera la letra situada en la celda donde se cruzan la columna y la fila donde se encuentran cada una de ellas, se tomaba como resultado la primera letra de la fila en la que se encontrara la letra de la clave que estuviera en la columna de la letra a cifrar.

La Hagelin C-36 en particular, que se muestra en la figura Hagelin, tiene cinco rotores o rodillos, cada uno de ellos con un número distinto de dientes o pasadores: diecisiete, diecinueve, veintiuno, veintitrés y veinticinco. Con esta configuración, cada vez que se teclea una letra, el rodillo gira con lo que el pasador cambia. Ahora bien, de forma análoga a como sucedía con los discos de Wadsworth, como el número de pasadores de cada rodillo es primo con el número de letras, esto es, veintiséis, resulta que el periodo de rotación es el máximo posible. Dicho de otro modo, hasta que no se lleve a cabo el cifrado de tantas letras como el valor del mínimo común múltiplo de todos los números de pasadores (es el número más pequeño que es a la vez múltiplo de todos ellos), esto es, su producto, $17 \cdot 19 \cdot 21 \cdot 23 \cdot 25 = 3.900.225$, no se repite el ciclo de cifrado con los mismos rodillos.

Figura 50. Máquina de cifrado Hagelin abierta, modelo C-36.

Otro modelo de Hagelin muy empleado fue el M-209, bastante más ligero y fácil de transportar. Este se accionaba de forma manual y lo empleó el ejército norteamericano durante la Segunda Guerra Mundial. La seguridad del modelo M-209 era bastante buena, aunque hoy se sabe que, en 1943, los criptoanalistas alemanes podían descifrar los textos cifrados con esta máquina en menos de cuatro horas. En cualquier caso, se siguió utilizando durante muchos años más (se empleó en la guerra de Corea entre 1950 y 1953), aunque se limitó su empleo solo para mensajes tácticos para los que ese plazo de horas era más que suficiente.

Algunas otras máquinas más modernas construidas con estos fueron principios fueron la Typex (véase Figura 51), usada por los británicos, y la Sigaba, empleada por los EE. UU. De hecho, ambas máquinas eran más complejas que la Enigma: la primera tenía cinco rotores y la segunda más de quince, y ninguna de ellas fue vulnerada durante la Segunda Guerra Mundial.

Figura 51. Máquina Typex británica.

Los criptógrafos aliados estaban convencidos de que estas complejas máquinas de cifrado podían garantizar la seguridad de las comunicaciones, a pesar de que no podían emplearse en todo momento y lugar. Hay que tener en cuenta que el proceso de cifra era bastante lento y tedioso. De hecho, en origen, los textos claros eran tecleados en estas máquinas, letra a letra, cuyo cifrado se anotaba en papel, que luego tenía que transmitir el operador de radio, y en destino se procedía a anotar el texto recibido, que luego se tecleaba en la máquina, por el experto en cifra, para descifrarse y finalmente anotarlo y entregarlo a su destinatario. Es difícil imaginar la complicación de todo este proceso en el curso de una batalla y la cantidad de errores a que darían lugar las situaciones en las que se pudieran encontrar los soldados.

Otra de las máquinas de cifrado que alcanzó un éxito notable fue la *Schluesselgeraet* (dispositivo de cifrado), también conocida como el Molino de Hitler (*Hitlermühle*) debido a la gran manivela de que disponía. Su diseño tenía el mismo fundamento que las Hagelin, esto es, rodillos con pasadores, ofreciendo más seguridad que estas, dado que tenía seis rodillos, que realizaban movimientos muy irregulares y giros en ambos sentidos.

También se desarrollaron otras máquinas de cifrado, pero que no visitaron los campos de batalla, dado que eran mucho más pesadas, al ser máquinas de teletipo, es decir, máquinas que llevan acopladas un dispositivo telegráfico para transmitir datos. Una de las más interesantes fue la *Schlüsselzusatz* (cifrado añadido) o máquina de Lorenz, cuyos modelos más empelados fueron el SZ-40 (véase la Figura 52) y el SZ-42. Los criptógrafos británicos llamaron *Fish* (pescado) a todo el tráfico de mensajes que los alemanes realizaron por teletipo, y a cada una de las máquinas y a su tráfico de mensajes le dieron un nombre de pez; en este caso, a la SZ-40 la llamaron *Tunny* (atún).

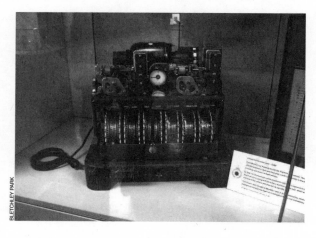

Figura 52. Modelo SZ-40 de la máquina de Lorenz (Tunny).

Otra máquina interesante fue la *Geheimschreiber* (secretario secreto) desarrollada por Siemens & Halskeske en 1930, conocida como *Sturgeon* (esturión) por los ingleses del Bletchley Park. También se desarrollaron varios modelos de esta máquina, siendo el T-52 el más extendido. La Sturgeon pesaba unos cien kilogramos y su diseño consistía en una placa base con un teletipo de Siemens en el centro. En la parte posterior del teletipo estaba la unidad de cifrado que tenía diez ruedas dentadas.

Descifrar la máquina de Lorenz no fue tarea fácil para el personal del Bletchley Park. De hecho, no se pudieron emplear las «bombas» que se utilizaron para vulnerar la máquina Enigma, que luego veremos, porque si bien estas podían realizar determinadas operaciones específicas con mucha rapidez, no tenían la versatilidad necesaria para enfrentarse a la Lorenz. Los mensajes cifrados con la Lorenz se descifraban a mano, lo que llevaba mucho esfuerzo y tiempo y, a veces, no compensaba porque cuando se descifraba un mensaje podía estar ya obsoleto.

Afortunadamente, entre el personal del Bletchley Park se encontraba el matemático Maxwell Herman Alexander «Max» Newman (1897-1984), más conocido como Newman, a quien se le ocurrió una manera de criptoanalizar el cifrado de Lorenz. Para ello siguió el concepto de la «máquina universal de Turing» y diseñó una máquina capaz de adaptarse a diferentes problemas; en definitiva, sentó las bases de lo que hoy llamamos ordenador programable. El proyecto de Newman se rechazó porque se consideraba que era técnicamente imposible, aunque el ingeniero Thomas Harold «Tommy» Flowers (1905-1998), también del Bletchley Park, se puso a la tarea de poner en práctica las ideas de Newman, y acabó por construir, en 1943, la máquina Colossus, que tenía mil quinientas válvulas electrónicas, mucho más rápidas que los conmutadores electromagnéticos de transmisión empleados en las bombas. No obstante, la importancia del Colossus no fue tanto su velocidad sino el hecho de se pudiera programar.

Además de la máquina Enigma a la que dedicaremos las dos secciones siguientes, hemos mencionado otra de las máquinas más interesantes empleadas en la Segunda Guerra Mundial, la que usaba el ejército japonés y que se conocía como Purple, al igual que su código. A ella se enfrentaron los americanos en el área del Pacífico, si bien lograron descifrar este código el año siguiente a su puesta en marcha, en 1938.

La máquina Enigma

Ya hemos comentado que la Enigma es la máquina de cifrado por excelencia. Arthur Scherbius (1878-1929), en 1919, desarrolló y patentó una máquina, la Enigma, para el cifrado de datos con especial aplicación para el mundo bancario y empresarial.

Esta máquina no era sino una versión electromecánica del disco de Alberti y de las posteriores modificaciones al mismo que ya hemos introducido en la sección anterior. La máquina no tuvo demasiado éxito hasta que, en 1925, el ejército alemán decidió utilizarla para sus comunicaciones secretas.

Scherbius no fue el único que trabajó en esta línea, aunque sí el que tuvo más éxito. Por otra parte, la idea de diseñar una máquina de cifrado basada en rotores giratorios también la desarrollaron, independiente y simultáneamente, otros inventores en diferentes países, pero con peor suerte. El holandés Hugo Alexander Koch (1870-1928) patentó su máquina en 1919, pero no logró que su invento se aceptara comercialmente; el sueco Arvid Gerhard Damm (1869-1928) diseñó una máquina similar, pero tampoco logró introducirla en el mercado; y en Estados Unidos, Edward Hebern (1869-1952) diseñó su Esfinge de la Radio, pero también fracasó en su intento.

La Enigma consta de tres elementos básicos: un teclado (similar al actual teclado QWERTY pero en la versión alemana que es QWERTZ) que permite escribir el mensaje a cifrar, un panel de lámparas que iluminan las letras que constituyen el cifrado de cada letra que se teclea y un mecanismo de cifrado, como se puede ver en la Figura 53.

Figura 53. Máquina Enigma de tres rotores, cerrada y abierta.

Por su parte, el mecanismo de cifrado se basa en unos rotores a modo de tablero de sustitución mediante contactos eléctricos como el mostrado en la Figura 49. En este caso, cada rotor tiene las veintiséis letras del alfabeto (o veintiséis números, según el modelo), de modo que internamente cada par de letras está conectado, por lo que existen trece conexiones que enlazan dos a dos cada uno de sus veintiséis contactos. Además, cada uno de los rotores se conecta al siguiente para que la corriente eléctrica fluya entre ellos como se muestra en la Figura 54. Después del último rotor se sitúa un reflector que permite que la corriente vuelva de nuevo a los rotores para que se obtenga e ilumine la letra cifrada resultante de la letra a cifrar. El objetivo del reflector es el de facilitar el descifrado puesto que devuelve la señal recibida hacia el primer rotor; de hecho, el reflector se limita a realizar una permutación fija.

Figura 54. Rotores de la máquina Enigma
y detalle de las conexiones de un rotor.

Además de los rotores y el reflector, otra de las partes del mecanismo de cifrado es lo que se conoce como clavijero, que está situado en la parte frontal de la máquina (véase la figura Enigma). Su función consiste en intercambiar, mediante conexiones con cables, pares de letras, esto es, si se conecta el cable con dos clavijas uniendo, por ejemplo, la letra «P» con la «Q», cada vez que se teclee la letra «P» para cifrarla, la máquina la cifrará como si de la letra «Q» se tratara, y viceversa.

Por lo dicho hasta aquí, se puede considerar que la máquina viene a ser una versión muy sofisticada del cilindro de Bazeries, de modo que los discos del cilindro pasan a ser rotores que llevan a cabo una sustitución monoalfabética, es decir, una permutación de las veintiséis letras del alfabeto. De la máquina Enigma se construyeron principalmente dos modelos diferentes, uno para el ejército (*Wehrmacht*) y otro para la marina (*Kriegsmarine*). En el primer caso, la máquina disponía de cinco rotores de los que solo se utilizaban simultáneamente tres de ellos; mientras que la versión de la marina tenía hasta diez rotores, de los que se utilizaban cuatro a la vez. Las dos disponían de solo dos reflectores. Dado que los principios en los que se basan ambos modelos son los mismos, aquí vamos a describir el modelo del ejército.

A continuación, vamos a mostrar el funcionamiento de la Enigma para cifrar una letra. Para ello vamos a ayudarnos del simulador de esta máquina que incluye el programa de distribución gratuita Cryptool.

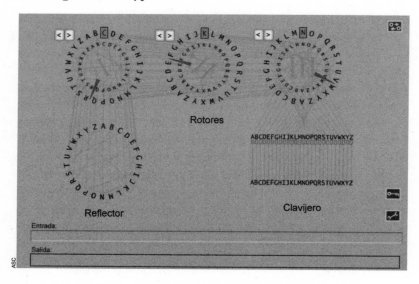

Figura 55. Simulador del programa Cryptool.

Como se puede apreciar en la Figura 55 los rotores seleccionados se sitúan en la parte superior de la misma y son el III, II y I, colocados en ese orden de derecha a izquierda. La posición superior de cada uno de ellos (véase el recuadro en la parte superior de cada rotor) muestra las letras «N», «K» y «C», respectivamente. El reflector empleado aparece debajo del rotor I. Por último, el clavijero está en la parte derecha, debajo del rotor III.

Una vez que se han determinado qué rotores se van a emplear, dónde se coloca cada uno y sus posiciones iniciales, se conectan en el clavijero los pares de letras que se determine. Así, en la figura Cryptool1 puede verse que se han conectado varios pares de letras: BX, HP, MR y SU (también están conectados, como no podría ser de otro modo, sus pares simétricos XB, PH, RM y US). Con esta disposición de los elementos de la máquina vamos a explicar cómo la letra «M» se cifra en la letra «A». De hecho, en la parte inferior de la Figura 56 se muestran dos líneas, en la de la «Entrada» se aprecia que se ha tecleado la letra «M», mientras que en la línea de la «Salida» se observa la letra «A». En el proceso de cifrado vamos a seguir, inicialmente el camino señalado señalado con una línea oscura que empieza sobre la flecha que apunta hacia arriba y que está situada debajo de la «M» en el clavijero.

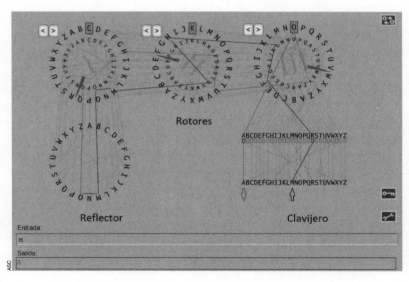

Figura 56. Ejemplo de cifrado de la letra «M».

Para cifrar la letra «M» se pulsa en el teclado, pero como está conectada con la letra «R» en el clavijero, la máquina supone que la letra que se va a cifrar es la segunda. La letra «R» ocupa la posición dieciocho en el alfabeto ordenado, por lo que el contacto del clavijero con el rotor III se produce en dicha posición externa, que ocupa la letra «F». Ahora bien, en el rotor III esta letra está conectada internamente con la letra «L», por lo que el contacto de salida del rotor III con rotor II se produce en la posición que ocupa la letra «L» en el primero de ellos, siendo esta la posición veinticuatro. Así pues, el contacto entre los rotores III y II se produce en la posición veinticuatro y la letra que ocupa esta posición externa en el rotor II es la «H». Antes de seguir con el proceso, podemos ver que el rotor III ha girado una posición y ahora la posición superior la ocupa la letra «O» y no la letra «N», como estaba antes de empezar a cifrar (véase figura Cryptool). Esto sucede cada vez que se pulsa una tecla para cifrar, de modo que el primero de los rotores realiza un giro por cada letra y cuando completa una vuelta completa, el rotor que se encuentra en la segunda posición hace un giro y así sucesivamente hasta que el segundo rotor completa una vuelta; momento en el que el tercer rotor sigue la misma pauta que el segundo.

Continuando con el proceso del rotor II, como la letra «H» en este rotor está conectada internamente con la letra «U», la salida del rotor II hacia el rotor I se produce en la posición que ocupa la «U», es decir, la posición once. Ahora, la letra que ocupa la posición once del rotor I es la letra «M», por lo que la entrada a este rotor es precisamente esta letra que, internamente, está conectada con la letra «O». Así pues, la salida correspondiente al rotor I, como puede verse en la Figura 55, es la posición trece. El rotor I está conectado al reflector que tiene en su posición de entrada trece la letra «M». Esta letra en el reflector se conecta internamente con la letra «O», por lo que la posición de salida del reflector es la quince.

A partir de este momento, se sigue el camino señalado algo más clara que la anterior. Como se puede ver en la Figura 56, la salida del reflector se produce en la posición quince que se conecta a la letra que ocupa internamente esa posición en el rotor I, la «O». Ahora ya el proceso de los rotores es el inverso, esto es, de izquierda a derecha, de modo que la conexión entre cada par de rotores se hace desde la entrada del primero (parte interna), haciendo uso de la conexión definida de cada rotor, hasta la salida del siguiente (parte externa). Una vez que el proceso ha llegado al rotor que está más a la derecha (el primero), la salida del mismo, en este caso, la letra «O», que está en la primera posición, se conecta con la letra que ocupa esa posición en el alfabeto, que es la «A» y como esta no está conectada a ninguna otra en el clavijero, es la letra que cifra la letra «M» original (la salida del clavijero está señalada por una flecha que apunta hacia abajo), siendo, por tanto, la bombilla de la letra «A» la que se iluminaría. El proceso de cifrado continuaría con la siguiente letra del texto claro hasta agotarlo. Debe observarse que los rotores son los mismos y están en las mismas posiciones para todo el mensaje; lo único que ha cambiado para el cifrado de cada letra es la letra que ocupa la primera posición de cada una de los rotores, según le corresponda. Por otra parte, dado que en el proceso de cifrado no se utilizan espacios entre las palabras, tanto el mensaje a cifrar como el cifrado se muestran mediante agrupaciones de cinco letras separadas por espacios.

Para el proceso de descifrado, se sigue el mismo proceso, salvo que en ese caso, se teclea el texto cifrado y se obtiene el texto claro, siempre que la clave correspondiente sea la misma que la que se usó en el proceso de cifrado.

Conocido el proceso por el que Enigma cifra letra a letra, presentaremos un caso concreto de cómo cifrar un mensaje corto, para lo que nos vamos a detener en comentar el proceso que seguía el experto en cifra para establecer la clave a utilizar a la hora de cifrar un mensaje en la máquina. Para seleccionar la clave a utilizar el día en cuestión (debe recordarse que las claves cambiaban cada día), el experto recurría al libro de claves y seleccionaba la hoja correspondiente al mes de la fecha. En la Figura 57 se muestra una hoja que contenía las claves diarias originales a utilizar en un determinado mes. En nuestro caso, supongamos que esta hoja de claves es la que se muestra en la tabla hoja.

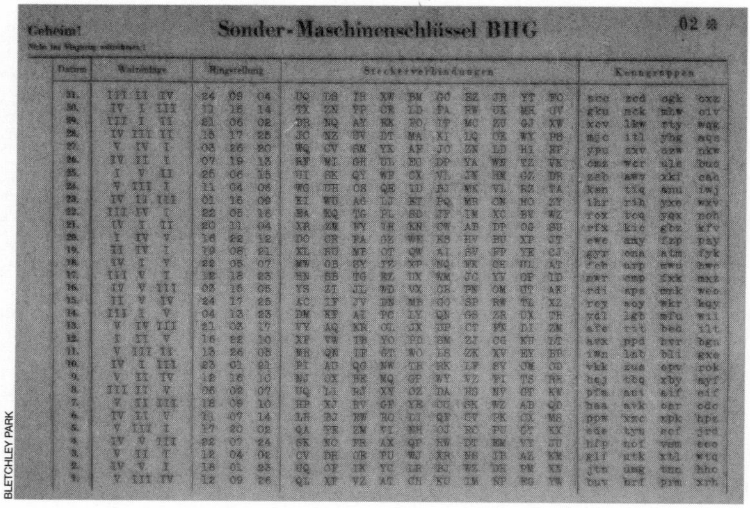

Figura 57. Hoja con claves diarias de la ENIGMA.

Día	Reflector	Rotores	Anillo
31	B	I-II-V	06 22 14
30	C	III-IV-II	17 04 26
29	B	V-I-III	15 02 09
...	...	...	...

Clavijero	Identificador
PO ML IU KJ NH YT GB VF RE DC	EXS TGY IKJ LOP
BN VC XS WQ AZ GT YH JU IK PM	KIJ TFR BVC ZAE
ML KJ HG FD SQ TR EZ IU BV XC	QZE TRF IOU TGB
...	...

Tabla 39. Ejemplo de claves diarias a emplear en la ENIGMA.

Supongamos que el día del mes es el treinta, por lo que se siguen las indicaciones de la fila que empieza por ese número de la tabla hojahoja y que aparece marcada con un sombreado oscuro. En nuestro ejemplo se empleará el reflector C, los rotores serán el III, el IV y el II, colocados en este orden de izquierda a derecha; sus posiciones serán tales que mostrarán en su parte superior las letras «Q», «D» y «Z» que son las que ocupan las posiciones 17, 04 y 26, respectivamente. Se conectarán los diez pares de letras según se indica en la columna del clavijero, es decir, «B» con «N», «V» con «C», etcétera. Por último, se considerará la columna del identificador que no forma parte de la clave en sí, pero permite acordar con el receptor el día en que se cifró el mensaje y, en consecuencia, la clave que se utilizó, como veremos ahora. Como se puede ver, cada fila de la columna del identificador consta de cuatro grupos de tres letras cada uno y sirve para comunicar al receptor la clave que se utilizará en determinado día. El indicador se forma mediante la elección de cinco letras, tres de las cuales corresponden a cualquiera de los cuatro identificadores que están en la fila del día en la que se cifra el mensaje. Así, por ejemplo, cualquiera de los indicadores siguientes puede usarse para señalar al día treinta: KIJOT, AKIJO, ATFRW, OABVC, AZAEL, etcétera. Aparecen subrayados en esta lista los grupos de tres letras de los identificadores del día treinta para una mejor comprensión.

Cuando se cifra un mensaje, se selecciona un indicador, tal y como se ha mencionado, sea, por ejemplo, KIJOT y este indicador será, tal cual, la primera palabra que formará parte del mensaje cifrado. De hecho, el formato que podría tener uno de estos mensajes cifrados sería el siguiente:

RECEPTOR de EMISOR hhmm = 19 = ABC PQR =
AKIJO MENSA JECIF RADO=

La primera línea contiene a quién se dirige el mensaje (RE-CEPTOR) y quién lo envía (EMISOR), seguidos de la hora y los minutos a los que se envía el mensaje (hhmm), el número de caracteres de que consta el mensaje cifrado, incluyendo los cinco del indicador, que en este caso son 19, y luego dos grupos de tres letras que comentaremos a continuación. Entre estos dos últimos datos se insertan separadores (=). En la segunda línea se escribe el indicador seleccionado y luego el texto cifrado, en grupos de cinco letras. Al final se incluye un nuevo separador (=) para señalar el final del mensaje.

Una vez que se ha configurado la máquina Enigma con la clave a emplear un día determinado, esto es, los rotores, su posición, el reflector, las posiciones del anillo y las conexiones del clavijero, ya está dispuesta para cifrar cualquier mensaje. Esta configuración será la misma para todos los mensajes que se cifren el mismo día y ha de establecerse antes de proceder al cifrado, puesto que la configuración de la máquina cambia cada vez que se pulsa una tecla.

Dado que utilizar la misma configuración inicial para todos los mensajes a cifrar a lo largo de todo el día supone una debilidad del sistema y podría permitir que los adversarios dedujeran información no deseada, el procedimiento de cifrado incluía un paso más, que se aplicaba para cada uno de los mensajes a cifrar. Este paso consistía en elegir un grupo de tres letras al azar (en el ejemplo del formato mostrado anteriormente sería el grupo ABC) que se denomina «posición básica», de modo que antes de empezar a teclear el texto claro para cifrarse, con la máquina cerrada, se colocan los rotores de modo que muestren estas letras (o los números que les corresponden) en la ventana de cada uno de ellos. A continuación se eligen otras tres letras al azar que serán la clave del mensaje, que es diferente de la clave de la máquina (supongamos que son XYZ) y, en la posición actual de la máquina, se cifra tal clave, anotando las tres letras resultantes. En el ejemplo serían las letras que forman el segundo grupo: PQR.

Una vez hecho esto, que hay que repetir para cada mensaje a cifrar, de modo que la clave aleatoria elegida para cada mensaje, esto es, el grupo de tres letras que se cifra con cada una de las posiciones básicas, sea diferente; los tres rotores se colocan en la posición señalada por la clave del mensaje y el experto en cifra comienza a teclear el mensaje que desea cifrar, anotando cada una de las letras que se van iluminando durante el proceso. Estas letras son las que se escriben, en grupos de cinco, en la segunda línea del ejemplo anterior, después del indicador (en el ejemplo, MENSA JECIF RADO).

El proceso de descifrado debe considerar todos los aspectos mencionados anteriormente con el fin de determinar qué día se cifró el mensaje y luego, una vez configurada la máquina adecuadamente, proceder a obtener la clave del mensaje, conocida la posición básica y comenzar el descifrado del mensaje.

Si el lector desea hacer una prueba y llevar a cabo el proceso de cifrado y de descifrado de un mensaje con alguno de los muchos simuladores de la máquina Enigma que se pueden encontrar en Internet (https://www.ciphermachinesand-cryptology.com/en/enigmasim.htm), proponemos que cifre y descifre el mensaje «LA MAQUINA ALEMANA ENIGMA», para lo que anotamos los pasos a seguir.

Supongamos que el mensaje lo cifra Alicia para Bernardo y son las 18:30 horas del día treinta del mes en curso. El proceso que debe seguir Alicia es:

1. Elegir un identificador correcto que indique el día actual: AZAEL.
2. Seleccionar y colocar adecuadamente dentro de la máquina los rotores (III-IV-II) en sus lugares y con sus posiciones (17 04 26) correspondientes, así como el reflector (C), y por último conectar las letras en el clavijero.
3. Elegir aleatoriamente una posición básica de tres letras, sea TIC, y girar los rotores para que muestren estas tres letras (20 09 03).
4. Generar al azar una clave de tres letras para cifrar el mensaje, sean JLR (10 12 18), y teclear esta clave, cifrándola, con la posición inicial anterior y con la configuración de la máquina ya establecida, obteniendo VDX.
5. Girar las posiciones de los rotores para que muestren la clave del mensaje (10 12 18) e iniciar el proceso de cifrado del mensaje, tecleándolo.
6. Según lo dicho hasta ahora, la primera línea del criptograma será:
7. Bernardo de Alicia 1830 = 27 = TIC VDX =
8. La segunda línea comienza con el indicador (AZAEL) y le sigue el texto cifrado:

AZAEL QWFYX AJXVI PGNEA YURQW CV=

Una vez que Bernardo ha recibido el mensaje cifrado, procede a descifrarlo siguiendo los siguientes pasos:

1. Observa la primera línea recibida para saber quién envía el mensaje y a quién va dirigido, a qué hora se cifró, el número de letras que debe contener el mensaje cifrado (incluyendo las cinco del identificador) y los dos grupos de letras.
2. Mira la primera palabra de cinco letras de la segunda línea y busca en el libro de claves el identificador, AZAEL, con el fin de conocer el día que se cifró el mensaje, que, en este caso, es el día treinta.
3. Selecciona y coloca adecuadamente el reflector, los rotores en sus lugares y en las posiciones adecuadas (anillo) y conecta las letras en el clavijero.
4. Gira los rotores hasta colocarlos en la posición básica mostrada en la primera línea del mensaje recibido, esto es, en la posición TIC (20 09 03).
5. Teclea la clave cifrada que corresponde a la clave del mensaje que aparece en la primera línea del mensaje recibido, VDX, con el fin de descifrarla y obtiene JLR.
6. Gira, de nuevo, los rotores para colocarlos en la posición indicada por la clave del mensaje (JLR o 10 12 18) y comienza a teclear el texto cifrado, notando las letras que se iluminan:

LAMAQ UINAA LEMAN AENIG MA

Después de ver (y practicar) cómo se cifra y descifra con la máquina Enigma, comentaremos algunos detalles sobre su seguridad, para lo que nos detendremos en calcular el número de claves que tenía la máquina, esto es, determinar todas las posibles posiciones que habría que probar para descifrar un mensaje si no se conociera la clave empleada. Haremos los cálculos utilizando la más sencilla de todas las máquinas Enigma, la de la Wehrmacht, que solo empleaba tres rotores de los cinco posibles.

En primer lugar, como se pueden elegir tres rotores de entre los cinco disponibles, resulta que se trata de determinar el número de combinaciones de 5 elementos tomados de 3 en 3, que son $5 \cdot 4 \cdot 3 = 60$. Ahora bien, cada uno de los rotores puede ser cableado internamente para unir las 26 letras de dos en dos de 26 maneras, esto nos da un total de $26^3 = 17.576$ posibles conexiones. Además, cada uno de los rotores se puede colocar en 26 posiciones, pero como a la izquierda del tercero no se coloca ninguno, solo los anillos del rotor derecho y del central afectan a los cálculos, lo que proporciona $26^2 = 676$ combinaciones más. Por último, los 10 cables del clavijero que permiten conectar dos letras diferentes entre sí, con lo que se obtienen 150.738.274.937.250 posibles conexiones entre las letras. Todas estas cantidades multiplicadas entre sí arrojan un total de 60 · 17.576 · 676 · 150.738.274.937.250 = 107.458.687.327.250.619.360.000 posibles claves, es decir, la Enigma de la Wehrmacht tenía alrededor de $1,07 \cdot 10^{23}$ claves, lo que es, aproximadamente, 2^{77}, es decir, es como si hoy empleáramos una clave de 77 bits, o lo que es igual, la ENIGMA tenía tantas claves como grupos de 77 elementos se pueden formar con ceros y unos. Esto da una idea de la complejidad que supuso para los británicos el poder descifrar esta máquina, con la dificultad añadida de que la clave empleada se cambiaba a diario. Más adelante comentaremos cómo fueron capaces de realizar esta hazaña con las herramientas de que disponían.

Si alguno de los lectores es muy aficionado a esta máquina, es posible adquirir una réplica electrónica de la misma, dado que una de las originales es imposible. Se trata de una réplica que incluye en una tarjeta, en general una de tipo Arduino, toda la parte relacionada con el cifrado y descifrado, además de las correspondientes partes como el teclado, las bombillas, el clavijero, etcétera. En internet hay varias opciones, una de ellas puede verse en la Figura 58.

Figura 58. Una réplica electrónica de máquina Enigma.

Es sabido que, en España, el bando nacional utilizó, durante la Guerra Civil, la máquina Enigma para sus comunicaciones. De hecho, todo apunta a que en 1931 el Ministerio de Estado Español del Gobierno de la República consultó a la Embajada de España en Berlín sobre la posible adquisición a Alemania de máquinas Enigma, modelo A, aunque al final se compraron en su lugar tres máquinas Kryha del modelo Lilliput (una para el Ministerio de Estado, otra para la Embajada en Berlín y una de reserva). No fue hasta 1936 cuando el general Franco compró diez máquinas Enigma para el cifrado de las comunicaciones militares, que recibió en muy poco tiempo, gracias al apoyo de Hitler al bando nacional. Ocho de ellas se distribuyeron entre las principales autoridades militares (Gabinete de Cifra del Cuartel General de Franco, Secretaría General de Estado, ejército del norte, jefe de las fuerzas militares de Marruecos, ejército del sur, cuerpo del ejército de Galicia, etcétera) y las otras dos para los representantes en Berlín y Roma. Los números de serie de estas máquinas eran: K-203 a K-208 y A-1232 a A-1235. Hay que resaltar que, a pesar del apoyo alemán al bando nacional, las Enigma que se vendieron a España no eran los últimos modelos disponibles, sino un modelo comercial, el más avanzado, eso sí, conocido como modelo D, probablemente para salvaguardar los más recientes modelos de la Enigma por si alguna de las máquinas enviadas llegaba a manos de británicos o soviéticos.

El encargado de recibir las Enigma y de formar a los operarios fue el comandante Antonio Sarmiento León-Troyano (1892-1976), responsable de los servicios de escucha, criptografía y desencriptación y miembro del Estado Mayor. El empleo de tales máquinas fue tan determinante para el alto mando nacional que, en enero de 1937, se compraron otras diez máquinas, estas con los números de serie K-225, K-226 y de la K-287 a la K-294. Se sabe que no solo Franco se hacía acompañar siempre de su Enigma cuando iba al frente, sino que la conocida Legión Cóndor, esto es, la fuerza aérea enviada por Hitler a España, la utilizó para sus comunicaciones, en este caso, también usaron el modelo comercial (Soler et al. 2010b). Con posterioridad se adquirieron más Enigma para el ejército, aunque se desconoce su número exacto. Es muy probable que fueran alrededor de cincuenta. Algunas de las que sobrevivieron a la guerra se retiraron de la circulación hasta que hace unos años, en 2008 concretamente, se encontraron dieciséis en una oficina del cuartel general del Ejército de Tierra.

Descifrando la Enigma: Rejewski y Turing

Para comprender el largo proceso seguido en el descifrado de la Enigma, debe tenerse en cuenta que los primeros en ponerse manos a la obra fueron los polacos. Ya hemos mencionado los éxitos de los criptoanalistas polacos en la batalla de Varsovia y sus preocupaciones con sus dos vecinos antes de la Segunda Guerra Mundial: la Unión Soviética y Alemania. El Biuro Szyfrów era la oficina de cifras polaca y estaba bajo el mando de Maksymilian Ciężki (1898-1951), quien tenía acceso a una versión comercial de la máquina Enigma por lo que podía conocer los principios de su diseño, si bien esta era una versión muy diferente de la máquina modificada y utilizada por el ejército alemán. No obstante, un funcionario alemán, Hans-Thilo Schmidt (1888-1943), del despacho del cifrado, traicionó a su país por dinero y venganzas personales, y suministró a los polacos tablas de cifrado y normas de empleo de la Enigma. Esta información no daba una descripción detallada de los cableados internos de los rotores, pero permitió deducirlos y fabricar réplicas de la misma a partir de 1933. Sin embargo, construir una réplica de la Enigma no era suficiente como para poder descifrar mensajes, dado que su fortaleza no dependía tanto de mantener en secreto la máquina, como de evitar que se conociera la clave, esto es, la configuración inicial de la máquina, que, como hemos visto son cientos de miles de trillones de posibles claves.

Este conocimiento de la máquina hizo que, si bien desde siempre se había considerado que los mejores criptoanalistas eran los expertos en la estructura del lenguaje, a partir ese momento y con la información disponible, los polacos pasaron a considerar que la Enigma era un sistema de cifrado matemático, por lo que comenzaron a reclutar a científicos y, en especial, a matemáticos. De hecho, el primer reclutamiento en esta línea consistió en organizar un curso de criptografía al que asistieron, en secreto, veinte matemáticos de la Universidad de Poznan. Se eligió esta universidad por su cercanía al Biuro y porque la región había sido parte de Alemania hasta 1918, por lo que sus habitantes sabían alemán.

De todos ellos, quienes más talento criptográfico demostraron fueron Marian Rejewski (1905-1980), Jerzy Witold Różycki (1909-1942) y Henryk Zygalski (1908-1978). El que más destacó fue Rejewski, cuya foto mostramos en la Figura 59.

Figura 59. Fotografía de Marian Rejewski.

Vamos a resumir el trabajo de Rejewski (Kasparek y Woytack 1982) para entender cómo pudo descifrar una máquina cuyo número de claves era mayor que la edad del universo. Trataremos de dar una idea en solo unos párrafos de cómo pudo hacerlo, sabiendo que el lector comprenderá que su trabajo real fue mucho más complejo que el que aquí se describe.

Una de las estrategias de Rejewski (Woytack 1982) para atacar la Enigma se centró en el hecho de que la repetición es el enemigo de la seguridad porque da lugar a patrones y estos son la principal arma de los criptoanalistas. Uno de los errores de procedimiento que cometieron los alemanes a la hora de cifrar con la Enigma fue el de repetir la posición básica a la hora de cifrar cada mensaje, es decir, en lugar de enviar un único grupo de tres letras como posición básica, este grupo se repetía para evitar posibles errores de transmisión. Dicho de otro modo, fijada la posición básica, si la clave del mensaje era BAS, cifraban BASBAS. Ello significa que las dos «B», las dos «A» y las dos «S» se cifraban de manera diferente, según el rotor de la derecha, dando lugar, por ejemplo, a DHFJWL, lo que suponía una debilidad de la máquina al permitir una vía de ataque matemático relacionada con la teoría de los grupos de Evariste Galois (1811-1832).

No vamos a entrar en los aspectos matemáticos de esta teoría, claro está, pero sí a seguir el razonamiento de Rejewski para obtener información sobre la clave. En el caso que hemos mostrado antes, la primera y la cuarta letras, «D» y «J», corresponden al cifrado de la primera letra de la clave del mensaje, «B». Lo mismo sucede con las letras segunda y quinta, «H» y «W», que corresponden al cifrado de la segunda letra de la clave, «A», y con la tercera y sexta, «F» y «L», que son las letras que cifran la tercera letra de la clave, «S». El conocer las dos letras que cifraban cada una de las letras de la clave, sabiendo que el rotor ha girado tres veces, por ser la distancia entre las letras repetidas, permitió a Rejewski comenzar a delimitar algunas de las características de la clave del día. Ciertamente, esta información no es mucha porque hay una enorme cantidad de aspectos desconocidos, pero sí deja claro que los pares de letras «D» y «J», «H» y «W», y «F» y «L» tienen una relación especial. Si a esto se unen otros datos de las mismas letras (u otras) que se pueden derivar de otros mensajes interceptados a lo largo del mismo día, y que todos ellos dependen de la clave del día de la máquina, es posible obtener información relevante, que fue lo que logró Rejewski.

De hecho, Rejewski escribió en una tabla de dos filas todas las relaciones del alfabeto intentando deducir patrones para cada par de letras, esto es, para las parejas primera y cuarta, segunda y quinta y tercera y sexta. En el ejemplo que estamos considerando, podríamos tener las relaciones entre la primera y la cuarta letra que se muestran en la Tabla 40.

1	A	B	C	D	E	F	G	H	I	J	K	L	M
4	R	M	N	J	A	L	X	W	F	P	Y	K	G

N	O	P	Q	R	S	T	U	V	W	X	Y	Z
T	V	D	S	H	B	Z	O	Q	E	U	C	I

Tabla 40. Relaciones entre las letras primera y cuarta en un cifrado de la Enigma.

Hecho esto, extendió las relaciones buscando ciclos, esto es, tomó una letra de la primera fila y anotó la letra que le correspondía en la segunda, luego consideró esta letra de la segunda fila y buscó la que le correspondía en la segunda fila si la consideraba situada en la primera, repitiendo el proceso hasta llegar a la primera de las letras consideradas, anotando el número de iteraciones que necesitaba para completar el ciclo. En el ejemplo que nos ocupa, tendríamos los ciclos y las iteraciones que se muestran a continuación:

D	→	J	→	P	→	D													3 iteraciones
H	→	W	→	E	→	A	→	R	→	H									5 iteraciones
F	→	L	→	K	→	Y	→	C	→	N	→	T	→	Z	→	I	→	F	9 iteraciones
B	→	M	→	G	→	X	→	U	→	O	→	V	→	Q	→	S	→	B	9 iteraciones

Tabla 41. Ciclos y número de iteraciones para obtener un ciclo.

A la vista de todas estas relaciones, Rejewski observó que los ciclos y las iteraciones eran diferentes cada día. Fue entonces cuando Rejewski, al analizar los cambios de las letras de los ciclos, hizo gala de su ingenio e intuición y dedujo que, aunque los rotores y el clavijero afectan grandemente a los ciclos, lo que realmente influye en el número de iteraciones son los rotores y sus posiciones relativas, no las conexiones del clavijero. Con esta deducción, podía olvidarse de los más de ciento cincuenta billones de combinaciones que dependen del clavijero y dedicarse a analizar las relativas de los tres únicos rotores de que disponía la Enigma empleada en esta época. Así pues, este número era el resultado de multiplicar las seis posiciones de los rotores por el número de posibles conexiones internas de los mismos (17 576), lo que da un total de 105 456. Dicho de otro modo, ya «solo» tenía que preocuparse de algo más de cien mil posibilidades en lugar de los miles de trillones a los que se tenía que enfrentar inicialmente.

Con esta información, la suministrada por Hans-Thilo Schmidt y con alguna de las máquinas Enigma originales, ya podía abordar el descifrado de la Enigma del ejército alemán. A Rejewski y su equipo les costó un año determinar el catálogo completo de las longitudes de los ciclos generados por cada una de las 105 456 posiciones de los rotores, a partir del cual y con la información obtenida al analizar las comunicaciones interceptadas en el día, podía determinar los rotores y sus posiciones empleados ese día, pero aún le faltaba por resolver el problema de las conexiones del clavijero.

Para solventar este problema, Rejewski colocaba los rotores de la clave del día que ya había determinado y no utilizaba ninguna conexión en el clavijero. Entonces tecleaba el mensaje cifrado y buscaba frases o palabras que pudieran tener algún significado o que estuvieran cerca de tenerlo, como frases con alguna letra no adecuada. Con estas frases hacía la suposición de cuál sería el contenido correcto de la misma, lo que le daba una idea de qué letras podían estar conectadas por el clavijero y repetía el descifrado hasta lograr todas las conexiones del mismo, de modo que a partir de ese momento ya podía descifrar todos los mensajes de ese día.

No obstante, el éxito casi nunca es completo y unos años más tarde, el ejército alemán modificó la maquina Enigma, con lo que los polacos dejaron de leer las comunicaciones alemanas porque el catálogo de ciclos elaborado por Rejewski dejó de tener utilidad. Fue entonces cuando el matemático en lugar de volver a calcular un nuevo catálogo, inventó una máquina capaz de llevar a cabo esta tarea de forma mecánica.

Esta máquina era capaz de comprobar de modo mucho más rápido las posibles posiciones de los rotores, pero debido a las seis posibles colocaciones de los rotores, necesitaba seis de estas máquinas trabajando en paralelo. Las seis máquinas constituían una unidad de, aproximadamente, un metro de altura que podía determinar la clave del día en unas dos horas. Estas máquinas hacían un ruido muy característico, una especie de tictac, motivo por el que los polacos las llamaron «bombas».

La cosa no terminó allí porque el ejército alemán volvió a modificar el uso de la máquina, de modo que en lugar de que cada máquina tuviera solo tres rotores, las dotaron de otros dos rotores más, con lo que ahora había cinco posibles rotores para elegir. Esto hizo que el número de posibles claves creciera enormemente y que superara las posibilidades de los polacos, justo en el momento en que estaban a punto de que los invadieran. Ante esta situación, los polacos, para evitar que su trabajo cayera en saco roto, convocaron a los franceses e ingleses a los que mostraron sus resultados y cómo habían sido capaces de descifrar la Enigma durante años. Les entregaron toda la información que tenían sobre el funcionamiento, cómo descifrarla y los planos para construir las bombas, con la esperanza de que los aliados pudieran seguir sus investigaciones y poder descifrar la nueva configuración de la Enigma.

A la vista de la estrategia seguida por los polacos, los ingleses optaron por una vía similar, reunir a matemáticos y otros científicos en Bletchley Park, una instalación que pusieron bajo régimen militar, situada en Buckinghamshire, Inglaterra, con el fin de seguir los trabajos realizados por Rejewski y prepararse para intentar descifrar la nueva Enigma. Los ingleses, por su parte, también descubrieron algunos «atajos» que les permitieron adelantar el trabajo de criptoanálisis. Por ejemplo, notaron que en muchas ocasiones los operadores de cifra elegían como clave del mensaje tres letras que distaban mucho de ser aleatorias, por ejemplo, las tres primeras letras del teclado (QWE) o tres letras seguidas, lo cual era más sencillo que tener que elegir tres letras aleatorias, habida cuenta de que los operadores estaban sometidos a un enorme estrés y, en muchas ocasiones, bajo fuego enemigo. Estos grupos de tres letras no aleatorios fueron llamados *cillis* (cilios) por los ingleses, «de modo que una de las primeras tareas a realizar era probar estas posibles combinaciones. Parece que la elección de la palabra *cillis* para designar estos grupos de letras se debe a que uno de los operadores de cifra alemanes comenzaba todos sus mensajes con las iniciales CIL (¿quizás las iniciales de su novia?). Otra costumbre de los cifradores era evitar que los conectores del clavijero unieran una letra con las dos adyacentes, para simplificar su tarea de conexión y desconexión de las letras, de modo que eso eliminaba algunas posibilidades a la hora de determinar estas conexiones. Estos atajos y las modificaciones continuas de la Enigma obligaban a los criptoanalistas del Bletchley Park a modificar el diseño de las bombas polacas.

Si Rejewski fue el motor de la vulneración de la Enigma en el bando polaco, Alan Mathison Turing (1912-1954) lo fue en el inglés. No vamos a detallar aquí la azarosa vida de Turing, estudiante en el King's College de la Universidad de Cambridge; recomendamos al lector cualquiera de las referencias modernas sobre la historia de la criptografía para leer su

Figura 60. Fotografía de Alan Turing.

163

apasionante y complicada vida, así como la película *Descifrando Enigma* (*The Imitation Game*) de 2014, que refleja de manera bastante fiel sus avatares en el proceso del descifrado de esta máquina. Una foto del matemático, informático, lógico y filósofo Turing la mostramos en la Figura 60.

No podemos resumir el complejísimo trabajo de Turing para descifrar la Enigma en unos pocos párrafos, por lo que nos limitaremos a dar unas pinceladas basadas en sus ideas matemáticas. De hecho, en la época universitaria de Turing, los principales filósofos y matemáticos de Cambridge fueron Alfred North Whitehead (1861-1947), Bertrand Arthur William Russell (1872-1970) y Ludwig Josef Johann Wittgenstein (1889-1951) y el principal problema lógico-matemático que se debatía era si todas las preguntas matemáticas podían o no responderse, el conocido como «problema de la indecidibilidad», concepto desarrollado por Kurt Gödel (1906-1978). Gödel demostró, en sus Teoremas de Incompletitud, que podían existir preguntas a las que la lógica matemática no podía dar una respuesta de verdad o falsedad, esto es, que había preguntas indecidibles. Esta prueba chocaba fuertemente con las ideas matemáticas de la época por lo que uno de los principales empeños de entonces fue el de determinar cuáles eran estas preguntas para apartarlas y clasificarlas de modo que no molestaran demasiado.

Esta fue la controversia que más tarde dio lugar al trabajo matemático más relevante de Turing: *Sobre los números computables, con una aplicación al problema de la decisión* (Turing 1937), publicado en 1937. En su artículo, Turing describió el diseño de una máquina, luego conocida como «máquina de Turing», para llevar a cabo una operación matemática mediante una serie de pasos establecidos (un algoritmo). Los datos de entrada se introducían en la máquina mediante una cinta de papel y la respuesta se mostraba de la misma manera. Luego dio un paso más radical: imaginó una máquina cuyo funcionamiento podría modificarse para realizar diferentes operaciones, dando lugar a la llamada «máquina universal de Turing», con la idea de que la misma podría responder a cualquier pregunta que pudiera tener una respuesta lógica. Sin embargo, la realidad es tozuda y como no siempre es posible responder lógicamente a una pregunta indecidible, tampoco la máquina universal de Turing podía hacerlo. En todo caso, la trascendencia del trabajo de Turing estaba en que fue el primero en establecer el diseño y las pautas para la construcción de un ordenador programable, y por ello se le conoce como el padre de la computación moderna.

Otra de las ideas de Turing fue la de buscar palabras probables en los mensajes. Así, a modo de ejemplo, si los alemanes empezaban el día enviando el pronóstico del tiempo, era muy probable que la palabra «tiempo» (*wetter* en alemán) apareciera en el mensaje. Otras palabras podrían ser, dependiendo del origen o el destino del mensaje, cuartel general, división, carro de combate, etcétera. De hecho, estas ideas y los estudios sobre los mensajes de la Enigma fueron los que le permitieron extender los trabajos de Rejewski y generalizar sus bombas hasta construir una nueva bomba, la «bomba de Turing», que fue capaz de descifrar los mensajes de la máquina Enigma. En la Figura 61 se muestra una foto de la reproducción de la bomba de Turing.

Figura 61. Reproducción de la bomba de Turing.

Queremos terminar esta parte del descifrado de la Enigma haciendo referencia a un personaje español, bastante desconocido, pero que tuvo su papel en esta tarea, se trata de Faustino Antonio Camazón-Valentín (1901-1982). Fue comisario de policía en la España republicana y, al estallar la Guerra Civil, jefe del servicio de inteligencia de la policía, momento en el que empieza a familiarizarse con la máquina Enigma. Exiliado con posterioridad, no se sabe a ciencia cierta cómo llegó a trabajar con el servicio de información francés. Lo cierto es que Camazón fue el jefe del grupo de siete criptoanalistas españoles (cinco militares y dos comisarios), el llamado «Equipo D», que trabajó con este servicio de información durante la Segunda Guerra Mundial para descifrar, entre otras, la máquina Enigma que Hitler había vendido a Franco (Pozo 2020). El otro grupo de extranjeros se llamó «equipo Z» y estaba liderado por Rejewski, junto con Różycki y Zygalski y otros doce polacos más. El equipo D estuvo en París hasta su caída en junio de 1940, momento en el que el grupo de españoles se trasladó a Argelia para seguir con sus labores de descifrado. En la Figura 62 puede verse una foto de Camazón con algunos de los criptógrafos de los equipos D y Z.

Figura 62. Fotografía de Camazón (tercero por la derecha) junto a otros criptógrafos que trabajaron para el servicio de inteligencia francés.

CRIPTOLOGÍA DE HOY EN DÍA[5]

El comienzo de la era de los ordenadores en la década de los cuarenta del siglo pasado, sobre todo de a partir de la construcción del Colossus, supuso un cambio radical en los principios básicos de la criptología, dando lugar a la criptología moderna. Si bien es cierto que todo lo que se construyó en el Bletchley Park se destruyó tras la Segunda Guerra Mundial y todo el material se declaró secreto, los conocimientos permanecieron en la mente de sus creadores y eso permitió el desarrollo de nuevas máquinas de computación. Este fue el caso del ENIAC (*Electronic Numerical Integrator And Calculator*), creado por John Presper Eckert (1919-1995) y John William Mauchly (1907-1980), en 1945, en la Universidad de Pensilvania, que tenía dieciocho mil válvulas electrónicas y era capaz de realizar cinco mil cálculos por segundo.

Los ordenadores se emplearon, además, por los criptoanalistas para el descifrado de información haciendo uso de su flexibilidad

---

[5] Antes de comenzar con este capítulo, nos gustaría señalar algunas publicaciones destacadas que podrían citarse para ampliar lo que se trata en él: Arroyo et al. 2019, 2020; Durán et al. 2005; Fúster et al. 2004; Gayoso et al. 2018; Hernández 2016; Lehning 2021; Menezes et al. 1997; Paar y Pelzl 2014; Singh 2000; Soler y López-Brea 2016.

y rapidez. No obstante, poco después, los criptógrafos también los emplearon para diseñar nuevos sistemas de cifrado. Así pues, la aparición de los ordenadores fue un punto de inflexión en la criptología moderna. Tanto es así, que esto modificó la concepción de la misma y fue un cambio absoluto del paradigma, dando paso a considerar como máxima el «principio de Kerckhoffs». Auguste Kerckhoffs von Nieuwenhof (1835-1903) fue un lingüista y criptógrafo holandés que estableció en su libro *La Cryptographie militaire* (Kerckhoffs 1883) la premisa adoptada posteriormente como principio y que puede resumirse como sigue:

> La seguridad de un criptosistema no debe depender de mantener secreto el algoritmo de cifrado empleado, sino solo de mantener secreta la clave.

Dicho de otro modo, se ha de suponer que el adversario conoce todas las características del criptosistema, como las propiedades de las claves, los procesos de cifrado y descifrado y los algoritmos más eficientes que existen para ello. Además, el adversario tiene acceso al texto cifrado, a ordenadores tan potentes como los propios y es, al menos, tan inteligente como quien diseñó e implementó el sistema de cifrado en uso. Lo único que el adversario no conoce es el texto claro y la clave utilizada. Así pues, la labor de los criptólogos modernos es diseñar sistemas de cifrado tan seguros como sea posible, teniendo en cuenta el principio de Kerckhoffs.

El desarrollo de los ordenadores ha sido uno de los factores clave para la evolución de la criptología, el otro ha sido su generalización para todo tipo de público, como veremos más adelante, y, fundamentalmente, la creación de las redes de comunicaciones, como Internet.

Se puede afirmar que el nacimiento de las redes de comunicaciones es consecuencia de la puesta en marcha de la agencia ARPA (*Advanced Research Projects Agency*) del Departamento de Defensa de EE. UU. Uno de los principales objetivos de esta agencia era determinar una forma de conectar los ordenadores militares que estuvieran separados a grandes distancias de modo que pudiera intercambiarse información entre ellos de forma segura y rápida. Esta red, denominada ARPANet, nació en 1969 y ya ese año había cuatro nodos conectados. La red creció de forma continua y en 1982 dio lugar a Internet, a la que estaban conectados además de militares, académicos y personal del gobierno. A finales de la década de los ochenta se generalizó el acceso a Internet a todo tipo de usuarios, lo que permitió el enorme crecimiento que conocemos hoy en día.

CRIPTOGRAFÍA ACTUAL

Según lo que ya hemos comentado, si se quiere garantizar la seguridad de un sistema de cifrado, este no debería diseñarse a la ligera ni suponerse que por ser secreto ofrecerá mayores garantías que si es conocido, como establece el principio de Kerckhoffs. Todo lo contrario, si un criptosistema es públicamente conocido y se ha analizado por la comunidad científica y criptológica, que ha dejado claro que es seguro, podemos confiar en utilizarlo porque tendremos la certeza, hasta donde sea posible, de que el sistema no lo vulnerarán nuestros adversarios. Eso sí, se deberán seguir las indicaciones y recomendaciones establecidas para su uso y no buscar atajos, que no suelen llevar a buen puerto, como claramente enseña la historia.

Así pues, lo recomendable es utilizar los sistemas de cifrado que se hayan analizado en profundidad y, más aún, que sean considerados estándares por los organismos e instituciones que se encargan de velar por la seguridad. Estos nuevos sistemas de cifrado, empleados en la criptografía moderna, suelen basar su seguridad en determinados problemas matemáticos, que mencionaremos en la siguiente sección, y que son conocidos por cualquier alumno de bachiller, así pues, no será complicado entenderlos.

En la actualidad existen dos tipos de criptosistemas, los «simétricos» o de clave secreta, y los «asimétricos» o de clave pública. Los primeros tienen la característica de que la clave empleada para cifrar un texto claro es la misma que la clave que se utiliza para descifrar el texto cifrado (de ahí lo de simétricos). Es evidente que esta única clave solo deben conocerla el emisor y el receptor y su seguridad depende, en gran medida, de mantener en secreto esta clave. Uno de los principales retos de estos sistemas simétricos es que ambos participantes deben ponerse de acuerdo en la clave que van a utilizar y este proceso debe estar a salvo de posibles escuchas, lo que no es sencillo si los dos no pueden quedar para acordar la clave y deben recurrir a intercambiársela por métodos telemáticos, lo que no siempre es muy seguro.

El segundo tipo de criptosistema se caracteriza por emplear dos claves diferentes, una para cifrar el texto claro y otra para descifrarlo. La primera, conocida como «clave pública», es la que cada usuario que desea recibir información cifrada da a conocer públicamente (de ahí su nombre) para que cualquiera le pueda enviar textos cifrados. La segunda, llamada «clave privada», es una clave que el usuario mantiene en secreto y que solo él conoce y es la que le permite descifrar los textos cifrados que recibe.

Como es lógico, en ambos tipos de sistemas, simétricos y asimétricos, es fundamental que la clave con la que se descifran los mensajes permanezca en secreto para que solo los destinatarios autorizados del mensaje cifrado sean quienes puedan descifrarlos. En el caso simétrico, esta clave es la misma que la de descifrado por lo que la responsabilidad de este secreto recae en los dos intervinientes. Sin embargo, en el caso asimétrico, la responsabilidad solo recae en el receptor que, además, es el propietario de la clave de cifrado que ha hecho pública. Así pues, en este caso, el usuario propietario de ambas claves no solo debe mantener en secreto su clave privada, sino que, además, debe asegurarse de que no se pueda calcular dicha clave a partir del conocimiento de su clave pública. En general, la única forma de proteger la clave privada, sabiendo que los posibles adversarios conocen la clave pública, es asegurándose de que solo será posible calcularla si el adversario es capaz de resolver un problema matemático muy difícil. Aquí aparecen de nuevo las matemáticas en nuestra ayuda. Por tanto, vamos a presentar algunos conceptos muy básicos y sencillos para poder comprender la criptología actual. Además, este conocimiento nos va a permitir hablar posteriormente de las nuevas tendencias de la criptografía que apuntan ya a un futuro no muy lejano y que tienen que ver con el desarrollo de las altas capacidades de cómputo de los ordenadores cuánticos que ya están comenzando a desarrollarse. Así pues, sugerimos seguir con atención la siguiente sección, dedicada a estos conceptos matemáticos que son fundamentales para la criptología moderna.

Algunas cuestiones matemáticas básicas (y sencillas)

Antes de presentar estas cuestiones o herramientas matemáticas que vamos a necesitar más adelante, recomendamos al lector que no se salte esta sección por el hecho de que en el título lleve la palabra «matemáticas». Le recomendamos que lea la sección intentado poner solo un poco de atención y descubrirá cómo no le resultan tan complicadas. De hecho, traducir a Cicerón es bastante más difícil que entender esta sección, créanos. El lector debería perder el miedo, si lo tiene, a las matemáticas porque estamos convencidos de que cuando haya leído esta sección se sentirá reconfortado por hacernos caso y haber lédo con detalle los párrafos que siguen. De hecho, no hay nada más gratificante que descubrir que uno ha usado herramientas matemáticas y las domina, en alguna medida, sin haber sido consciente de ello. Permítanos la expresión, sustraída de *El Burgués Gentilhombre* de Molière (Jean-Baptiste Poquelin, 1622-1673), como aquel que «hablaba en prosa sin saberlo».

Por otra parte, también es necesario que aclaremos la frase que hemos escrito antes acerca de «resolver un problema matemático muy difícil», esto es, debemos clarificar el significado de «difícil» o «muy difícil». Dicho así, podemos pensar que un problema matemático nos es difícil si no sabemos resolverlo o si habiendo estudiado la materia de que se trate, nos cuesta mucho trabajo (o somos incapaces) de encontrar la solución. Esta forma de pensar es completamente subjetiva porque pensamos si «nosotros» somos o no capaces de resolverlo. Todos estamos de acuerdo, sobre todo si recordamos nuestra época colegial, que algunos problemas nos resultaban difíciles de resolver, pero no así para nuestro profesor. Para él eran sencillos, de hecho, solía ser quien nos los ponía. Así pues, si generalizamos, es posible que para nosotros determinados problemas entren en la categoría de difíciles, pero puede que para otros no lo sean tanto e, incluso, puedan considerarlos sencillos.

Así pues, la cuestión es si somos capaces de proponer problemas matemáticos que sean difíciles de resolver para un adversario, cualquiera que este sea, y así evitar que pueda calcular nuestra clave privada. Planteada de esta manera la cuestión es compleja, de modo que vamos a modificar el concepto de «dificultad» a la hora de abordar un problema matemático, intentando que todos podamos aceptarla.

En criptología, que es lo que nos ocupa, vamos a considerar que un problema matemático es «difícil» de resolver si, sabiendo cómo se resuelve, es decir, disponiendo de un algoritmo que nos permite llegar a la solución y pudiendo acceder a un ordenador que implementa ese algoritmo como un programa ejecutable, resulta que el tiempo necesario para obtener la solución a ese problema nos llevaría cientos de miles de años. Todos podemos aceptar que esta complejidad a la hora de resolver el problema en cuestión se puede llamar «dificultad computacional». Así pues, de lo que se trata es de encontrar problemas matemáticos que sean computacionalmente difíciles de resolver. Lo curioso de estos problemas es que casi todos los hemos trabajado y resuelto en el bachillerato y, de hecho, son los más importantes y que más se utilizan en la criptología actual. Puede sorprender mucho que estos problemas estén relacionados con los números primos, con el cálculo de los divisores de un número dado y con la determinación de logaritmos. Estos problemas van a aparecer en la siguiente sección, pero antes vamos a recordar cómo se definen y en qué consisten.

El primero de los problemas que consideraremos es el «problema de la primalidad». Su enunciado es muy sencillo: se trata de decidir si dado un número cualquiera es primo o no. Todos recordamos la definición de número primo: un número es primo si no tiene otros divisores que él mismo y la unidad. Por ejemplo, los números 2, 3, 5, 7, 11, 13, etcétera, son todos primos porque cumplen esta característica; mientras que 4, 6,

9, 12, etcétera, no lo son, son compuestos. Es cierto que estamos considerando números muy pequeños, de una o dos cifras, lo que hace fácil decidir la cuestión. El problema se complica si el número sobre el que tenemos que decidir su primalidad es, por ejemplo, el siguiente:

2760013812 4175155956 9951032318 9338098496 9812464656 0814470337

2167576710 4473460223 7516225311 7968295543 7050782628 9249640393

9716194058 4147156283 1107013214 6577567248 5134019909 0845014800

8633912407 5519754197 1236792340 5923708245 2607915023 4612657570

3208861601 6751643453 7995264258 2868934233 3051923092 3396072771

441579947.

En este caso, se trata de un número que tiene trescientos nueve dígitos (hemos separado sus dígitos en grupos de diez para poder contarlos con más facilidad, pero se trata de un único número) y ya la tarea no es tan sencilla, ni siquiera con la ayuda de un ordenador. Hasta ahora sabíamos que para determinar si un número era primo o no bastaba con probar si algún número menor que él lo dividía, es decir, si al intentar la división de uno entre el otro, la división era exacta; pero claro, llevar a cabo esta tarea con el número anterior parece inabordable si tenemos en cuenta el número de divisiones que habría que hacer. De hecho, habría que ver si el número dado es divisible por cada uno de los números primos menores que él hasta su raíz cuadrada (redondeada por defecto). Que solo haya que considerar números hasta la raíz cuadrada es porque si el número no fuera primo, sería, al menos, producto de dos números y, forzosamente, uno de ellos debe ser menor que la raíz cuadrada porque en otro caso, los dos serían mayores que esta raíz y entonces su producto sería mayor que el número que estamos analizando, lo que no puede suceder.

El problema de la primalidad es fundamental en criptología porque en muchos criptosistemas se necesita utilizar números primos, en general, como parte de las claves y, por ello, es muy conveniente disponer de algún algoritmo que nos permita decidir la primalidad en poco tiempo o, cuando menos, tener un algoritmo que nos genere números primos grandes (como el anterior o con más dígitos aún) con una elevada probabilidad.

Dado que la solución por divisiones sucesivas, que mencionamos antes, requeriría miles de años, una estrategia alternativa sería generar un número impar al azar del tamaño requerido y a continuación realizar algún tipo de prueba que analizara si dicho número cumple las propiedades que cumplen los números primos. Cuantas más propiedades cumpla, más cerca estaremos de poder afirmar que el número es primo; eso sí, siempre con una determinada probabilidad, dado que hay muchos números que cumplen muchas de las propiedades que verifican los números primos y, sin embargo, no lo son.

Los tests conocidos para determinar la primalidad de un número dado y que podemos utilizar son todos probabilísticos, lo que significa que si el resultado de aplicarlo a un número dado nos da como solución «el número no es primo», entonces podemos afirmar con el 100% de probabilidad que el número no es primo. De hecho, este resultado en la prueba lo que nos dice es que dicho número no cumple alguna de las propiedades que cumplen todos los primos, por lo que no lo es. En otro caso, la solución será: «probablemente, el número es primo», lo que nos lleva a no poder afirmar con rotundidad que el número es primo. Eso sí, hay pruebas que permiten establecer con qué probabilidad deseamos que nos dé la salida en el caso de que sea probablemente un primo. La prueba más eficiente que se suele emplear para resolver este problema es el Test de Miller-Rabin, cuya salida afirmará que o bien el número dado es compuesto o bien que es primo con una probabilidad que suele considerarse de, al menos, el 99,999999%.

Existen algoritmos que verifican la primalidad de un número de modo determinista, esto es, con el 100% de probabilidad y muchísimo más eficientes que la prueba de las divisiones sucesivas, pero no suelen utilizarse porque requieren un tiempo de computación excesivo. Estas pruebas están basadas en el llamado Test AKS (su nombre se debe a las iniciales de sus autores: Agrawal, Kayal y Saxena, hecho frecuente en criptología). En la Figura 61 se puede ver el tiempo que el test AKS necesitaría para decidir de modo fehaciente que el número que hemos escrito anteriormente de trescientos nueve dígitos es primo. Nótese que, en lugar de comenzar con la computación necesaria, el programa tiene a bien mostrar el tiempo que necesitará para llegar a dar una solución a la pregunta de si el numero dado es primo o no. En este caso, y después de algunos minutos de espera, decidimos detener el programa porque no teníamos la intención de aguardar a conocer el tiempo que se necesitaría para saber si el número es primo o no.

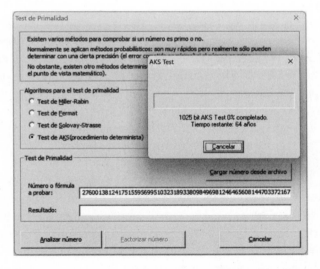

Figura 63. Captura de pantalla de Cryptool con el test AKS.

A la vista de ello, es comprensible que se recurra al test de Miller-Rabin, debido a Gary Lee Miller y a Michael Oser Rabin, cuyo tiempo de computación para decidir que el número anteriormente considerado es probablemente primo no llega a 1 milisegundo. Este resultado se puede ver en la Figura 64.

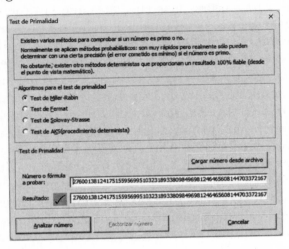

Figura 64. Captura de pantalla de Cryptool
con el test de Miller-Rabin.

El segundo de los problemas matemáticos computacionalmente difíciles que hemos mencionado es el «problema de la factorización». Este problema tiene su base en lo que se conoce como el Teorema Fundamental de la Aritmética, ya demostrado por Euclides (*ca.* 325 a. C.-*ca.* 265 a. C.), en el que se afirma que todo número compuesto, es decir, no primo, se expresa como producto de números primos elevados a potencias, esto es, si *n* es tal número, entonces:

$$n = p_1^{e1} \cdot p_2^{e2} \cdots p_r^{er},$$

siendo todos los números $p_1, p_2, ..., p_r$ primos diferentes y los exponentes $e_1, e_2, ..., e_r$ números naturales. Sabido esto, el problema de la factorización consiste en calcular tales números primos y tales exponentes. Si el número no es muy grande, esta tarea puede resultar hasta sencilla, como es el caso, por ejemplo, del siguiente número compuesto:

$$3630 = 10 \cdot 363 = 2 \cdot 5 \cdot 363 = 2 \cdot 5 \cdot 3 \cdot 121 = 2 \cdot 3 \cdot 5 \cdot 11^2.$$

No obstante, el problema puede volverse casi intratable si consideramos un número compuesto como el siguiente, que tiene doscientos cincuenta dígitos:

176

2140324650 2407449612 6442307283 9333563008 6147151447 5501779775
4920881418 0234471401 3664334551 9095804679 6109928518 7247091458
7687396261 9215573630 4745477052 0805119056 4931066876 9159001975
9405693457 4522305893 2597669747 1681738069 3648946998 7157849497
5937497937.

De hecho, este número se conoce como RSA-250 y de él se
sabe que es producto de solo dos números primos. Su factorización se produjo el día 28 de febrero de 2020 cuando se determinaron los dos primos cuyo producto es el número anterior.
Tales números primos son:

6413528947 7071580278 7901901705 7738908482 5014742943 4472081168
5963202453 2344630238 6235987526 6834770873 7661925585 6946397988 53367

3337202759 4978156556 2260106053 5511422794 0760344767 5546667845
2098702384 1729210037 0802574486 7329688187 7565718986 2580369320 62711.

El trabajo requerido para determinar estos dos números
fue enorme y se emplearon los mejores algoritmos conocidos para ello. De hecho, su factorización utilizó aproximadamente dos mil setecientos años de núcleo de CPU, con una
CPU Intel Xeon Gold 6130 de 2,1 GHz como referencia y el
cálculo se realizó con el algoritmo *Number Field Sieve* (el lector
interesado en profundizar puede consultar la siguiente página
web https://phys.org/news/2020-03-cryptographic.html).

El tercero de los problemas está relacionado con el cálculo
de logaritmos. El «problema del logaritmo». de un número
en una base dada es la potencia a la que hay que elevar la
base para obtener el número. Dicho de otro modo, el logaritmo de 1000 en la base 10 es 3 porque 10 a la 3 es 1000.
Esto, matemáticamente, se escribe como $\log_{10} 1000 = 3$. De
hecho, el logaritmo es la función inversa de la exponenciación. En efecto, si una exponenciación consiste el calcular el
valor de una potencia conocida la base, por ejemplo 10^3; el
logaritmo es el problema inverso, esto es, dado el número que
es el resultado de una potencia de una base dada, se trata de
calcular el exponente.

En general, si se denota por b a la base, por a al número y por e al exponente, lo que se tiene es que $\log_b a = e$ dado que $b^e = a$. Algunos logaritmos son fáciles de calcular, como en el caso anterior o si nos piden el $\log_2 1024$, cuya solución es 10, puesto que $2^{10} = 1024$. Otros son más complicados y para calcularlos hace falta recurrir a las clásicas tablas de logaritmos o a calculadoras científicas u ordenadores. Por ejemplo, si se trata de calcular $\log_2 10$, el problema se complica porque sabemos que $2^3 = 8$ y $2^4 = 16$, por lo que el logaritmo que buscamos será mayor que 3 y menor que 4, pero su determinación no se hace a mano. En efecto, el resultado es 3,32192809488 736234787031942948...

Ahora bien, en criptografía no podemos trabajar con números decimales porque si utilizamos estos números en los procesos de cifrado y descifrado, como la precisión de los ordenadores no es infinita, estamos obligados a truncar el número de decimales. Al hacer esto cometeremos errores de redondeo y ello supondrá que los procesos de cifrado y descifrado no serán inversos. Dicho de otro modo, si ciframos empleando números decimales, el error de redondeo impedirá que recuperemos el texto claro a partir del texto cifrado cuando llevemos a cabo el proceso de descifrado. Por ello, el problema del logaritmo, y otros problemas que también requieren del uso de números decimales, no puede considerarse tal cual en nuestro caso y hemos de redefinirlo de otro modo, evitando el uso de decimales. Así pues, vamos a presentar lo que se conoce como «aritmética modular», que no es sino una forma de cálculo que no utiliza números decimales y a la que ya estamos acostumbrados a emplear cotidianamente.

Para hacernos una idea de en qué consiste este tipo de aritmética, podemos considerar un reloj analógico, es decir, un reloj que marca las horas y los minutos, como el que se muestra en la Figura 65, en el que hemos cambiado las 12, como suele aparecer habitualmente, por las 0 horas, para indicar que comenzamos a contar por el 0 y no por las 12.

Si ahora nos preguntamos dónde apuntará la manecilla grande del dentro de 500 minutos, por ejemplo, sabiendo que en el momento actual señala al 12 (el reloj de la Figura 65 marca las 10 y 12 minutos), podemos proceder de varias maneras. Una sería restar de los 500 minutos 60 y entonces considerar que serían las 11:12, por lo que la manecilla seguirá

Figura 65. Reloj analógico.

apuntando a las 12 y aún nos quedarían $500 - 60 = 440$ minutos por contar. Si volvemos a restar 60 minutos, serían las 0:12, con lo que la manecilla seguirá como estaba, y aún nos quedarían $440 - 60 = 380$ minutos y así sucesivamente hasta que nos quedara una cantidad inferior que 60 minutos y esos minutos restantes se los sumaríamos a los 12 que marca el reloj para conocer dónde señalará la manecilla.

Otra forma, posiblemente más rápida que la de ir haciendo restas sucesivas y anotando resultados parciales, sería considerar que restar varias veces 60 a una cantidad dada y anotar lo que sobra es lo mismo que dividir esa cantidad entre 60 y la cantidad sobrante será el resto de esa división, esto es, al dividir 500 entre 60 nos da de cociente 8 y de resto 20, o escrito de otro modo, $500 = 60 \cdot 8 + 20$. Eso significa que la manecilla grande del reloj dará ocho vueltas completas (volviendo a la posición inicial) y luego avanzará 20 minutos, con lo que la pequeña marcará 8 horas más, esto es, señalará a las 6, lo que no nos importa porque la pregunta no hacía referencia a la manecilla pequeña, y la grande llegará hasta el minuto 32 (= 12 + 20). Por tanto, la respuesta es que la manecilla señalará al minuto 32. Al margen de la solución a la que hemos llegado, ha aparecido una cuestión más a la que no damos importancia y es que, realmente, la manecilla pequeña debería marcar las 18, esto es, ocho horas más tarde de las 10, pero todos damos por hecho que las 18 son las 6, por lo que no nos preocupa.

En definitiva, podemos escribir que sumar 500 minutos, o lo que es igual 8 horas y 20 minutos, a las 10:12 nos da como resultado las 18:32 o las 6:32. Si tratamos de escribir esta operación de forma matemática, sumando horas con horas y minutos con minutos, podríamos hacerlo como sigue, donde hemos marcado los minutos en negrita:

$$10{:}\mathbf{12} + 0{:}\mathbf{500} = 10{:}\mathbf{12} + 8{:}\mathbf{20} = 18{:}\mathbf{32} = 6{:}\mathbf{32},$$

de hecho, si nos olvidamos de las horas, la cuenta puede quedar reducida a la siguiente:

$$12 + 500 = 12 + 20 = 32.$$

Recapitulando lo que hemos hecho, podemos decir que hemos sumado una cantidad grande de minutos a una hora dada, de la que solo nos interesaban los minutos, y lo que más nos ha preocupado es ver cuántas veces esa cantidad contenía esos 60 minutos, y llegar a ver qué nos quedaba sobrante y luego sumar esa cantidad a los minutos iniciales.

Una situación análoga se nos presenta si nos piden, por ejemplo, que pintemos en una circunferencia un ángulo de 780°. Todos sabemos que una circunferencia completa mide 360° (de ahí que si una situación da un giro de 360° significa que estamos igual que al principio y no en la situación contraria, como algunos creen) por lo que nos olvidamos de los primeros y los segundos 360° y solo consideramos lo que sobra hasta llegar a los 780°, esto es, dividimos 780 entre 360 obteniendo $780 = 360 \cdot 2 + 60$, lo que significa que el ángulo de 780° es el mismo que el de 60°, después de dar dos vueltas a la circunferencia; pero como después de cada vuelta volvemos al principio, podemos olvidarnos de esas dos vueltas iniciales. Dicho de otro modo, podemos escribir que $780° = 60°$, siempre que sepamos qué es a lo que nos estamos refiriendo exactamente. Esta situación se muestra en la Figura 66. Es interesante notar que esto se repite para todos los números que, como 780, sean 60 más un múltiplo de 360, como 420, 1140, 1500, 3660, etcétera, dado que, para todos ellos, el resto de su división entre 360 siempre da 60.

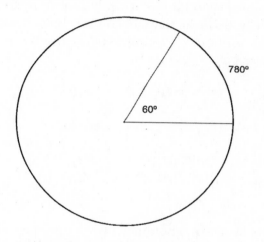

Figura 66. Representación gráfica de 780°.

Generalizando esta situación, podemos pensar que algo similar sucede en numerosos casos, como con los segundos o las horas. En el primer caso, nunca pasamos de 60 (como en los minutos), de hecho, en los segundos se pasa del 59 al 60 o al 0; mientras que en el segundo caso no sobrepasamos las 11 puesto que después de las 11 son las 12 o las 0. Podríamos pensar en situaciones similares, como los siete días de la semana, que también son un ciclo. En todos los casos, el número de elementos que manejamos es un número entero y finito, esto es, forman un ciclo: del 0 al 59 en minutos y segundos, del 0 al 11 en las horas, del 0 al 359 en los grados, etcétera. Es más, en todas estas situaciones, cualquier número mayor que el que da lugar al final del ciclo puede reducirse, como hemos visto, al resto que resulta de dividir ese número mayor entre el que define el ciclo. De hecho, lo mismo sucede si el número es negativo: bastaría con retroceder en lugar de avanzar, ya sea en el reloj o en la circunferencia.

Matemáticamente, como solo trabajamos con un número finito de enteros, a tal conjunto de números se lo denota como Z_n, dado que Z siempre representa a los números enteros (los positivos y negativos sin decimales), siendo n el valor que determina el ciclo. Este número se suele llamar «módulo», de modo que «hacer módulo n» es equivalente a dividir entre n y considerar el resto de la división, con la certeza de que tal resto siempre será un número comprendido entre 0 y $n-1$, esto es, podemos escribir:

$$Z_n = \{0, 1, 2, \ldots, n-1\},$$

o como en los casos particulares anteriores:

$$Z_{60} = \{0, 1, \ldots, 59\},$$
$$Z_{12} = \{0, 1, 2, 3, 4, 5, 6, 7, 8, 9, 10, 11\},$$
$$Z_{360} = \{0, 1, \ldots, 359\}.$$

En todos los casos, cualquier otro número entero es equivalente a uno de estos sin más que hacerle corresponder el resto de la división de tal número entre n. Debe notarse que hay infinidad de números que son equivalentes a los del conjunto Z_n: todos aquellos que tienen el mismo resto al dividirse por n o, lo que es igual, todos aquellos que son un número menor que n más un múltiplo de n. Si a es uno de tales números mayores que n, c es el cociente de la división de a entre n y r es el resto, entonces se obtiene que $a = n \cdot c + r$, y de ahí se dice que a es congruente con r módulo n o también, de modo abreviado, que: $a \equiv r \pmod{n}$.

Si vamos un poco más allá, podemos considerar que n puede ser cualquier número, no necesariamente uno de los que hemos puesto como ejemplo. Dicho de otra forma, n podía ser 7, 15 o 4383984923849384923123123091237. No hay ninguna razón que nos impida generalizar esta situación de modo que podemos quedarnos con uno de estos conjuntos finitos y trabajar en él como si fuera nuestro universo de números, sabiendo que cualquier otro número entero será equivalente a uno de ellos, a saber, el resto que resulta de la división de dicho número entre el módulo que hayamos fijado de antemano.

La siguiente cuestión que nos podemos preguntar es: ¿nos basta el conjunto Z_n para realizar todos los cálculos que podamos necesitar?, esto es, ¿podemos hacer cualquier operación con los números de ese conjunto? La respuesta es que depende del módulo en cuestión. En general, siempre podemos sumar, restar y multiplicar en Z_n, pero no siempre podremos dividir, eso dependerá de quien sea n. En efecto, unos ejemplos en Z_{15} en bastarán para entender las tres primeras operaciones básicas:

$$6 + 2 \equiv 8 \ (\text{mod } 15), \quad 8 + 9 = 17 = 15 + 2 \equiv 2 \ (\text{mod } 15),$$

$$6 - 2 \equiv 4 \ (\text{mod } 15), \quad 8 - 9 = -1 = 15 - 1 \equiv 14 \ (\text{mod } 15),$$

$$6 \cdot 2 \equiv 12 \ (\text{mod } 15), \quad 8 \cdot 9 = 72 = 15 \cdot 4 + 12 \equiv 12 \ (\text{mod } 15).$$

El problema de la división es algo más complejo porque no siempre se puede dividir en estos conjuntos finitos porque dividir un número entre otro es equivalente a multiplicar el primero por el inverso del segundo y esto no siempre puede hacerse porque, dependiendo del módulo n considerado, no todos los elementos tienen inverso.

Sin entrar en cuestiones matemáticas que nos alejarían del objetivo de este libro, basta con decir que para que un número tenga inverso en uno de estos conjuntos, es necesario y suficiente que tal número sea primo con el módulo, esto es, que ambos números no tengan divisores comunes o, lo que es igual, que su máximo común divisor (el divisor común a los dos números más grande) sea 1. En el ejemplo de Z_{15} anterior, como $15 = 3 \cdot 5$, tendrán inverso todos los números entre 1 y 14 que no tengan factores en común con 15, es decir, aquellos que no sean divisibles ni por 3 ni por 5, esto es, 1, 2, 4, 7, 8, 11, 13 y 14. A este conjunto de números se le denota por $(Z_{15})^*$, para indicar que es el conjunto formado por los elementos de Z_{15} que tienen inverso o que son invertibles módulo 15. Así pues, en $(Z_{15})^*$ es posible llevar a cabo las operaciones de sumar, restar, multiplicar y dividir y, por tanto, cualquier otra operación que se nos ocurra.

Un caso especialmente atractivo se presenta cuando el módulo es un número primo, sea p, dado que en este caso, todos los números menores que p son primos con p, a excepción del 0, claro está, por tanto, todos los elementos de $(Z_p)^*$ tienen inverso, salvo el 0 y se puede afirmar que:

$$(Z_p)^* = \{1, 2, ..., p{-}1\} = Z_p - \{0\}.$$

A modo de ejemplo, si queremos dividir 13 entre 2 en Z_{15}, tendremos que determinar el valor de $13 \div 2 = 13 \cdot 2^{-1}$, para lo que tendremos que calcular el inverso de 2, esto es, 2^{-1}, módulo 15. Ahora bien, como $2 \cdot 8 = 16 = 15 + 1 \equiv 1 \pmod{15}$, resulta que 2 y 8 son inversos módulo 15 (su producto es 1), por tanto:

$$13 \div 2 = 13 \cdot 2^{-1} \equiv 13 \cdot 8 = 104 = 15 \cdot 6 + 14 \equiv 14 \pmod 5,$$

por lo que la división de 13 entre 2 da como resultado 14 módulo 15.

Visto ya que hay conjuntos en los que podemos realizar todas las operaciones matemáticas y que en ningún caso nos van a aparecer números decimales, es el momento de regresar al problema del logaritmo y ver cómo podemos plantear este problema para intentar resolverlo sin emplear números decimales. Como es de esperar, basta con quedarnos en los conjuntos en los que podemos realizar la aritmética modular y resolver este problema ahí.

Definimos el «problema del logaritmo discreto» como el problema del logaritmo pero en un Z_n, fijada la n. En particular son de especial interés los conjuntos en los que n es un número primo, como ya hemos dicho antes, porque no tenemos que buscar qué elementos diferentes del 0 tienen inverso porque todos lo tienen.

Así pues, el problema del logaritmo discreto (se llama

discreto porque el conjunto en el que se define es un conjunto finito, esto es, discreto) consiste en calcular $\log_b a$ en Z_n, esto es, determinar qué elemento de Z_n es la potencia a la que hay que elevar b para que dé como resultado a. A modo de ejemplo, para calcular $\log_2 10$ en $Z_{11} = \{0, 1, 2, 3, 4, 5, 6, 7, 8, 9, 10\}$, hemos de determinar el valor e en Z_{11} de modo que $2^e \equiv 10$ (mod 11). En este caso, la solución es $e = 5$, dado que:

$$2^5 = 32 = 11 \cdot 2 + 10 \equiv 10 \text{ (mod 11)}.$$

Un problema algo más complicado sería calcular $\log_2$ 6121219499862376970525541180 78 (mod 12345678910111 2131415 1617181967), dado que habría que determinar el exponente e de modo que $2^e \equiv 6121219499862376970525541180 78$ (mod 123456789101112131415 1617181967), tarea que dejamos al atento lector.

Y ahora que hemos terminado esta «dura» sección dedicada a las matemáticas, ¿de verdad que el atento lector no ha entendido nada?

LOS SISTEMAS DE CIFRADO ACTUALES: CRIPTOSISTEMAS SIMÉTRICOS

Una vez que ya conocemos el tipo de conjunto con el que vamos a trabajar, es el momento de describir de forma genérica los principales métodos de cifrado que se emplean hoy en día, tanto en la criptografía simétrica como en la asimétrica.

En la criptografía simétrica los procesos genéricos de cifrado y descifrado son sencillos, tal y como se muestra en la figura simétrico. Tanto el emisor como el receptor comparten la misma clave secreta, de modo que el emisor cifra el texto claro haciendo uso de esa clave y del algoritmo de cifrado y se lo envía al receptor, quien usa el mismo algoritmo y la misma clave para descifrarlo. Al margen de esos intervinientes, siempre habrá que suponer que hay un adversario que intentará capturar el mensaje cifrado, dado que se transmite, en general, mediante un canal inseguro y, a partir de este, y del conocimiento de los algoritmos de cifrado y descifrado, obtener o bien la clave empleada por los usuarios (con lo que podrá descifrar cualquier mensaje posterior entre ellos) o comprender el texto claro original por cualquier otro medio, que no necesariamente pasa por conocer la clave empleada.

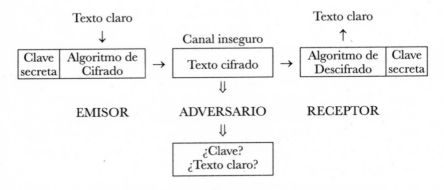

Figura 67. Esquema de un criptosistema simétrico.

En la criptografía simétrica se emplean dos tipos de sistemas de cifrado, los llamados cifrados en flujo y los cifrados en bloque. Antes de describirlos brevemente, hemos de remarcar que todos los sistemas de cifrado históricos que hemos presentado hasta ahora se incluyen dentro de la criptografía simétrica porque tanto emisor como receptor debían acordar la única clave que iban a emplear, tanto para cifrar como para descifrar los mensajes a intercambiarse. Además, la seguridad de tales sistemas radicaba, fundamentalmente, en mantener en secreto tanto la clave como el proceso de cifrado. La diferencia con los procesos de cifrado actuales está en que estos son públicamente conocidos, como exige el principio de Kerckhoffs.

Los «cifradores en flujo» son un tipo especial de cifradores que precisan de un generador de bits para que los mismos se sumen con el texto claro y obtener así el texto cifrado. Idealmente, los bits generados por este generador, que dan lugar a la secuencia cifrante, deberían ser aleatorios para garantizar su seguridad, como en el caso del cifrado de Vernam, ya comentado, pero si así fuera, sería prácticamente imposible que el receptor pudiera generar la misma colección de bits que el emisor puesto que son realmente aleatorios. Por este motivo, se emplea un generador de bits pseudoaleatorio. Estos generadores son algoritmos que proporcionan la misma colección de bits cada vez que se ejecutan con la misma entrada, llamada semilla, por lo que no son realmente aleatorios, pero se les exige que tengan las mismas propiedades que los generadores de bits aleatorios, de modo que se comporten como si lo fueran, es decir, que la colección de bits que generan no tenga sesgos ni sea previsible por un atacante.

Dado que no existe un criterio general que permita decidir si una secuencia de bits es segura en términos criptográficos, esta tarea no es fácil. Por ello, lo que se hace es exigir que las secuencias obtenidas del generador cumplan una serie de condiciones que permitan garantizar, hasta cierto punto, que su comportamiento es como el de una secuencia realmente aleatoria.

Ahora bien, como se trata de un algoritmo determinístico, tendrá un periodo, es decir, antes o después la secuencia se repetirá, por lo que la primera de las propiedades que se le exige es que tenga un periodo tan grande como sea posible. Dicho de otro modo, el número de bits generado antes de que la secuencia se repita debería ser, al menos, tan largo como la longitud de la secuencia de bits a la que da lugar el mensaje original. La segunda condición es que la secuencia generada debe ser imprevisible, dicho de otro modo, si un adversario lograra llegar a conocer una parte de secuencia, no debería ser capaz de predecir el bit siguiente a la parte de la secuencia que ya conoce con una probabilidad mayor del 50%, esto es, conocer una parte de la secuencia no le da ninguna ventaja para conocer los bits que le siguen. La tercera condición consta de una serie de propiedades que hacen referencia a la distribución de los ceros y los unos de la secuencia. Estas propiedades se conocen como «Postulados de Golomb», dados a conocer por Solomon Wolf Golomb (1932-2016) y, entre otras cosas, exigen que los ceros y los unos de la secuencia se distribuyan a lo largo de la misma como se esperaría en una secuencia realmente aleatoria. Por ejemplo, que el número de ceros y de unos sea, aproximadamente, el mismo; que las parejas de bits 00, 01, 10 y 11 se distribuyan también de forma homogénea.

Se han publicado diferentes tests estadísticos que determinan si una secuencia de bits dada puede o no utilizarse con fines criptográficos. Entre ellos cabe destacar el del *National Institute of Standards and Technology* (NIST) norteamericano, el conocido como Dieharder, etcétera.

Debe tenerse en cuenta que cumplir estas condiciones que hemos mencionado es una cuestión necesaria para garantizar la seguridad de la secuencia cifrante, pero no es suficiente, esto es, si un generador no las cumple, se rechaza su uso, pero también es cierto que hay generadores que las cumplen y, sin embargo, no son seguros.

Antes del cifrar el mensaje, este se codifica como una colección de bits, sea $\{m_i\}$, como ya hemos mencionado anteriormente y tanto emisor como receptor generan la misma colección de bits, $\{s_i\}$, utilizando para ello el generador de bits pseudoaleatorio acordado con antelación, empleando una semilla que alimenta el generador, que también comparten y que actúa como la clave del sistema. En el proceso de cifrado, el emisor suma bit a bit cada uno de los bits del mensaje con cada uno de los bits de la secuencia generada, y se obtiene así el texto cifrado, $\{c_i\}$. En destino, el receptor suma bit a bit los bits del texto cifrado con los bits que obtiene con la misma secuencia pseudoaleatoria y recupera el texto claro. Este método de cifrado es el más rápido y fácil de implementar de entre todos los cifradores, por lo que es el que se utiliza en numerosas aplicaciones, en particular en aquellas que requieren un cifrado en tiempo real, como es el caso de los sistemas de audioconferencias que van cifrados de extremo a extremo. Como se puede ver, este criptosistema recuerda al cifrado de Vernam, con la diferencia de que ahora la clave no es completamente aleatoria sino pseudoaleatoria y no es de un solo uso. El esquema genérico de los cifradores en flujo se muestra en la Figura 68. Los principales cifradores en flujo son Grain-128a, Rabbit, Salsa20, Snow, Sosemanuk y Trivium.

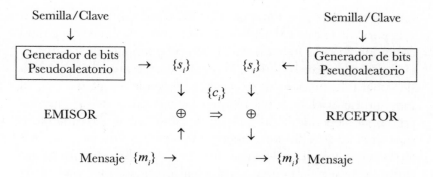

Figura 68. Esquema de un cifrador en flujo.

El segundo sistema de cifrado simétrico se conoce como «cifrador en bloque». La característica que los define es que consideran los bits del mensaje original en bloques de una longitud específica y luego cifran cada uno de estos bloques. Su principal ventaja es que, en general, las mismas operaciones que llevan a cabo el cifrado, permiten descifrarlo, esto es, son involutivos. Por otra parte, los cifradores en bloque se diseñan de modo que cumplan una serie de propiedades que los hacen, de alguna manera, seguros. La primera de ellas es la dependencia de bits y se traduce en que cada uno de los bits del texto cifrado debe depender de una forma compleja de todos los bits de la clave y de todos los bits del bloque de texto claro que se cifra. La segunda de las propiedades es que si se cambia un único bit en un bloque del texto claro o un único bit de la clave, entonces, la mitad de los bits del bloque cifrado también debe cambiar.

Para fijar ideas, mostramos en la Figura 69 el esquema que sigue el cifrador en bloque considerado estándar por excelencia, el *Advanced Encryption Standard* o AES. Todos los cifradores en bloque, al igual que AES, están diseñados de modo que constan de varios componentes: el primero es una transformación inicial de los bits de cada bloque que forman el texto claro cuyo objetivo puede ser doble, en unos casos intenta hacer que el bloque sea, más o menos, aleatorio, con el fin de disimular el aspecto de mensajes que pudieran estar muy formateados, como tablas, imágenes, etcétera; mientras que en otros se trata de transformarlo haciendo uso de una suma bit a bit del texto claro con la clave o una parte de la misma, si esta es mayor que el bloque. El segundo componente es la función de cifrado propiamente dicha, que se ejecuta varias veces en un ciclo o iteración un número específico de vueltas. El número de iteraciones depende, en general, de la longitud de la clave o del bloque. La seguridad de un cifrador en bloque depende de su función de cifrado. Por ello es la parte más sensible del cifrador y debe justificarse claramente para que garantice la fortaleza del criptosistema. Después del proceso iterativo se lleva a cabo una transformación que o bien invierte la primera o consiste en una iteración más con alguna modificación. Finalmente, el tercer componente de los cifradores en bloque es un algoritmo para expandir la clave de cifrado. Habida cuenta de que la longitud de la clave del cifrador es mayor que la longitud de cada una de las claves que se emplean en cada una de las iteraciones de la función de cifrado, llamadas subclaves, su objetivo es el de generar una subclave para cada iteración, que se obtiene de la clave inicial.

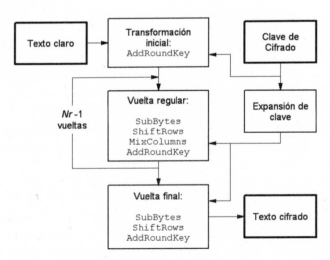

Figura 69. Esquema del cifrador en bloque AES.

En el caso particular de AES, los bloques tienen un tamaño fijo de 128 bits, la longitud de su clave es variable y puede tener 128, 192 o 256 bits y el número de vueltas o iteraciones depende del tamaño de la clave y así puede ser 10, 12 o 14. Además de AES, existen otros cifradores en bloque, entre los que destacan Twofish, Serpent, etcétera.

A modo de resumen, podemos decir que las principales ventajas de los criptosistemas de clave simétrica son: su rapidez en los procesos de cifrado y descifrado, por lo que son muy aptos para el cifrado de grandes cantidades de datos, o para cifrados que se requieran en tiempo real y el uso de claves de pequeño tamaño, dado que los tamaños recomendados suelen oscilar entre los 128 y los 256 bits. Por otra parte, entre sus principales inconvenientes señalamos la dificultad para acordar la clave a usar entre los usuarios, el elevado número de claves que son necesarias en una red, dado que cada usuario debe compartir una clave distinta con cada uno de los restantes, es decir, el número de claves es de alrededor del cuadrado del número de usuarios, la necesidad de cambiar de clave con frecuencia (en ocasiones cada día o cada semana) y la dificultad para firmar los mensajes.

LOS SISTEMAS DE CIFRADO ACTUALES: CRIPTOSISTEMAS ASIMÉTRICOS

Antes de pasar a describir las propiedades y características de los criptosistemas asimétricos, vamos a mostrar cómo es posible resolver uno de los principales problemas que tienen los cifradores simétricos y que ya hemos mencionado anteriormente, a saber, el intercambio de la clave que deben compartir emisor y receptor para cifrar y descifrar mensajes. El siguiente protocolo de acuerdo de clave lo publicaron Bailey Whitfield «Whit» Diffie (1944-) y Martin Edward Hellman (1945-) en 1976 (véanse ambos en la Figura 70). Además de resolver dicho problema mostraron a la comunidad científica que es posible intercambiar información de forma pública, esto es, que puede observarse y conocerse por un adversario, y a la vez seguir siendo secreta y solo compartida por emisor y receptor. Este hecho fue fundamental para el desarrollo de los criptosistemas asimétricos.

El protocolo de acuerdo de clave de Diffie y Hellman o DH es un protocolo realmente sencillo, motivo por el que lo incluimos aquí, si bien en una versión acorde con los conceptos matemáticos ya presentados en la sección anterior. No entraremos en los detalles matemáticos y solo indicaremos que se utiliza un conjunto de números conocido como es $(\mathbf{Z}_p)^*$, siendo p primo, de modo que la operación que se lleva a cabo dentro de ese conjunto es la multiplicación, que ya conocemos. Además, sabemos que este conjunto tiene $p-1$ elementos y tiene una propiedad muy interesante dado que el conjunto es un «grupo cíclico» con el producto. Esta propiedad de ser cíclico significa que hay algunos elementos del conjunto cuyas potencias sucesivas dan lugar al resto de los elementos del conjunto.

Figura 70. Fotografías de Hellman (izquierda) y Diffie (derecha).

Tales elementos se llaman «generadores». Para simplificar la explicación del protocolo, supongamos que consideramos un número primo pequeño, sea $p = 53$, de modo que el conjunto tiene cincuenta y dos elementos y uno de sus generadores es el número 2. En efecto, si se calculan las sucesivas potencias de 2 y si omitimos la expresión (mod 53) y simplificamos el símbolo de congruente por el igual, se obtiene que:

$$2^1 = 2,\ 2^2 = 4,\ 2^3 = 8,\ 2^4 = 16,\ 2^5 = 32,\ 2^6 = 11,\ 2^7 = 22,\ 2^8 = 44,\ 2^9 = 35,\ 2^{10} = 17,\ \ldots\ 2^{44} = 47,\ 2^{45} = 41,\ 2^{46} = 29,\ 2^{47} = 5,\ 2^{48} = 10,\ 2^{49} = 20,\ 2^{50} = 40,\ 2^{51} = 27,\ 2^{52} = 1.$$

Pues bien, en este protocolo los dos intervinientes, que llamaremos Alicia (A) y Bernardo (B), hacen público el conjunto con el que van a trabajar, $(Z_{53})^*$, y el generador que van a utilizar, 2. Los pasos que siguen ambos usuarios son los siguientes:

1. Alicia genera un número aleatorio, sea $a = 29$, calcula y transmite a Bernardo el valor $2^a = 2^{29} \pmod{53} = 45$.
2. Bernardo genera un número aleatorio, sea $b = 19$, calcula y envía a Alicia el resultado de $2^b = 2^{19} \pmod{53} = 12$.
3. Alicia recibe el número 12 que le ha enviado Bernardo y calcula $12^a = 12^{29} \pmod{53} = 21$.
4. Bernardo recibe el número 45 enviado por Alicia y calcula $45^b = 45 19 \pmod{53} = 21$.
5. Finalmente, tanto Alicia como Bernardo comparten de forma secreta el número $2^{ab} = 21$.

Si un atacante, Carlos (C), hubiera monitorizado la comunicación anterior, podría conocer los siguientes datos: $(Z_{53})^*$, 2, $2^a \pmod{53} = 45$ y $2^b \pmod{53} = 12$, pero con estos datos no podría calcular $2^{ab} = 21$, dado que no conoce ni a ni b. Es cierto que, si Carlos pudiera resolver el problema del logaritmo discreto, esto es, calcular a sabiendo que $2^a \pmod{53} = 45$ o calcular b de $2^b \pmod{53} = 12$, podría llegar a calcular el valor 21, pero, como ya dijimos al presentar los problemas computacionalmente difíciles, este es uno de esos problemas intratables, si el primo p se elige con más de seiscientos dígitos. El lector no debe engañarse por el hecho de haber usado un primo tan pequeño en el ejemplo anterior, porque podría ocurrírsele calcular todas potencias de 2, como hemos hecho antes para mostrar que 2 es un generador del grupo $(Z_{53})^*$, hasta llegar a obtener 45 o 12 y determinar el valor de a o de b, pero esto es inviable si, como decimos, el tamaño de p es lo suficientemente grande. En la actualidad se recomienda, por razones de seguridad, que este tamaño sea de alrededor de 2048 bits como mínimo.

Los «criptosistemas asimétricos» o de clave pública también siguen un proceso genérico de cifrado y de descifrado sencillo, tal y como se puede observar en la figura asimétrico. En este caso, el receptor ha hecho pública su clave de cifrado, por lo que tanto el emisor como cualquier otro usuario puede conocerla. Usando esta clave y el algoritmo de cifrado correspondiente, el emisor cifra el texto claro, después de lo cual, envía al receptor el texto cifrado por un canal inseguro. El receptor, que es el único que conoce su clave privada de descifrado, por ser secreta, utiliza el algoritmo de descifrado, que puede ser diferente al de cifrado, y obtiene el texto claro. Como en el caso de los sistemas simétricos, se debe dar por hecho la existencia de un adversario que intentará determinar o bien el mensaje original o la clave privada del receptor.

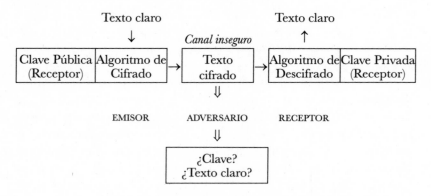

Figura 71. Esquema de un criptosistema asimétrico

Existen diferentes criptosistemas de cifrado asimétrico, que no vamos a describir aquí de forma pormenorizada, tan solo nos limitaremos a presentar las características generales de los dos que más se usan y considerados estándares. Uno se conoce como RSA y el otro son los criptosistemas basados en curvas elípticas, denotados por ECC (*Elliptic Curve Cryptosystems*). Todos los sistemas de cifrado asimétrico constan de tres algoritmos, en general, diferentes: el de generación de claves, que lleva a cabo el propio usuario, el de cifrado y el de descifrado, que no siempre coinciden.

El criptosistema RSA, llamado así por los apellidos de los autores que lo propusieron en 1978, Ronal Rivest (1947-), Adi Shamir (1952-) y Leonard Adleman (1945-) cuyas fotos se muestran en la figura RSA, emplea la aritmética modular, que ya conocemos, en el conjunto Z_n, donde n es un número entero producto de dos números primos grandes y de tamaño parecido.

Figura 72. Shamir (izquierda), Rivest con el autor a su derecha (centro) y Adleman (derecha).

De forma más concreta, en el proceso para generar las claves, el usuario genera dos primos grandes, denotados por p y q, de unos 1024 bits cada uno, es decir, de unos trescientos diez dígitos. Luego los multiplica y obtiene $n = p \cdot q$, cuyo tamaño será de 2048 bits al menos. A continuación, determina el valor $\phi = (p-1)(q-1)$ y elige lo que será el exponente de cifrado, e, de modo que sea primo con ϕ. Luego calcula el inverso de e módulo ϕ, sea d, que será el exponente de descifrado, y con ello finaliza este proceso. Todos estos cálculos para obtener las claves son muy eficientes porque se limitan a realizar operaciones de producto y división, que son muy rápidas. La clave pública la formará el par (n, e), módulo y exponente de cifrado, mientras que su clave privada es el número d, el exponente de descifrado. En cualquier caso, los valores de p, q y ϕ, deben permanecer en secreto para que un adversario no pueda obtener la clave privada.

El algoritmo de cifrado es sencillo porque cualquier usuario que desee cifrar un mensaje para el propietario de la clave, solo tiene que codificar dicho mensaje como un número menor que n, sea m, cuyo cifrado, c, se calcula al determinar el valor de $c = m^e \pmod{n}$, que emplea el par que define la clave pública y que conoce. Para que el receptor descifre el texto cifrado recibido, c, solo tiene que calcular $c^d \pmod{n}$ y ello le dará el valor de m

puesto que $c^d \pmod{n} = m^{ed} \pmod{n} = m$, dado que e y d son inversos, es decir, $e \cdot d = 1 \pmod{\phi}$. Además, solo él puede descifrar el texto cifrado porque es el único que conoce el valor de d.

La seguridad del RSA se basa en la dificultad de factorizar números enteros, en este caso de obtener los dos factores primos de n, que son p y q. En efecto, si un adversario pudiera factorizar n fácilmente, obtendría p y q, y como conoce el exponente de cifrado, e, puede fácilmente calcular ϕ y luego el inverso de e módulo ϕ, que es d, precisamente, la clave privada. A partir de este momento ya podría descifrar todos los mensajes cifrados con la clave pública y la seguridad del criptosistema quedaría rota. Por este motivo, es fundamental que a la hora de seleccionar los números primos p y q, el usuario los elija aleatoriamente, se asegure de que son primos y de que son próximos para que todo ello dificulte la posible factorización de n. Para hacerse una idea del tamaño de los números que estamos mencionando, basta una muestra de una clave pública de 2048 bits, que es un tamaño considerado adecuado para una seguridad de unos dos o tres años. Téngase en cuenta que este tamaño de clave es el mismo que las claves que todos llevamos en nuestro DNIe y que nos permite firmar documentos electrónicamente, como ya comentaremos más adelante. Un ejemplo de módulo RSA es el siguiente, esto es, un número que es producto de solo dos primos:

2519590847 5657893494 0271832400 4839857142 9282126204 0320277771
3783604366 2020707595 5562640185 2588078440 6918290641 2495150821
8929855914 9176184502 8084891200 7284499268 7392807287 7767359714
1834727026 1896375014 9718246911 6507761337 9859095700 0973304597
4880842840 1797429100 6424586918 1719511874 6121515172 6546322822
1686998754 9182422433 6372590851 4186546204 3576798423 3871847744
4792073993 4236584823 8242811981 6381501067 4810451660 3773060562
0161967625 6133844143 6038339044 1495263443 2190114657 5444541784
2402092461 6515723350 7787077498 1712577246 7962926386 3563732899
1215483143 8167899885 0404453640 2352738195 1378636564 3912120103
9712282212 0720357.

El otro tipo de criptosistema asimétrico es el denominado ECC, que lo propusieron a la vez e independientemente Neal

Koblitz (1948-) y Victor Saul Miller (1947-) en 1985, cuyas fotos mostramos en la Figura 73.

Figura 73. Fotografías de Koblitz (izquierda) y Miller (derecha).

Estos criptosistemas se propusieron años después de que el RSA ya estuviera bien asentado entre la comunidad criptológica porque los tamaños de sus claves eran bastante grandes, lo que hacía que no fuera sencillo de implementar en dispositivos con capacidad de cálculo limitada o con poco espacio físico, como sucede con las tarjetas inteligentes que incluyen criptografía entre sus necesidades, como es el caso de las tarjetas de identidad de ciudadanos, bancarias, etcétera. Se trataba de una alternativa que ofrecía la misma seguridad que el RSA, pero con longitudes de clave menores. Surgieron así los ECC. Estos criptosistemas son algo más difíciles de explicar que el RSA porque requieren conceptos matemáticos algo más complejos. En todo caso, para hacerse una idea de cómo son estos criptosistemas, es conveniente tener en cuenta que una curva elíptica es una curva plana cuyos puntos verifican una ecuación de la forma:

$$y^2 + a_1\, x\, y + a_3\, y = x^3 + a_2\, x^2 + a_4\, x + a_6.$$

Así, por ejemplo, la curva elíptica cuya ecuación es $y^2 = x^3 - 7x + 1$ sobre el plano real se muestra en la Figura 74. Esta curva tiene infinitos puntos cuyas dos coordenadas son números reales, es decir, son parejas de valores (a, b) que cumplen la ecuación que define la curva, es decir, cumplen que $b^2 = a^3 - 7a + 1$, como, por ejemplo, los pares $(0, 1)$ y $(0, -1)$ puesto que $(\pm 1)^2 = 0 - 0 + 1$, o como los pares $(1, \sqrt{7})$, $(1, -\sqrt{7})$.

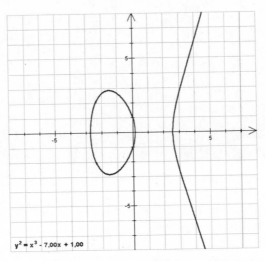

$$y^2 = x^3 - 7{,}00x + 1{,}00$$

Figura 74. Curva elíptica de ecuación
$y^2 = x^3 - 7x + 1$ en el plano real.

Una gran ventaja de estas curvas es que se puede definir una suma de sus puntos, de modo que el resultado de esa suma es otro punto de la curva. En efecto, si se tienen dos puntos de la curva, sean P y Q, la suma de estos dos puntos es otro punto R de la curva que se determina gráficamente (esto es, sin expresiones algebraicas para no complicar más la explicación) como sigue: se representa la recta que pasa por los dos puntos P y Q. Esa recta corta a la curva en otro punto, sea −R; pues bien, el resultado de la suma es el punto simétrico a ese punto de corte, esto es R. En la Figura 75 se puede ver este proceso.

Por el contrario, el principal problema que surge con estas curvas elípticas es que las coordenadas de los puntos son, casi todas, números decimales y ya hemos dicho que en criptografía no podemos usar este tipo de números. Por esta razón, en lugar de considerar las coordenadas de los puntos como números cualesquiera, nos podemos restringir a alguno de los conjuntos que ya hemos mencionado anteriormente, como Z_p. De ese modo, las coordenadas de los puntos siempre serán números enteros y las operaciones tendrán siempre resultados enteros y nunca aparecerán decimales. Para entenderlo mejor, vamos a considerar un ejemplo de los llamados de salón, esto es, con números muy pequeños.

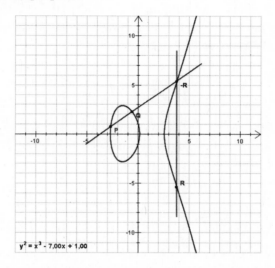

Figura 75. Representación gráfica de la suma de puntos en una curva elíptica.

Supongamos que la curva viene dada por la ecuación $y^2 = x^3 + 2x + 4$ y que el conjunto de posibles coordenadas de los puntos es $Z_7 = \{0, 1, 2, 3, 4, 5, 6\}$. Entonces, los puntos del plano definido por este conjunto que cumplen la ecuación de la curva se pueden calcular como sigue. Si el punto tiene las coordenadas (a, b), se trata de determinar a y b de modo que verifiquen $b^2 = a^3 + 2a + 4$ en Z_7, esto es, módulo 7. Supongamos que $a = 3$. Entonces, tendremos: $b^2 = 3^3 + 2 \cdot 3 + 4 = 27 + 6 + 4 = 37 \equiv 2$ (mod 7), se trata, ahora de calcular la raíz cuadrada de 2 módulo 7. Estos números son 3 y 4, dado que $3^2 = 9 \equiv 2$ (mod 7) y $4^2 = 16 \equiv 2$ (mod 7). Así pues, dos de los puntos son $(3, 3)$ y $(3, 4)$.

Realizando las operaciones oportunas para los restantes posibles valores de a, el conjunto de todos los puntos de esta curva elíptica es el siguiente: $E = \{O, (0, 2), (0, 5), (1, 0), (2, 3), (2, 4),$ $(3, 3), (3, 4), (6, 1), (6, 6)\}$.

A este conjunto le hemos añadido un punto, O, conocido como punto del infinito, pero no entraremos en detalle sobre este aspecto. El lector puede comprobar fácilmente que los puntos de E verifican la ecuación de la curva dada. Lo que puede sorprender al lector es la representación gráfica de esta curva, cuyos puntos se muestran en la figura finita, dado que parece cualquier cosa menos una curva, pero es lo que tiene trabajar con la aritmética modular, que, a veces, choca con la intuición.

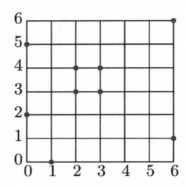

Figura 76. Curva elíptica de ecuación $y^2 = x^3 + 2x + 4$ en Z^7.

Una vez que hemos presentado el conjunto de puntos de una curva elíptica definida sobre un conjunto finito, el siguiente paso consiste en considerar este conjunto como base, en lugar de un conjunto de números como se hizo con el RSA, y definir un sistema de cifrado utilizando estos puntos. No vamos a ir tan lejos para no cansar al lector, de modo que nos vamos a limitar a comentar el proceso de generación de las claves pública y privada y el problema matemático que garantiza su seguridad.

Las curvas elípticas finitas que se eligen en criptografía son curvas que también son grupos cíclicos, es decir, que tienen elementos especiales que generan el resto de elementos del conjunto (aquí puntos) al repetir la operación definida en ese conjunto. Como en este caso la operación que se ha definido es la de sumar puntos, lo que estamos diciendo es que todos los puntos de una de estas curvas son múltiplos de un generador, puesto que sumar varias veces un punto es multiplicarlo por un número. Por ejemplo, sumar el generador, sea G, cuatro veces es G + G + G + G = 4G. De hecho, el punto G = (6, 1) es un generador de la curva anterior porque se tiene lo siguiente:

$$G = (6, 1), \quad 2G = (3, 3), \quad 3G = (0, 2), \quad 4G = (2, 3), \quad 5G = (1, 0),$$

$$6G = (2, 4), \quad 7G = (0, 5), \quad 8G = (3, 4), \quad 9\,G = (6, 6), \quad 10G = O.$$

Llegados a este punto, la forma de generar las claves de un usuario consiste en que elija un número entero como clave privada, sea k, y publique como su clave pública el punto de la curva $K = kG$, siendo G un generador. La tarea de un adversario será la de intentar determinar k conociendo K, pero este problema es análogo al problema del logaritmo discreto que ya comentamos en el protocolo de acuerdo de clave de Diffie-Hellman. La diferencia es que aquí estamos considerando múltiplos de un punto de la curva en lugar de potencias de un número, dado que la operación que aquí se define es la suma y no el producto como en el caso anterior. Por esta diferencia de la operación base, el problema definido sobre curvas elípticas se conoce como el «problema del logaritmo elíptico» o problema del logaritmo aditivo (por ser la suma la operación definida).

De nuevo, el lector no debe dejarse llevar por el ejemplo anterior, que era de salón, porque le parecerá sencillo calcular todos los múltiplos de G hasta llegar a kG y así conocer el valor de k, pero ya se ha demostrado que este problema no es más sencillo de resolver que el problema del logaritmo discreto en el caso multiplicativo. De hecho, se sabe que una curva elíptica con claves de 224 bits, es decir, definida sobre Z_p, siendo p un primo de 224 bits, proporciona una seguridad equivalente a claves de 2048 bits en el criptosistema RSA. Por tanto, la reducción en el tamaño de la clave es sustancial, lo que permite llevar a cabo implementaciones eficientes en dispositivos físicos de poca capacidad computacional, como es el caso de las tarjetas inteligentes. Por contra, esta reducción en el tamaño de la clave lleva aparejada una mayor dificultad a la hora de operar con puntos de la curva elíptica.

Para terminar con los criptosistemas asimétricos, comentaremos que entre sus ventajas podemos citar las siguientes: no hay necesidad de intercambiar claves dado que cada usuario hace pública su clave de cifrado y como solo hay una clave por usuario, no hay aumento en el número de claves en una red; por otra parte, la misma clave se puede utilizar durante un largo periodo de tiempo (puede llegar hasta los dos o tres años) y permiten el diseño de protocolos de firma electrónica, autenticación, no repudio, etcétera, como veremos más adelante. Por el contrario, entre sus inconvenientes destacan el hecho de que los procesos de cifrado y descifrado son más lentos que en la criptografía simétrica porque suelen implicar la realización de operaciones matemáticas, que suelen ser costosas en tiempo de computación, por lo que no son tan eficientes con grandes cantidades de datos y, finalmente, sus claves son de tamaño grande, que rondan, en algunos casos, los 2048 y 4096 bits.

Una vez que hemos presentado las ventajas e inconvenientes de los sistemas de cifrado simétricos y asimétricos, nos surge la pregunta de si no sería posible definir sistemas de cifrado que solo utilizaran las ventajas de los dos y no sus inconvenientes. La respuesta es que sí es posible y tales criptosistemas se conocen como «híbridos». De hecho, estos criptosistemas se benefician de la velocidad de los primeros y del conocimiento de la clave pública del receptor, que evita tener que utilizar un protocolo de intercambio de clave, sin perder seguridad. Estos sistemas se emplean, por ejemplo, en las conexiones a páginas web seguras; lo que se indica mediante el indicativo https:// delante de la dirección web segura.

En la figura híbrido se muestra el esquema de cómo es este tipo de cifrado. De forma resumida, los dos usuarios, Alicia y Bernardo, que no comparten ninguna clave secreta de antemano y desean enviarse información cifrada, acuerdan el uso de un criptosistema de clave simétrica y otro de clave asimétrica, de modo que sus claves públicas son conocidas. Si Alicia es quien desea cifrar un mensaje para Bernardo, elige aleatoriamente una clave de sesión, k, que solo se utilizará en esta ocasión, y cifra con el criptosistema simétrico acordado el mensaje, *m*, que desea enviar a Bernardo, obteniendo así el texto cifrado. A continuación, cifra la clave de sesión con la clave pública de Bernardo y envía a Bernardo tanto el texto cifrado como la clave de sesión cifrada. Bernardo podrá leer el mensaje original si descifra la clave de sesión mediante su clave privada, obteniendo así *k*, y luego descifra el texto cifrado con la clave que acaba de obtener y obtiene el texto claro.

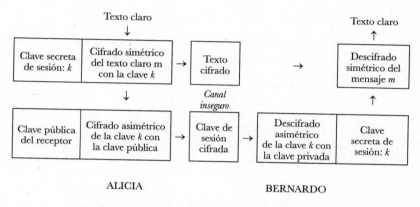

Figura 77. Esquema de un criptosistema híbrido.

USOS Y APLICACIONES DE LA CRIPTOLOGÍA

Una vez que hemos conocido los fundamentos básicos de la criptología y los principales métodos actuales de cifrado, en este capítulo vamos a hacer un pequeño repaso a los principales usos y aplicaciones de esta ciencia y con ello descubriremos que hacemos uso de la misma en más ocasiones de las que creemos; de hecho, no hay día que no hagamos uso de la criptografía, ya sea cuando firmamos electrónicamente un documento, cuando empleamos una tarjeta de crédito, cuando accedemos a nuestro banco a través de Internet, o cuando usamos alguna aplicación de mensajería instantánea, por ejemplo.

FIRMAS ELECTRÓNICAS Y CERTIFICADOS ELECTRÓNICOS

Es posible que el lector, cuando haya leído los criptosistemas de clave asimétrica se haya preguntado cómo puede uno estar seguro de que cuando recibe un mensaje cifrado por este sistema el remitente es quien dice serlo. Si el criptosistema fuera de clave simétrica, tal confianza podría recaer en el hecho de que solo el emisor y receptor conocen la clave secreta usada, por lo que, hasta cierto punto, uno puede confiar en que el remitente es quien dice ser, dando por hecho que la clave empleada no ha sido robada ni comprometida. Sin embargo, en los sistemas asimétricos, todo el mundo puede conocer la clave del destinatario por lo que un mensaje cifrado que termina con un cariñoso «un fuerte abrazo, Juan», podría no haber sido enviado por Juan, sino por alguien que desea suplantar a Juan por alguna razón espuria.

Ya hemos comentado que la seguridad de los criptosistemas de clave secreta se basa, principalmente, en utilizar una clave de tamaño adecuado y en mantener dicha clave en secreto de modo que solo la conozcan los dos usuarios que se intercambian información. De este modo, la privacidad y la confidencialidad de la información intercambiada quedan garantizadas. Por su parte, en los criptosistemas asimétricos, como la clave pública de un usuario es conocida, además de que su propietario quiera asegurarse de que recibe textos cifrados de quien cree que es el remitente, también es necesario garantizar la autenticidad de la clave, de modo que quede asegurado que tal usuario es el único que conoce su correspondiente clave privada. Dicho de otro modo, el cifrado con clave pública no proporciona ni la autenticación del origen o destino ni la integridad de los datos. Para ello hace falta utilizar técnicas adicionales como los esquemas de firma y los certificados digitales o electrónicos. Ambas herramientas las trataremos en esta sección.

El método tradicionalmente empleado para garantizar que un texto cifrado con una clave pública procede realmente de quien dice ser el remitente consiste en firmar digital o electrónicamente dicho texto cifrado. En efecto, el proceso de firma electrónica es un método que permite verificar fehacientemente la autoría de un documento, como veremos. De hecho, hoy en día, la firma electrónica es uno de los protocolos criptográficos más empleados en todos los ámbitos.

Antes de presentar los procedimientos de firma electrónica, es importante señalar que el empleo y uso de la firma electrónica está legislado por la Ley 59/2003, la Ley 6/2020 y el Reglamento 910/2014 del Parlamento Europeo (conocido como eiDAS, abreviatura de la expresión inglesa *electronic IDentification, Authentication and trust Services*, es decir, servicios de confianza, autenticación e identificación electrónica), otorgándole, en todos los casos, la misma validez legal que la firma manuscrita.

La Ley 59/2003 de firma electrónica distingue tres tipos de firma: la electrónica, la avanzada y la reconocida.

- La firma electrónica es el conjunto de datos en forma electrónica, consignados junto a otros o asociados con ellos, que pueden utilizarse como medio de identificación del firmante (Artículo 3.1).
- La firma electrónica avanzada es la firma electrónica que permite identificar al firmante y detectar cualquier cambio ulterior de los datos firmados, que está vinculada al firmante de manera única y a los datos a que se refiere y que ha sido creada por medios que el firmante puede mantener bajo su exclusivo control (Artículo 3.2).
- La firma electrónica reconocida es la firma electrónica avanzada basada en un certificado electrónico reconocido y generada mediante un dispositivo seguro de creación de firma (Artículo 3.3).
- Además, la firma electrónica reconocida tendrá respecto de los datos consignados en forma electrónica el mismo valor que la firma manuscrita en relación con los consignados en papel (Artículo 3.4).

Debemos indicar que los protocolos de firma electrónica necesitan para su ejecución de un criptosistema asimétrico que garantice que el posible firmante tiene una clave pública y su correspondiente clave privada asociada y que esta se mantiene en secreto. Las firmas electrónicas más extendidas hoy en día utilizan uno de los dos criptosistemas asimétricos presentados anteriormente, esto es, o el criptosistema RSA o uno basado en curvas elípticas.

En general, cuando firmamos a mano un documento impreso, solemos hacer la misma rúbrica, esto es, el garabato que escribimos suele parecerse mucho de una vez a otra, hasta tal punto que los expertos pueden verificar si una firma manuscrita es una falsificación o no. Por su parte, la firma electrónica es un protocolo criptográfico que permite probar la autoría y autenticidad de un documento digital, como la manuscrita, pero, además, cada firma electrónica es diferente porque no solo depende del firmante sino también del documento que se firma. Dicho de otro modo, cada firma es única. Además, la verificación de la firma la puede realizar cualquier otro usuario que conozca el mensaje, la firma y la clave pública del firmante. Por otra parte, los procesos para la elaboración y verificación de una firma difieren de si el documento cuya firma se desea elaborar y verificar está cifrado o es público. Trataremos los dos casos más adelante, dado que los protocolos son ligeramente diferentes.

Como acabamos de señalar, todo protocolo de firma electrónica consta de dos partes: en la primera parte el firmante elabora su firma para un documento electrónico y en la segunda cualquiera que lo desee puede verificar dicha firma. Ambos protocolos, «elaboración» y «verificación», requieren de un tipo especial de función que se conoce como «función resumen» (o *hash function*, en inglés); así pues, antes de presentar tales protocolos, vamos a dar una visión muy genérica de este tipo de funciones y algunos de sus usos, al margen de los protocolos de firma.

Las funciones resumen son funciones criptográficas que transforman una información o mensaje, de cualquier tamaño, en otra información que tiene un tamaño fijado de antemano, en general, mucho menor. Este tamaño se mide, habitualmente, en bits y la expresión transformada suele mostrarse en formato hexadecimal, esto es, en base 16. Aunque se trate de primitivas criptográficas, estas funciones ni cifran ni descifran información, solo la transforman, podemos decir que resumiéndola y no emplean claves. Como las salidas o resúmenes a que da lugar cada una de estas funciones tienen siempre la misma longitud, sin que dependa de la longitud de la información que considera como entrada, y como el número de resúmenes es mucho menor que el de posibles mensajes, se deduce fácilmente que, para cualquier función resumen que se considere, habrá mensajes diferentes cuyos resúmenes coincidan, esto es, las funciones resumen producen «colisiones». Dicho de otro modo, mensajes diferentes colisionarán en un mismo resumen para una función dada. Así, si, por ejemplo, una función proporciona como resultado resúmenes de 256 bits, el número total de resúmenes diferentes será de 2^{256}; mientras que es claro que hay infinitos mensajes de cualquier longitud.

Con vistas a garantizar que las funciones resumen sean eficientes y seguras, se les exige que cumplan determinadas propiedades. La primera de estas propiedades es que sean fácilmente computables, es decir, que el tiempo necesario para obtener la salida a partir de una entrada debe ser muy pequeño. La segunda propiedad se conoce como «dependencia de bits», lo que viene a decir que el resumen de un mensaje debe depender de todos los bits del mensaje, de modo que, si cambia un bit, la mitad de los bits de su resumen deben ser diferentes, por término medio.

Además, otras propiedades necesarias son: si se conoce el resumen de un mensaje, debe ser computacionalmente difícil obtener otro mensaje cuyo resumen sea el conocido (propiedad conocida como «resistencia a la preimagen»); también debe cumplir que, dado un mensaje cualquiera, debe ser computacionalmente difícil encontrar otro mensaje diferente cuyo resumen coincida con el del anterior («resistencia a la segunda preimagen»). Por último, debe ser «resistente a colisiones», es decir, debe ser computacionalmente difícil encontrar colisiones. Cabe destacar que las dos últimas condiciones, aunque parecidas, son diferentes. En la primera se da por hecho que se conoce un mensaje, mientras que en la segunda no hay condiciones acerca de los mensajes, pueden ser cualesquiera. Esto significa que ser resistente a colisiones es una propiedad más débil, desde el punto de vista de la seguridad, que la resistencia a la segunda preimagen.

Además de su uso en la elaboración y verificación de firmas digitales, estas funciones se utilizan, por ejemplo, para determinar la «integridad» de datos o de ficheros electrónicos. Así, para detectar si un fichero se ha modificado, basta con calcular un resumen del mismo y compararlo con un nuevo resumen determinado posteriormente. Si ambos resúmenes coinciden se puede asegurar que los ficheros son los mismos, en otro caso, por las propiedades de estas funciones, se puede asegurar que, al menos, un bit de esa información se ha modificado por lo que la información ha perdido su integridad. Además, ayudan en la «detección de *malware*» o software dañino y también se emplea en los certificados digitales, como veremos posteriormente. Existen varias funciones resumen de uso muy extendido y consideradas seguras hoy en día, como las familias SHA-2 y SHA-3, cada una de las cuales tiene versiones que producen resúmenes de 224, 256, 384 o 512 bits. Otras funciones muy extendidas pero cuyo uso ya no está recomendado son la MD5 y la SHA-1. El lector haría bien en no emplear ninguna de estas dos últimas, ni aceptar aplicaciones que las utilicen, porque ambas son inseguras.

Conocidas ya las funciones resumen, volvamos al tema de la firma electrónica y supongamos, en primer lugar, que deseamos firmar un documento público, esto es, no secreto, para que conste nuestra autoría, por ejemplo.

Si la firmante, Alicia, tiene como clave pública de un criptosistema A, como clave privada a y desea firmar el mensaje M, entonces procede de la siguiente manera (un esquema del proceso es muestra en la figura firma):

1. Alicia calcula el resumen del fichero a firmar, M, mediante una función resumen públicamente conocida, obteniendo m.
2. A continuación, Alicia cifra con su clave privada, a, el resumen del mensaje, m, obteniendo su firma para dicho mensaje: sea s.
3. Alicia publica tanto el mensaje como su firma para el mismo: (M, s).

Si un verificador desea comprobar la validez de la firma de Alicia para el mensaje M, sigue el siguiente protocolo:

1. Calcula el resumen del fichero público, M, utilizando la misma función resumen que empleó Alicia, obteniendo, por tanto, el mismo resumen, sea m.
2. A continuación, descifra la firma del mensaje, s, obteniendo n, para lo que emplea la clave pública de Alicia, que conoce por ser esta pública.

3. Finalmente, comprueba si los valores de n y de m son iguales. Si es así, puede asegurar que el firmante era realmente Alicia porque es la única persona que puede llevar a cabo el cifrado de m con la clave a; en caso contrario, Bernardo rechazará la firma para el mensaje M.

Figura 78. Esquema de un protocolo de firma con mensaje público.

En el caso de que el fichero a firmar sea secreto, está claro que el procedimiento anterior no se puede utilizar porque un verificador cualquiera no conocería el contenido del fichero original y no podría calcular su resumen. Para realizar el proceso de firma y verificación cuando el mensaje es secreto, el mensaje ha de enviarse cifrado al destinatario. En este caso, Bernardo tendrá una clave pública, sea B y su correspondiente clave privada, denotada por b. Es decir, si M es el fichero que contiene el texto claro y C es el fichero que contiene su texto cifrado correspondiente y que le ha enviado Alicia, podemos suponer que Bernardo es capaz de descifrarlo y obtener M. Como, además, se desea que solo Bernardo sea capaz de verificar la firma asociada a este mensaje, el protocolo para la firma de un mensaje cifrado es como sigue:

1. Alicia calcula el resumen del fichero a firmar, M, mediante una función resumen públicamente conocida, obteniendo m.
2. A continuación, Alicia cifra con su clave privada, a, el resumen del mensaje, m, obteniendo su firma para dicho mensaje: sea s.

3. Más tarde, Alicia cifra, con la clave pública de Bernardo la firma calculada en el paso anterior, determinando r.
4. Alicia envía a Bernardo el mensaje cifrado y su firma para el mismo: (C, r).

Para que Bernardo pueda verificar la firma de Alicia para el mensaje M, sigue el siguiente protocolo:

1. Descifra el texto cifrado recibido, C, mediante el criptosistema acordado con Alicia, obteniendo M.
2. Determina el resumen del texto claro, M, utilizando la misma función resumen que usó Alicia, de modo que obtiene el mismo resumen, m.
3. Luego descifra la firma del mensaje, r, con su clave privada, resultando s.
4. Descifra, con la clave pública de Alicia el valor de s y obtiene n.
5. Finalmente, comprueba si los valores de n y de m son iguales. Al igual que antes, si la comprobación es positiva, puede estar seguro de que el firmante era Alicia; mientras que, en caso contrario, rechazará la firma para el mensaje M.

Otro de los usos muy extendidos de la criptografía es el de los certificados electrónicos. Si entendemos que, en general, un certificado es un documento, más o menos oficial, en el que se garantiza que una persona posee determinada destreza, como un título universitario, el justificante de haber realizado un curso, etcétera, podemos considerar que un certificado electrónico no es más que un tipo de certificado que se presenta en formato digital, es decir, que avala determinado conocimiento o aptitud de su titular o poseedor. En este caso, un certificado emitido por una autoridad reconocida posibilita a su titular mostrar, ante otros y de forma fehaciente, que posee una clave pública criptográfica; es decir, que la clave que contiene tal certificado es suya, al igual que otra posible información que contenga dicho certificado. Esta autoridad reconocida puede ser local, nacional o internacional y se denomina «Autoridad de Certificación» o AC. Al igual que las firmas electrónicas, las AC están reguladas por ley y deben cumplir con unos requisitos bastantes exigentes para que se las considere como tales.

Los certificados digitales más extendidos corresponden al estándar conocido como X.509 y contienen la siguiente información, entre otra (ver Figura 79):

- Número de serie del propio certificado para su identificación unívoca.
- La versión del certificado (que suele ser la v3).
- El protocolo de algoritmo de firma digital que se usa.
- El período de validez del certificado, que depende del tamaño de la clave pública empleada (habitualmente está entre dos y tres años).
- La autoridad de certificación que ha emitido y firma el certificado, que es la que garantiza la veracidad de su contenido. Las AC más extendidas en España son la Fábrica Nacional de Moneda y Timbre–Real Casa de la Moneda (FNMT-RCM) y la Policía Nacional.
- Los datos de identificación del propietario del certificado.
- La clave pública perteneciente al titular del certificado y, opcionalmente, su clave privada asociada.
- Firma digital de la AC que ha generado el certificado y que garantiza y avala los datos que este contiene.

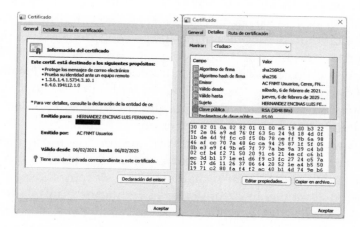

Figura 79. Certificado digital y algunos de sus datos.

Los certificados, como ciudadanos españoles, se pueden solicitar de forma gratuita en la página web de CERES (Certificación española) de la FNMT-RCM (https://www.cert.fnmt.es/), aunque todos los poseedores de un documento nacional de identidad electrónico (DNIe) poseen un par de certificados, como ya comentaremos más adelante.

El hecho de que un certificado garantice que la clave pública pertenece a su titular, evita las suplantaciones a la vez que facilita que su propietario firme electrónicamente ficheros, debido a que sus claves (pública y privada) están almacenadas en él. Por otra parte, los certificados digitales se pueden utilizar para otros fines, como para enviar correos electrónicos firmados, navegar por Internet de forma segura, etcétera. Dado que el certificado permite firmar electrónicamente documentos y que la firma electrónica tiene la misma validez legal que la manuscrita, el titular de un certificado es el responsable de los documentos firmados con su certificado. Por tanto, para evitar suplantaciones y problemas derivados de una firma falsificada, es necesario que el titular de un certificado que tenga la certeza o sospeche que su certificado ha sido vulnerado, ya sea por robo o porque alguien ha logrado sus contraseñas de acceso al mismo, denuncie este hecho ante la autoridad de certificación que generó el certificado. Se trata de que conste, ante una autoridad, que, a partir del momento de la denuncia, el titular del certificado no es responsable de las firmas que se hagan con el mismo. Eso le salvaguardará de posibles firmas falsas y los problemas derivados de las mismas. En el momento de la denuncia, el certificado en cuestión pasará a engrosar la lista de los «certificados revocados», que toda AC tiene obligación de mantener al día, para proteger a sus clientes, de modo que el certificado perderá su posibilidad de realizar firmas electrónicas seguras.

Para paliar, en parte al menos, que un adversario pueda acceder al certificado de un titular que se haya instalado en un ordenador (el del titular o cualquier otro), es muy conveniente que, en el momento de importar el certificado e instalarlo en el repositorio de los certificados del navegador que se emplee, el titular elija la opción de proteger el acceso al mismo mediante una contraseña. Si no se hace así y se acepta la opción comúnmente ofrecida por muchos navegadores, que es la de no proteger este acceso con contraseña, se corre el riesgo de que cualquier persona que utilice el ordenador donde esté instalado el certificado pueda firmar cualquier documento electrónico en nombre del titular del certificado. Por otra parte, es importante que siempre se exporte y guarde, en lugar seguro, una copia de respaldo del certificado, con las claves pública y privada, para evitar perderlo si en algún momento surge un problema donde está instalado el ordenador, además deque esta copia de respaldo se pueda instalar más adelante en otro ordenador o en el teléfono móvil.

Cuando hemos mencionado anteriormente que el certificado puede almacenar, de forma opcional, la clave privada del titular, queremos señalar que el propietario puede decidir si exportar el certificado que tiene instalado de modo que lo haga conteniendo solo la clave pública o también la clave privada. Esta decisión dependerá del uso que se desee dar al certificado con posterioridad. Si se quiere utilizar el certificado para firmar documentos, es evidente que el mismo debe tener, además de la clave pública, la clave privada, que es la que se emplea para esta acción, como ya hemos visto con antelación. Sin embargo, si el certificado se desea compartir con compañeros o amigos para que usen la clave pública contenida en el mismo y puedan enviar al titular información cifrada, entonces el certificado no debe llevar incluida la clave privada para evitar posibles sustos.

Finalmente, queremos destacar que, en ocasiones, es importante dejar constancia del momento temporal exacto en el que se lleva a cabo la firma de un documento, por ejemplo, para garantizar la autoría de dicho documento, por razones notariales, de compra/venta, etcétera. Para ello se recurre a los «sellos de tiempo». Un sello de tiempo es una asociación entre un dato determinado y un momento de tiempo específico, de modo que sirve como prueba de la existencia de un dato en un instante de tiempo determinado. Los responsables de establecer esta asociación son las Autoridades de sellado de tiempo. Algunos de los usos más comunes de los sellos de tiempo son: como fuente fiable de tiempo, para verificar que un mensaje se firmó antes de ser revocado, para establecer el tiempo exacto de una entrega o para dejar constancia del instante concreto de una transacción determinada.

TARJETAS DE IDENTIFICACIÓN: DNIe Y PASAPORTE Y SU SEGURIDAD

Otra de las aplicaciones de la criptografía de uso cotidiano son las tarjetas de identificación de ciudadanos. En casi todos los países, los ciudadanos están obligados a obtener un documento o tarjeta de identificación que les acredite como ciudadanos de tal país. En los países anglosajones y en EE.UU. esta tarjeta no suele ser obligatoria, pero en la mayoría de los restantes países sí lo es y en España, desde luego. Hasta hace unos años, esta tarjeta solo era una tarjeta de policarbonato, similar a las tarjetas de crédito, que llevaba impresa determinados datos que permitían identificar a su titular y que incluía entre sus propiedades determinadas características de protección para evitar su falsificación. Sin embargo, desde hace unos años, estas tarjetas de identificación suelen llevar un chip que permite realizar determinados procesos criptográficos, por lo que, además de facilitar la identificación de ciudadanos, posibilita la firma electrónica de documentos.

En el caso de España, el tradicional DNI lleva en vigor desde hace más de setenta años, si bien el DNIe comenzó su andadura en 2006, incorporando un chip que incluye dos certificados X.509, uno para la autenticación de los datos del ciudadano y otro para realizar la firma electrónica. Además, desde 2015 se distribuye la versión 3.0 que permite al DNIe la posibilidad de realizar comunicaciones con dispositivos cercanos, como móviles o tabletas, mediante lo que se conoce como NFC (*Near Field Communications*). Este tipo de conexión evita el uso de los lectores de tarjetas y se caracteriza por su velocidad, casi instantánea y porque no necesita emparejar previamente los dispositivos, como sucede con la conexión de tipo *bluetooth*, por ejemplo. Por el contrario, una desventaja es el alcance de la conexión que es muy pequeño y suele estar limitado a unos veinte centímetros.

Desde 2021, la versión que se expide de este DNIe es la 4.0, si bien solo ha cambiado ligeramente el aspecto exterior, llevando el mismo chip que la versión precedente. El aspecto del DNIe v3.0 se muestra en la Figura 80.

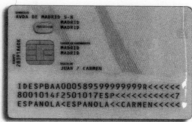

Figura 80. Anverso y reverso del DNIe v3.0.

La información más importante que almacena el chip del DNIe es la siguiente: los datos de filiación del ciudadano, la imagen digitalizada de la fotografía, la imagen digitalizada de la firma manuscrita, la plantilla de la impresión dactilar y tres certificados: el de autenticación de los datos personales del titular, el de firma electrónica y el de la autoridad de certificación que lo emitió (FNMT-RCM). Con todo esto, el DNIe se puede emplear para la identificación estándar del ciudadano, como tarjeta de viaje y para la elaboración de firmas electrónicas, tanto la reconocida como la avanzada. De hecho, el certificado de firma posibilita la firma electrónica de documentos que se aceptan, por ejemplo, en la declaración de la renta de las personas físicas, la emisión de la vida laboral en la Seguridad Social, etcétera. Pero, además, existen otras aplicaciones que autentican al ciudadano no solo ante entidades privadas como los bancos, sino también ante la Administración Pública, que le permiten, entre otras, solicitar el censo, conocer las propiedades registradas en el catastro, ver los puntos del carnet de conducir y otras muchas aplicaciones de la administración. Todas estas aplicaciones se han visto ampliamente extendidas desde que se puso en marcha el acceso a los diferentes portales de la administración a través del sistema Cl@ve (https://clave.gob.es/clave_Home/clave.html), cuya información básica se puede ver en la Figura 81 y que permite el uso del DNIe como método de identificación.

Figura 81. Acceso a aplicaciones
de la Administración Pública con el sistema Cl@ve.

Por otra parte, al margen de las medidas físicas que protegen al DNIe contra posibles falsificaciones, el chip del DNIe, dado que lleva a cabo operaciones criptográficas, debe cumplir unos requisitos de seguridad acordes con su utilización y repercusión, entre los que destacan los siguientes:

* Considerarse como un dispositivo seguro de creación de firma según el acuerdo del grupo de trabajo del Comité Europeo de Normalización.
* El chip debe estar certificado según unos criterios de certificación internacionales, considerados estándares y conocidos como criterios comunes o CC (*Common Criteria*), con un nivel de confianza de evaluación equivalente a EAL 5+ (*Evaluation Assurance Level*).
* Las aplicaciones que se ejecuten en el DNIe deberán tener el nivel de certificación CC de, al menos, EAL 4+.

Con relación a los CC y las clasificaciones de seguridad mencionadas, que dependen de los requisitos de seguridad que cumpla el dispositivo, conviene destacar que todo dispositivo que ejecute operaciones criptográficas debe acreditarse adecuadamente, desde el punto de vista de su seguridad, de modo que los ciudadanos puedan confiar en la tecnología que subyace a los mismos. Para ello, en los países europeos existen los llamados organismos de certificación, dependientes de cada Estado. Estos organismos son los responsables de verificar y emitir tales certificaciones, hasta tal punto que ninguno de estos dispositivos puede venderse en Europa si no se ha certificado con antelación por alguno de los países reconocidos y con capacidad para ello, entre los que se encuentra España, con los mayores niveles de certificación. La evaluación de la certificación cuenta con el apoyo de laboratorios especializados que son los que comprueban si los requisitos de seguridad se verifican o no.

Además de lo ya comentado, los ciudadanos españoles tenemos a nuestra disposición dos aplicaciones públicas que posibilitan la firma electrónica de documentos mediante el DNIe. Una es AutoFirma (antes llamada eCoFirma) que puede descargarse desde el Portal de la Administración Pública (https://firmaelectronica.gob.es/Home/Descargas.html) e instalarse en un ordenador personal, un móvil o una tableta, y la aplicación VALIDe ofrecida por el Gobierno de España y a la que se puede acceder a través de Internet (https://valide.redsara.es/valide/).

La otra forma de identificar a los ciudadanos es mediante el pasaporte, ahora ya electrónico, puesto que incorpora un chip que funciona mediante radiofrecuencia o RFID (*Radio Frequency IDentification*), inserto en la tapa posterior y para cuya activación debe acercarse a un lector adecuado. Al igual que el DNIe, el pasaporte español es un documento público, personal, individual e intransferible, que se expide por determinados órganos de Administración General del Estado y que acredita, tanto en España como fuera de ella, la identidad y la nacionalidad de los españoles. El aspecto del pasaporte español puede verse en la Figura 82.

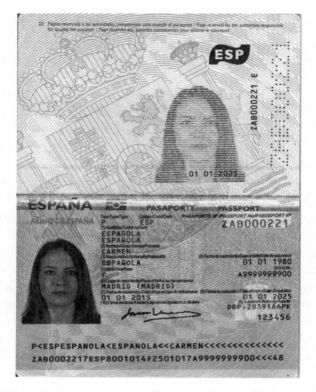

Figura 82. Muestra de un pasaporte electrónico español.

El pasaporte también tiene características criptográficas, entre las que destacan las relacionadas con los aspectos biométricos del titular y su protección. Así, el chip contiene información de la imagen digitalizada del titular, sus datos biográficos y las huellas dactilares de los dos índices. Al margen de estos datos, los pasaportes europeos incluyen certificados, siguiendo las normas de la Organización Internacional de Aviación Civil o ICAO (*International Civil Aviation Organisation*), con el fin de que los datos del titular los puedan leer los países de destino del titular, de un modo seguro y validado por el certificado digital.

Al igual que el DNIe y otras tarjetas de identificación de otros países, los pasaportes europeos, para poderse expedir, deben estar certificados por los organismos de certificación acreditados conforme a los criterios comunes.

Aprovechando que hemos comentado algunos aspectos relacionados con las certificaciones CC de estos dos dispositivos físicos, DNIe y pasaporte, vamos a mencionar un aspecto importante de su seguridad y que no suele ser tan conocido. Se trata de los ataques especialmente diseñados contra dispositivos físicos, no solo de los relacionados con estos dos métodos de identificación, sino de otros muchos dispositivos. Así, por ejemplo, es bien sabido que cada día aparecen en el mercado dispositivos cada vez más pequeños y con capacidades de computación cada vez más elevadas. Ya hemos mencionado los dispositivos RFID, como el pasaporte o las llamadas tarjetas inteligentes (*smart card*, en inglés), como el DNIe; pero es que hay más, como es el caso de las tarjetas de telefonía móvil, llamadas tarjetas SIM (*Subscriber Identity Module*). Todos los chips incluidos en estas tarjetas son capaces de ejecutar operaciones criptográficas, ya sea para cifrar y descifrar información o para firmar electrónicamente.

En secciones anteriores hemos puesto de manifiesto que la principal preocupación con respecto a la seguridad de los protocolos criptográficos recaía en la dificultad de resolver los problemas matemáticos considerados, de modo que bastaba una garantía teórica de que tales problemas eran intratables para confiar en su seguridad. Sin embargo, desde hace unos años, en concreto desde 1996, la comunidad criptológica es consciente de que no basta con garantizar que los algoritmos sean seguros porque los problemas matemáticos subyacentes sean intratables; es necesario, además, que su implementación también lo sea. La razón es que es posible atacar los dispositivos que realizan operaciones criptológicas debido a implementaciones ineficientes o imprecisas. Por todo ello, han surgido nuevos tipos de ataques que van dirigidos precisamente a la búsqueda de posibles vulnerabilidades en las implementaciones o en deficiencias de los mismos dispositivos. Hay dos tipos de ataques contra estos dispositivos y sus implementaciones, los llamados «ataques por canal lateral» y los «ataques por inducción de fallos».

La forma de proceder en estos ataques depende del tipo de dispositivo de que se trate, del algoritmo que implemente y de la propia implementación, teniendo como objetivo obtener la información almacenada en el dispositivo, en particular, las claves. En este tipo de ataques, siguiendo la idea subyacente al principio de Kerckhoffs, se supone que el atacante tiene acceso al dispositivo físico que trata de atacar, que conoce los algoritmos implementados en el mismo, que puede ejecutarlos todas las veces que quiera y, además, que puede medir determinados valores generados por dicho dispositivo. El primer tipo de ataques trata de obtener información a través de diferentes canales de información, como pueden ser, el análisis temporal, esto es, determinar el tiempo que tarda en realizarse determinada operación criptográfica; el análisis de potencia que consiste en analizar el consumo de potencia del dispositivo mientras ejecuta una operación; el análisis electromagnético, es decir, estudiar las emanaciones electromagnéticas que emite el circuito impreso cuando lleva a cabo operaciones específicas. El segundo tipo de ataques, los de inducción de fallos, son ataques en los que el atacante pretende modificar las condiciones en las que el dispositivo está diseñado para trabajar, manipulándolo para alterar su funcionamiento normal, provocando que falle en determinados momentos y, a partir de tales fallos, obtener datos o las claves almacenadas en el dispositivo.

De forma más precisa, pero sin entrar en demasiados detalles, podemos comentar que, en un ataque por análisis temporal, el atacante intenta obtener información al medir el tiempo que el dispositivo tarda en ejecutar determinada operación criptográfica, dado que, en general, el número de operaciones depende del número de bits que son iguales a cero o a uno que tiene la clave. En los ataques por análisis de la potencia se toma como premisa que la potencia que consume determinado dispositivo mientras hace cómputos depende del tipo de operación de que se trate y del número de operaciones que necesita llevar a cabo, esto es, no consume la misma potencia cuando hace una suma que cuanto hace una división. En general se consideran dos tipos de análisis de potencia, los simples y los diferenciales. En los ataques por análisis simple de potencia o SPA (*Simple Power Analysis*), el atacante captura algunas trazas del consumo del dispositivo mientras realiza las operaciones oportunas e intenta, a partir de ellas, encontrar una relación entre la traza y el consumo para obtener datos de la clave empleada. En ocasiones, estas pocas trazas no son suficientes y entonces se pone en marcha el ataque mediante un análisis diferencial de potencia o DPA (*Differential Power Analysis*). En este caso, se obtienen las trazas de un gran número (cientos de miles, en algunos casos) de procesos criptográficos con valores de entrada diferentes y luego se utilizan técnicas estadísticas para intentar obtener la clave utilizada. Por su parte, en los ataques por análisis de emanaciones electromagnéticas o EMA (*Electro-Magnetic Analysis*) se miden las emanaciones electromagnéticas que producen los chips cuando las cargas eléctricas que están en sus diferentes capas de metal se desplazan. Estas mediciones se analizan de modo similar a como se hace con los ataques SPA y DPA, dando lugar al análisis electromagnético simple o SEMA (*Simple ElectroMagnetic Analysis*) o al análisis electromagnético diferencial o DEMA (*Differential ElectroMagnetic Analysis*).

Finalmente, están los ataques por inducción de fallos que intentan modificar el funcionamiento normal del dispositivo para que se produzca un fallo o dé un resultado erróneo. Entonces se compara la ejecución correcta con la fallida para intentar obtener información sobre la clave. Estos ataques son más complicados que los de canal lateral porque necesitan un equipamiento costoso, un conocimiento muy detallado del procesador empleado y de un gran trabajo de ingeniería inversa. Para provocar los fallos que mencionamos se pueden alterar las condiciones del funcionamiento normal del chip, como cambiar sus márgenes aceptables de temperatura, tensión, frecuencia de reloj o disparar un láser en determinadas zonas de la memoria para alterar la información almacenada en ella.

Para proteger a los dispositivos de estos ataques, la solución está en proveerlos de contramedidas para evitar o, al menos, paliar, la posible pérdida de información. Por ejemplo, para evitar los ataques temporales se pueden modificar los algoritmos para que haya retrasos en las operaciones más sencillas o que ejecuten operaciones innecesarias; para los ataques por consumo de potencia se pueden hacer cambios en los procedimientos de modo que el consumo de potencia no dependa de los valores intermedios que emplea el algoritmo; etcétera.

Al margen de las tarjetas comentadas en la sección anterior, que se pueden considerar como tarjetas criptográficas, puesto que permiten ejecutar este tipo de procesos, como el de la identificación y autenticación de individuos o la firma electrónica mediante certificados digitales, existe una amplia gama de otras tarjetas inteligentes, cada una de las cuales tiene una funcionalidad determinada. Así, por ejemplo, hay tarjetas sanitarias, de carácter público o privado; de transporte, que puede ser de validez local, regional o nacional; de fidelización de los clientes en determinados servicios como gasolineras, tiendas de ropa; de pago bancario, etcétera. También la tecnología que emplean estas tarjetas es diversa y no todas las podemos considerar inteligentes, dado que las hay desde las que se limitan a llevar solo un número asociado al titular de la tarjeta, hasta otras más sofisticadas que pueden llevar una banda magnética, un código de barras lineal o bidimensional, un chip RFID o un chip electrónico, que puede ser con contacto o sin él. En algunas ocasiones las tarjetas pueden llevar más de una de estas tecnologías simultáneamente: banda magnética y código, banda magnética y chip, etcétera. Ejemplos de estas tarjetas pueden verse a continuación:

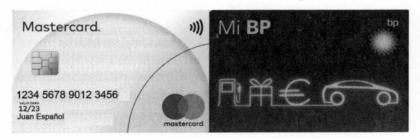

Figura 83. Ejemplos de una tarjeta bancaria y otra de fidelización.

En general, una tarjeta se dice inteligente si posee un chip con un microprocesador, de modo que está dotada de una forma de comunicarse con el exterior, esto es, lo que se llama un puerto de entrada/salida y diferentes tipos de memoria. Las principales memorias son la memoria de solo lectura o ROM (*Read Only Memory*) que es la que guarda el sistema operativo de la tarjeta y se rellena en el momento en el que se fabrica; la memoria de acceso aleatorio o RAM (*Random Access Memory*) que es el lugar en el que se almacenan los datos temporales y donde se ejecutan las operaciones requeridas; y la memoria de solo lectura programable y borrable eléctricamente o EE-PROM (*Electrically Erasable Programmable Read-Only Memory*), que es donde se almacenan los datos de las diferentes aplicaciones del usuario o del sistema, así como los datos personales del titular, es como una especie de disco duro, en pequeño.

Debido al gran número de funcionalidades de las tarjetas y las diferentes tecnologías asociadas, intentar abordar todos los casos es tarea que sobrepasa los objetivos de este libro, por lo que nos centraremos en las más habituales y que responden a un patrón común: las tarjetas bancarias. Vamos a comentar muy brevemente algunos aspectos matemáticos y criptográficos que están detrás de las mismas.

El primer aspecto a considerar es el de la numeración de cada tarjeta, que no es algo aleatorio, sino que responde a una normativa internacional; de hecho, se trata de la norma ISO/IEC 7812-1, que señala el papel que juega cada uno de los dígitos que identifican la tarjeta. Este número de tarjeta bancaria, llamado número de cuenta primario o PAN (*Primary Account Number*), solo identifica la tarjeta que luego, la organización que la emite asocia, de manera electrónica, con uno de sus clientes y con su cuenta bancaria. La mayor parte de las tarjetas tienen dieciséis dígitos, aunque algún lector podría tener tarjetas bancarias de entre catorce y diecinueve dígitos, dependiendo de la compañía que se la haya suministrado. Sea cual sea el número de dígitos, el primero de ellos hace referencia al sector al que pertenece la compañía. Así, los dígitos 1 y 2 son para las aerolíneas, el 3 para viajes y entretenimiento (incluyendo la American Express), el 4 para Visa, el 5 es de Master Card, el 6 para diseño de mercado y financiero, el 7 para la industria del petróleo, el 8 para las telecomunicaciones y sanitarias, y el 9 está reservado para el país en el que opera la tarjeta. En el caso de las tarjetas bancarias, los tres siguientes indican el banco al que pertenece, mientas que el grupo formado por el primer dígito junto con los seis restantes se conoce como el número de identificación del emisor o IIN (*Issuer Identification Number*). Tal grupo consta de un código privado que une información del emisor de la tarjeta y su zona geográfica.

Los restantes dígitos, a excepción del último, hacen referencia a información relacionada con el titular de la tarjeta que, en general y por motivos de seguridad, cada entidad bancaria determina de forma privada. El último dígito se conoce como «dígito de control» y permite verificar que los restantes dígitos son los que deben ser. Este dígito de control tiene un papel similar a los de otros dígitos o letras de otras muchas aplicaciones como el bit de paridad en las telecomunicaciones, los códigos de barras, el número internacional normalizado del libro o ISBN (*International Standard Book Number*), la letra del DNIe, etcétera. En general, este dígito de control se determina mediante el «algoritmo de Luhn», debido a Hans Peter Luhn (1896-1964), que ayuda a comprobar que todos los demás números de la tarjeta de crédito son correctos, es decir, que este dígito se puede considerar como una medida de seguridad.

El algoritmo de Luhn, también llamado «algoritmo módulo 10», es un sencillo algoritmo que verifica, como hemos dicho, la corrección de los dieciséis dígitos de una tarjeta bancaria. Para ejecutarlo se procede de la siguiente manera:

1. Se suman todos los dígitos que ocupan las posiciones impares.
2. Se multiplican por 2 cada uno de los dígitos que ocupan las posiciones pares y se suman los dígitos de todos los resultados calculados.
3. Se suman los dos valores obtenidos en los dos pasos anteriores y se hace módulo 10, es decir, nos quedamos con la cifra de las unidades.
4. Si el resultado es 0, todos lo dígitos leídos de la tarjeta son correctos.

A modo de ejemplo, supongamos que queremos verificar los dígitos de la tarjeta que aparece en la figura tarjeta. Dado que sus dígitos son: 1234 5678 9012 3456, llevamos a cabo cada uno de los pasos anteriores:

1. La suma de los dígitos de las posiciones impares es: $1 + 3 + 5 + 7 + 9 + 1 + 3 + 5 = 34$.
2. Los dígitos de las posiciones pares multiplicados por 2 son: 4, 8, 12, 16, 0, 4, 8, 12, y la suma de todos los dígitos es: $4 + 8 + 1 + 2 + 1 + 6 + 0 + 4 + 8 + 1 + 2 = 37$.
3. La suma de los dos valores anteriormente calculados es: $34 + 37 = 71$ y determinamos su valor módulo 10. Como $71 = 7 \cdot 10 + 1$, resulta que $71 \equiv 1 \pmod{10}$.

Como el resultado es 1, diferente de 0, se puede afirmar que el número de la tarjeta bancaria no es correcto y no puede aceptarse la misma como medio de pago.

Si en lugar de verificar la corrección de los números de la tarjeta, lo que se pretende es determinar cuál sería el dígito de control de los quince primeros números de la misma, que ocuparía la posición dieciséis, procederíamos de la misma forma que en los tres primeros pasos, considerando que solo habría quince dígitos. Después de estos pasos, el siguiente sería:

4. Se resta de 10 el valor obtenido en el paso anterior y el resultado será el dígito de control.

En efecto, al repetir el proceso anterior con una tarjeta que tuviera los primeros quince dígitos considerados anteriormente, para calcular su dígito de control, procederíamos como sigue:

1. De nuevo, la suma de los dígitos de las posiciones impares es: $1 + 3 + 5 + 7 + 9 + 1 + 3 + 5 = 34$.
2. Los dígitos de las posiciones pares multiplicados, excepto el último, que se supone desconocido, por 2 son: 4, 8, 12, 16, 0, 4, 8, y la suma de todos sus dígitos es: $4 + 8 + 1 + 2 + 1 + 6 + 0 + 4 + 8 = 34$.

3. La suma de los dos valores anteriormente calculados es: 34 + 34 = 68 y su valor módulo 10 es 8, que son las unidades.
4. El dígito de control será el resultado de $10 - 8 = 2$.

Como curiosidad, podemos decir que este tipo de algoritmo forma parte de un área de las Matemáticas conocida como la teoría de los códigos detectores o correctores de errores. En particular, el algoritmo de Luhn detecta cualquier error de un único dígito, así como casi todas las trasposiciones de dígitos adyacentes.

La verificación de la corrección del número de una tarjeta mediante su dígito de control puede considerarse como una medida de seguridad y se complementa con otras medidas. Así, toda tarjeta incluye su fecha de caducidad (que suele solicitarse al realizar compras por Internet) y el nombre del titular de esta. Todos estos datos se encuentran en el anverso de la tarjeta, junto con el nombre de la entidad que emitió la tarjeta, el tipo de tarjeta y su chip. En el reverso de la tarjeta está el código de verificación de la tarjeta o CVC (*Card Verification Code*), también llamado valor de verificación de la tarjeta o CVV (*Card Verification Value*), y que aumenta la seguridad de la misma dado que solo está impreso en la tarjeta y se debe estar en posesión de la misma para poder hacer pagos cuando nos soliciten el código. El código CVV permite verificar criptográficamente que el titular de la tarjeta es quien está operando con ella en Internet. Por tanto, permite obtener una nueva medida de seguridad. De hecho, existe la creencia, errónea, de que los CVC (o CVV) son números aleatorios, pero la realidad es que los bancos utilizan determinados algoritmos criptográficos para generar estos valores, que hacen uso de parámetros como el número de cuenta, la fecha de caducidad de la tarjeta, claves del que fuera el estándar de cifrado simétrico de datos (conocido como *Data Encryption Standard* o DES), etcétera.

Existen otras medidas de seguridad que tienen que ver con el recibo que se nos entrega después de un pago con tarjeta; se trata del truncamiento del PAN, dicho de otro modo, en el recibo solo se muestran algunos de los dígitos de la tarjeta y no todos ellos para proteger su numeración. El lector podrá comprobar este truncamiento sin más que observar alguno de los recibos que conserve de algún pago hecho con tarjeta. La medida que establece que solo se deben imprimir los seis primeros y los cuatro últimos dígitos del PAN, y algunas otras, las acordó y desarrolló un comité formado por las compañías de tarjetas más importantes, que acabaron convirtiéndose en un estándar, conocido como estándar de seguridad de datos para la industria de tarjetas de pago o PCI DSS (*Payment Card Industry Data Security Standard*). En otras ocasiones solo se muestran los cuatro últimos dígitos con el fin de que el titular identifique con cuál de sus tarjetas hizo determinado pago.

Otra medida para reducir la posibilidad de fraude en las tarjetas de crédito, y evitar así la publicación de los números correctos de las tarjetas, consiste en utilizar lo que se conoce como «cifrado con preservación de formato». Este tipo especial de cifrado logra que el texto cifrado tenga el mismo formato que el texto claro, siendo el formato el que se establezca de antemano. Es decir, si se cifra un número de tarjeta bancaria de dieciséis dígitos, el cifrado tendrá otros dieciséis dígitos; mientras que si lo que se cifra con este tipo de cifrado es un número de teléfono móvil con nueve dígitos, el resultado será otro número de nueve dígitos, o también si se cifra un número de DNIe, el resultado tendrá ocho dígitos y una letra. En el caso de las tarjetas bancarias, el PAN se cifra de este modo, sin importar que haya partes del mismo que puedan conocerse por no estar protegidas, como los seis primeros o los cuatro últimos dígitos. La medida tiene la ventaja de que permite proteger los datos de la tarjeta desde que la lee el datáfono o terminal en punto de venta o TPV de la tienda en la que hacemos el pago, hasta la plataforma de Internet o el servicio bancario donde se procesan los pagos. En la Figura 84 puede verse uno de estos dispositivos.

ABGARZAS

Figura 84. Ejemplo de datáfono o TPV.

En esta línea de la protección criptográfica de las tarjetas bancarias, merece la pena destacar el caso de Serge Humpich (1963-). Para comprender la situación, debemos mencionar que uno de los sistemas de pago con tarjeta de crédito en Francia era el *Carte Bleue*, que comenzó su andadura en 1967. En 1983, el grupo francés responsable de este tipo de tarjetas (*Groupement des Cartes Bancaires*) adoptó la criptografía basada en el criptosistema RSA empleando una clave pública de 320 bits, de hecho, el módulo RSA era el número:

2135987035 9209100823 9502270499 9628797051 0953418264
1740644252 4165008583 9577464450 8840500943 0865999

que, como ya sabemos, es producto de dos primos. Una vez elegida esta clave pública, si un cliente solicitaba una tarjeta de este sistema, su banco generaba determinada información del cliente, a partir de la cual el grupo francés determinaba el número de la tarjeta de dieciséis dígitos. A partir del mismo, y usando la clave privada asociada a la clave pública anterior, se generaba el número que permitía autenticar a la tarjeta. Esta información se almacenaba en el propio chip de la tarjeta.

Humpich comprendió el sistema empleado por el grupo francés y logró factorizar el módulo RSA que empleaban, determinando que ambos primos eran los siguientes:

1113954325 1488279879 2549017547 7024844070 922844843,
1917481702 5245044393 7578626823 0862180696 934189293.

Una vez conocida la clave privada, a partir de un número de identificación generado al azar, Humpich podía calcular el número de autenticación asociado, que los terminales de pago aceptaban, aunque no correspondiera a una cuenta bancaria. Descubierta la vulnerabilidad del sistema, Humpich intentó comunicarse con los bancos para informarles de ello, pero como no tuvo éxito y no le hicieron caso, decidió demostrarles la gravedad de su error comprando billetes de metro mediante tarjetas falsas. Luego envió la prueba de su «desfalco» al *Groupement des Cartes Bancaires*, quienes en lugar de agradecerle la detección de la vulnerabilidad le denunciaron ante la justicia, donde le declararon culpable y le condenaron a diez meses de prisión condicional.

Hoy en día, parece que este grupo interbancario no ha terminado de aprender del todo la lección porque todo apunta a que en la actualidad utiliza un módulo RSA de 232 cifras y todos sabemos ya que el récord de un módulo RSA factorizado tiene 250 dígitos.

SOFTWARE PARA EL CIFRADO, MENSAJERÍA INSTANTÁNEA Y MÁS

Para terminar este capítulo dedicado a los usos y aplicaciones de la criptología, vamos a comentar de forma más resumida algunos otros, sin pretender agotarlos todos.

Un aspecto que nos parece de los más interesantes a tratar en un libro que aborda la criptología es el de presentar a los lectores interesados un software que les permita poner en práctica lo leído y aprendido a lo largo de las páginas anteriores y siguientes. Una vez presentado el software, es cuestión de cada uno decidir si le merece la pena o no utilizarlo. No vamos a escribir aquí un manual de uso, pero sí dar algunas pautas que muestren las posibilidades de algunos de estos programas de distribución libre y gratuita.

Uno de los programas más sencillos de uso libre es Cryptool. Como su nombre indica es una herramienta para trabajar con criptología dado que permite utilizar y practicar con los sistemas de cifrado clásicos y no tan clásicos. Como se puede ver en la Figura 85, se incluyen sistemas como el de César, Vigenère, ADFGVX, Triple DES, AES, etcétera. También se puede trabajar con RSA, curvas elípticas, firmas digitales y otros algoritmos que hemos comentado en este libro como los de primalidad de Miller-Rabin y AKS y otros para la factorización de enteros, etcétera. En definitiva, es un programa muy recomendable para introducirse en este mundo de la criptología y poner en práctica algunos de los algoritmos y métodos criptográficos comentados en este libro. Es de muy fácil uso e intuitivo; de hecho, incluye algunas simulaciones a modo de tutoriales de determinados procesos criptográficos.

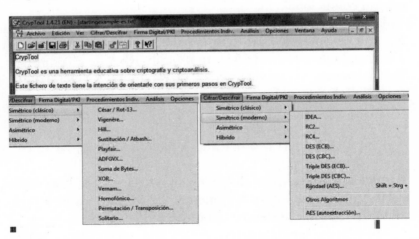

Figura 85. Captura de pantallas del programa Cryptool.

Otro software más potente, desde el punto de vista criptográfico, es el software conocido como GPG, también llamado GNU *Privacy Guard* (GnuPG o GPG), que viene a ser el sucesor del famoso PGP, abreviatura de *Pretty Good Privacy*, y que puede traducirse como «privacidad bastante buena».

La historia de PGP y de su creador, Philip R. «Phil» Zimmermann (1954), es bastante azarosa y digna de mención. No obstante, solo daremos unas pinceladas para que el lector decida si le merece la pena profundizar en ella consultando otras fuentes. PGP es un software desarrollado en 1991 que permite el uso de la criptografía con el fin de cifrar información y llevar a cabo firmas digitales. No es un programa de demostración ni un juguete, se trata de criptografía de la de verdad, de la que si se usa como se debe resulta inviolable, pero adaptada para que la utilice el público en general y sin necesidad de grandes y potentes ordenadores, como los de los gobiernos y agencias estatales. Posiblemente esta característica, junto con dos aspectos no técnicos como la ley de patentes norteamericana y la prohibición de exportar criptografía fuerte, fueron las que pusieron a Zimmermann en aprietos. La primera cuestión estaba relacionada con el hecho de que el núcleo de PGP era el criptosistema RSA, que lo había patentado la empresa RSA Data Security, Inc., por lo que Zimmermann necesitaba una licencia de uso; aunque inicialmente soslayó este tema dado que su idea era desarrollar PGP para uso personal y no empresarial. El segundo era un problema más serio por cuanto era un tema relacionado con la legislación norteamericana puesto que en el Senado de los EE. UU. se estaba debatiendo, en 1991, un proyecto de ley contra el crimen, que incluía aspectos relacionados con las comunicaciones electrónicas y su seguridad, con una fuerte oposición de grupos defensores de las libertades civiles.

La decisión de Zimmermann (cuya foto puede verse en la figura Zimmermann), ante lo que podía llegar en un futuro que impidiera dar a conocer su proyecto, fue la de pedir a un amigo que publicara el código de PGP en una hoja de anuncios (*bulletin board*) de Usenet, de modo que cualquiera pudiera descargárselo e instalarlo en su ordenador. Con esta decisión, PGP podía moverse tranquilamente por Internet y estar a disposición de cualquiera que lo deseara. Y es entonces cuando llegaron los problemas para Zimmermann. No solo no consiguió la licencia de RSA Data Security, Inc. para usar RSA, sino que PGP se declaró como software bandido (*banditware*) y lo que fue aún peor, tuvo que enfrentarse a una acusación de tráfico ilegal de armas. Conviene hacer notar que el tema de la patente no tenía relevancia en Europa, por ejemplo, donde las patentes del RSA no tenían validez. La razón de la acusación es que el gobierno de los EE. UU.. Incluye el software de cifrado dentro de la definición de munición, lo mismo que una ametralladora o un misil, por lo que no puede exportarse sin una licencia del Departamento de Estado norteamericano. Todo ello llevó a Zimmermann a que lo investigara un jurado y lo persiguiera el FBI. Afortunadamente, la historia para Zimmermann terminó bien, dado que en 1996 se abandonó la investigación y, lo que es más, PGP comenzó a circular gratuitamente por todo el mundo.

Figura 86. Fotografía de Paul Zimmemann (izquierda) e iconos de la versión 5.5.3i de PGP (derecha).

Como se puede apreciar, el fondo de la cuestión es el debate, que hoy en día sigue vigente, sobre todo en algunos países, acerca de si los gobiernos deben legislar o no contra la criptografía. La cuestión subyacente es que la libertad de usar criptografía permite a cualquiera, buenos y malos, ciudadanos corrientes y criminales, ocultar información y asegurarse de que sus correos electrónicos sean seguros. Por el contrario, si el uso de la criptografía se restringe, es cierto que ello permitiría a las fuerzas y cuerpos de seguridad de los estados intervenir y conocer las actividades ilegales de los criminales, pero también posibilitaría llevar a cabo estas mismas acciones contra el resto de ciudadanos.

A modo de ejemplo de salón, el texto claro «Este texto va a ser cifrado con el programa PGP» proporciona la siguiente información y el siguiente texto cifrado:

```
-----BEGIN PGP MESSAGE-----
PGPfreeware 5.5.3i for non-commercial use <http://www.pgpi.com>

qANQR1DbwU4DYU/DTG2LEwQQCADn/auVimYE+Ebt+9mjQtZRn44AAF057lUnvin9
TPrlmfpbtbv3HEhBgiKwXKKvqs+eN6gFHcHxk73oRH2BnoA6lDcgM70uFDkUrkMX
6uYuenEyFaIx+Mq7kgiuzvLA+92eZ8lPF8F8WSRSGxSLGOnDpl0PHWfiYpiynCOc
l8vB1vEIKG1/azxwcusyTc5l3m/xhXVqsaTXtnNyeajL5b7WzjuPknfPHsQD4Dv2
ZM+xXTUhzTM1tC1BpKwzsceZm0xo2NmFBTgMUDVLD17h0kwSS6qS5wqKKAuL5qUW
2CA8jpBNOZm0Vq70X+5FzBRN923BPXJboWLCbCq5+qPp9erTB/9cRDDDRjYi9i67
c87afhWiNggw18ixgavp0VmfWaxHJvk159sxEK2wWzdxvjzbvV6rtaMQy3LcvUA4
iZBV/M3WWb3CexEghfGp5lxHHyfC1Pe9K+49qVJSAJ4/y6vHeDwAdPtqkms9BF0o
uG1lmOlhAQ/lfbm0Y9eckh2NdlI8X8p+YPNCoGFoe/JkDqFuGqW7DI27kZCtOApY
EEUsqNDmtjUt/ggS13QTkjvPF2TC2Nj8i7A0DuIK6zyjdYUg7AUEKqcamJGWieAZ
leLtJDollXMiPXAIj5fBew3V4wvczyX4awPWyextvRfUh7G21rq1FvnGSHh34/7L
cFgTP7xSyUabrUExSWpnAtVgStufrlExc8iyk5rSYfSH8s7imEdj4Ba/jWfWnbef
bND6dOp1eQdFhWFzVmpo89ftb9TXRMGyLYF5S5sb
=jZJI
-----END PGP MESSAGE-----
```

Por su parte, GPG, a veces también llamado OpenPGP, puede considerarse como el software sucesor de PGP, pero con licencia pública general de GNU (*General Public License*) o más sencillamente GNU GPL. Aunque pueda parecer una jerga extraña, se trata, sencillamente, de una licencia de derecho de autor muy extendida en todo el mundo para el uso de software libre y con código abierto. Estas propiedades permiten a los usuarios finales, cualesquiera que sean, utilizar y modificar el software. Con ello, se garantiza, por un lado, que el software puede utilizarlo cualquier usuario, a la vez que se protege para que nadie sea su propietario en exclusiva, es lo que se conoce como *copyleft*, en contraposición al clásico *copyright* o derecho de autor.

La forma tradicional de uso de GPG es mediante una interfaz textual, esto es, los comandos del software se llevan a cabo introduciendo las órdenes correspondientes a través del teclado. No obstante, existen varias aplicaciones gráficas que permiten el uso de este programa con las facilidades que ofrece la mayor parte del software actual, esto es, con una interfaz gráfica que posibilita el uso del teclado y del ratón. En particular, existen *plugins*, o lo que es igual, complementos que añaden funcionalidades o mejoras a otros programas, pero que no funcionan de modo independiente. Entre ellos cabe mencionar «Enigmail», un *plugin* que se integra en Mozilla Thunderbird y funciona bajo los con los sistemas operativos Windows, Mac OS y GNU/Linux. El aspecto que presenta el interfaz del software GNU bajo Windows se muestra en la Figura 87.

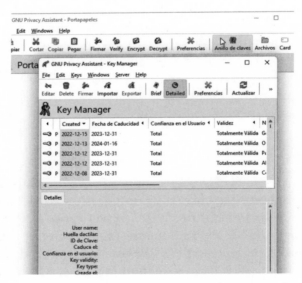

Figura 87. Captura de pantalla del software de cifrado GNU.

El funcionamiento es relativamente sencillo dado que cada usuario puede generar sus propias claves para los criptosistemas más extendidos, como AES y RSA, por ejemplo. En este caso no hay problemas de patentes ni otros similares. Una vez que las ha generado, seleccionando su tamaño y tiempo de validez, las puede exportar de modo que se pueden importar a otros ordenadores. También puede exportar solo su clave pública para compartirla con otras personas con las que desee mantener correspondencia cifrada.

Las características anteriores de este tipo de software permiten extender las opciones del navegador y del programa de correo para que los mensajes puedan ir cifrados a los destinatarios y también firmados por el remitente, como se muestra, a modo de ejemplo, en la Figura 88.

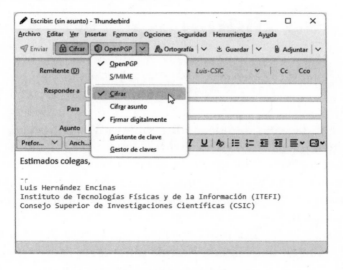

Figura 88. Captura de pantalla
de la interfaz de OpenPGP en Thunderbird.

Otra de las aplicaciones más utilizadas, y que también hace uso de la criptografía, es la conocida en términos generales como «mensajería instantánea». Con este término nos referimos a las aplicaciones de móviles (algunas de las cuales también tienen interfaces para ordenadores personales) que permiten enviar mensajes de texto, documentos y ficheros multimedia como audios, fotos, vídeos, etcétera. Hablamos de aplicaciones como WhatsApp, Telegram, Wickr Me Secure Messenger, Signal Private Messenger, etcétera, cuyos logos pueden verse en la figura logos. A continuación, vamos a describir brevemente cada una de estas aplicaciones, señalando los algoritmos de cifrado que emplean.

Figura 89. Logos de las aplicaciones
de mensajería instantánea más extendidas.

De todas ellas, la líder indiscutible es WhatsApp con más de dos mil millones de usuarios, y que actualmente es propiedad de Meta. Después de algunos problemas relacionados con su seguridad durante los primeros años de su puesta en marcha, en 2016, la aplicación implementó lo que se conoce como «cifrado de extremo a extremo», es decir, la información se cifra en el móvil de salida y se descifra en el de llegada dado que cada chat de un usuario posee su propia clave. Para verificar esta medida, la aplicación permite confirmar el código de cifrado entre los miembros del chat, de modo que nadie puede leer los mensajes ni archivos que se intercambian los usuarios. Eso sí, la aplicación puede conocer cuándo se enviaron y recibieron los mensajes, así como cuándo los leyó el destinatario. Su protocolo para intercambiar claves, cifrar datos y autenticar mensajes utiliza la curva elíptica Curve25519, junto con el criptosistema simétrico AES-256 y la función resumen SHA256.

Por su parte, Telegram es una plataforma de mensajería de origen ruso, que ofrece dos tipos de chats diferentes. Uno de ellos es un chat en la nube que emplea un cifrado entre el cliente y el servidor y que almacena los mensajes cifrados en la nube de la propia aplicación. El otro es un chat secreto que emplea un sistema de cifrado de extremo a extremo. En los dos casos, los mensajes no quedan almacenados en los móviles de los usuarios sino en los servidores de Telegram. Los algoritmos criptográficos de esta aplicación para el cifrado son el AES-256 y el RSA de 2048 bits, y el intercambio de claves se realiza mediante el protocolo de Diffie-Hellman.

Signal Private Messenger, o simplemente Signal, es otra aplicación que ofrece características similares a las restantes, si bien en este caso, cifra la base de datos de mensajes en el dispositivo del usuario y también en ambos extremos de la comunicación, con el fin de proteger los mensajes que se envían a otros usuarios. El protocolo criptográfico de esta aplicación emplea los mismos algoritmos que WhatsApp.

Wickr Me Secure Messenger, o Wickr, cifra todas sus comunicaciones localmente en cada dispositivo, empleando una nueva clave para cada nuevo mensaje, que se genera solo con ese fin. Por tanto, solo los usuarios de Wickr son quienes tienen las claves para descifrar sus mensajes. Al margen de esta medida de seguridad, la aplicación borra los metadatos de todos los mensajes transmitidos. Wickr cifra los mensajes con AES-256 y utiliza el protocolo de Diffie-Hellman con curvas elípticas de 512 bits para compartir las claves.

Por último, de entre los otros muchos usos de la criptografía, queremos mencionar el voto electrónico o voto por internet, a veces llamado eVoto. La razón de incluirla en este libro, y en último lugar, es para dejar de manifiesto que aún existen aplicaciones que distan mucho de estar completamente resueltas, al menos, en cuanto a los aspectos de su seguridad se refiere. Esta aplicación de voto por internet no debe confundirse con el voto que se realiza mediante dispositivos electrónicos presencialmente en un colegio electoral, como es el caso de las votaciones norteamericanas, por ejemplo. En este proceso, el votante se acerca a un colegio electoral, se identifica y vota a su candidato preferido haciendo uso de un software que se encuentra en un ordenador. En estos casos, el entorno en el que se realiza la votación es un entorno controlado, tanto desde el punto de vista del propio local como de los dispositivos empleados para realizar la votación.

La situación que planteamos con el eVoto es cómo llevar a cabo un proceso electoral que cumpla, al menos, con las características que cumplen todos los procesos electorales democráticos, es decir, solo los votantes censados podrán ejercer su derecho al voto, solo podrá contabilizarse un voto por cada votante y el voto de cada votante debe mantenerse en secreto, es decir, no deberá poderse relacionar la identidad de un votante con el voto emitido. Pero, además, en el esquema electoral que se plantea todo el proceso debe ser electrónico, es decir, se deben cumplir otras dos propiedades: cada votante debe ser capaz de verificar que su voto se ha emitido correctamente a la hora del recuento de la votación, esto es, que su elección se ha contabilizado adecuadamente, y que el usuario pueda realizar el proceso de votación con cualquiera de sus dispositivos, ya sea un ordenador, móvil o tableta, a través de Internet, esto es, en un entorno no contralado.

En la literatura se han propuesto diferentes soluciones técnicas a este proceso, pero no se han resuelto todos los problemas que se han planteado, pues deben cumplirse unos requisitos mínimos de seguridad y eficiencia. A modo de ejemplo, uno de los problemas que más preocupa, desde el punto de vista democrático con la votación electrónica, es, dado que el votante no está en un entorno controlado como lo es un colegio electoral, cómo evitar la coacción a la hora de que alguien vote por determinado candidato. Esto es, cómo proteger a un votante para que no se le coaccione, cuando está delante de su dispositivo, para votar por un candidato que no sea de su elección. Existen varias propuestas que palían, en parte, esta cuestión, pero no se ha llegado a una solución definitiva que convenza a todo el mundo. Así, una propuesta aboga por suministrar al votante diferentes perfiles de modo que use los perfiles falsos cuando se le esté coaccionando y solo emplee el perfil correcto cuando vote en libertad. Otra es la de permitir, por ejemplo, que el votante vote cuantas veces quiera de modo que solo el último voto sea el válido, con la esperanza de que quienes tengan la intención de coaccionar a los votantes no podrán estar hasta el último momento con todos a los que pretenden coaccionar.

La Internet de las cosas

Una de las tecnologías más novedosas de los últimos años es la llamada «Internet de las cosas» o abreviadamente IoT (en inglés, *Internet of Things*). Esta tecnología está relacionada con las redes de comunicaciones que incluyen objetos, electrodomésticos, atuendos, etcétera, que incorporan internamente sensores electrónicos y un software por medio de los cuales recopilan información, en tiempo real, e interactúan con su entorno. Las ventajas que nos ofrece esta tecnología son indudables porque nos facilitan algunas de las tareas que hemos de realizar a menudo. Basta con hacer un breve repaso a los artefactos que consideramos que forman parte de la IoT.

Así, si nos fijamos en sus diferentes usos, podemos hablar del «hogar inteligente» (*smart home*), al hacer referencia a los dispositivos que, instalados en nuestro hogar, podemos controlar desde nuestro móvil mediante aplicaciones desarrolladas para ello, como es el caso de una alarma, la conexión de determinados electrodomésticos, el control de la iluminación, el apagado o encendido de la calefacción, los altavoces inteligentes, etcétera.

Otro uso, cada vez más extendido es el de los «dispositivos vestibles» (*wearables*), es decir, esos pequeños dispositivos que llevamos puestos como son las pulseras deportivas (*smart bracelet*) o relojes inteligentes (*smartwatch*) que, mediante sensores, miden determinados valores corporales, como el ritmo cardiaco, el número de pasos, etcétera, o las gafas virtuales (*smart glasses*) que permiten, de alguna manera, extender los sentidos para simular situaciones concretas o acceder a lo que se ha llamado la «realidad aumentada».

Un concepto nuevo que ha surgido en los últimos años y también relacionado con la IoT es el de la «ciudad inteligente» (*smart city*) y que hace referencia al uso de diferentes tipos de contadores inteligentes (*smart meters*) de luz, agua o gas que pretende hacer más fácil, segura y eficiente la vida en las ciudades, detectando fallos en el suministro, consumo, etcétera.

Los «sensores de movimiento» son otro de los usos de la IoT y que nos permiten, por ejemplo, recibir avisos de la cercanía de un obstáculo cuando estamos conduciendo o aparcando; manipular un dron para vigilar una instalación o un incendio; conocer el lugar en el que se encuentra determinada mercancía que está en reparto, una persona cuando está paseando, e incluso identificar a dicha persona a través de la forma en la que usa su móvil recopilando los datos que puede proporcionar el giroscopio o acelerómetro del mismo.

En el campo de la salud surgen otros usos, como son la teleasistencia, el diagnóstico no presencial o el uso de los «dispositivos médicos implantables» o IMD (*Implantable Medical Devices*), que son esos dispositivos sanitarios electrónicos implantados (o semi implantados) en un cuerpo humano con capacidad para comunicarse, a través de Internet o mediante telemetría, como los baipases (*bypass* en inglés), marcapasos, bombas de insulina o morfina, anticonceptivos subcutáneos, etcétera.

Otro uso muy frecuente de esos dispositivos se realiza en el mundo de la hostelería y la restauración. En el primer caso, con las llaves electrónicas, por ejemplo, que se envían a los móviles para permitir a los clientes abrir la puerta de sus habitaciones o hacer uso de determinados servicios del hotel. En el segundo a través de pequeños terminales en los que se elige y paga la comida y cuando está preparada y se recibe un aviso.

Sin embargo, a la versatilidad de todos estos beneficios se oponen los problemas derivados de la falta de seguridad de tales dispositivos debido, en general, a que en su diseño no se tuvo en consideración la seguridad, además de la escasa capacidad de cómputo de algunos de ellos, lo que impide que se puedan incluir en los mismos métodos que garanticen su seguridad o la privacidad de los datos que guardan. Si a esta falta de seguridad se añade su dependencia de la red, estos se convierten en una puerta de entrada muy accesible para atacar o comprometer toda la red. Así pues, es necesario desarrollar nuevos algoritmos que puedan implementarse en estos dispositivos que les doten de seguridad con sus recursos limitados. De hecho, esta falta de seguridad puede, en algunos casos, suponer un grave quebranto para sus propietarios o usuarios, ya sea porque puedan vulnerarse o porque dejen de realizar la función para la que se diseñaron. Dos sencillos ejemplos ponen de manifiesto este riesgo: un dispositivo que no controle adecuadamente el control de la calefacción puede hacer que la misma esté en funcionamiento todo el día, lo que puede suponer un gasto oneroso de consumo, o que un IMD se vulnere con lo que la privacidad de los datos de un paciente pueda quedar al descubierto al darse a conocer su afección, o si se modifican sus condiciones de uso como cambiar la dosis establecida o provocar un consumo desmedido de la vida de la batería. Aunque el tema puede llegar a ser realmente serio, en la Figura 90 mostramos un ejemplo de en lo que podría llegar a convertirse una cocina equipada con multitud de dispositivos IoT que acabaran por revelarse.

Figura 90. Broma acerca de nuestra posible dependencia de los dispositivos de la IoT.

Uno de los aspectos en los que se está trabajando para dar mayor seguridad a estos dispositivos, dado que su capacidad de cómputo es bastante limitada, consiste en dotarlos de lo que se conoce como «criptografía ligera» (*lightweight cryptography*). De hecho, uno de los objetivos de la criptografía ligera es el de resolver los problemas de seguridad en escenarios tanto de hardware como de software con recursos limitados. Esta criptografía hace referencia a un gran número de algoritmos criptográficos cuya única limitación es que deben requerir un bajo consumo de potencia para realizar los cómputos necesarios en los dispositivos donde vayan a implantarse, es decir, tales algoritmos deben diseñarse especialmente para este fin. Debe, además, tenerse en cuenta que esta «ligereza» no puede ser sinónimo de menor seguridad. El desafío más importante de esta criptografía ligera es el de tratar de mantener el mismo nivel de seguridad que el de la criptografía tradicional, pero empleando menos recursos como potencia, memoria y rendimiento. Así pues, los dispositivos IoT de bajo coste serán unos de los grandes beneficiarios de esta criptografía porque a su falta o escasez de seguridad, se le añaden sus limitaciones computacionales relativas a potencia de procesamiento, memoria, tamaño del chip implementado y poco consumo de energía.

Con el fin de impulsar esta nueva criptografía, el NIST lanzó, en 2017, una convocatoria para seleccionar y adoptar internacionalmente nuevos estándares que dieran solución a los problemas antes mencionados. A esta convocatoria se presentaron cincuenta y siete candidatos para su análisis y posible estandarización. Después de un primer análisis, se seleccionaron cincuenta y seis que pasaron a constituir lo que se denominó la ronda 1. Más tarde, una vez estudiados con más detalle por la comunidad internacional, solo treinta y dos de ellos pasaron a la ronda 2. Esta convocatoria de la criptografía ligera ha concluido en 2023 y el día 7 de febrero el NIST dio a conocer que el ganador es el algoritmo denominado Ascon (debido a que su complejidad excede los objetivos de este libro, no entraremos a detallar sus características, por lo que recomendamos al lector interesado que consulte la web del NIST: https://csrc.nist.gov/News/2023/lightweight-cryptography-nist-selects-ascon).

CIBERSEGURIDAD Y TENDENCIAS FUTURAS

En este último capítulo vamos a abordar algunos aspectos relacionados con la ciberseguridad y cuáles son las tendencias futuras relacionadas con la seguridad y su relación con la criptología. Así, vamos a considerar diferentes problemas de seguridad que se plantean en las comunicaciones a las que la criptología, en muchas ocasiones, puede ayudar a resolver o, al menos, a paliar sus posibles desastres. También trataremos el tema de las contraseñas, es decir, de cómo podemos generar contraseñas que sean relativamente seguras, de modo que posibles adversarios no puedan adivinarlas con facilidad y que, a la vez, podamos recordarlas o guardarlas de modo seguro, sin necesidad de llevar encima un cuaderno con todas apuntadas. Otro aspecto que abordaremos es uno que, en los últimos años, ha llamado mucho la atención y que no es otro que el de la «tecnología *blockchain*» y, en particular, su relación con las denominadas «criptomonedas», entre ellas bitcoin. Socialmente otro problema que ha suscitado, y suscita aún, mucha preocupación es el de la proliferación, cada vez más grande, de las noticias falsas, también conocidas como *fake news*. Por último, otra cuestión muy candente en los últimos diez años es todo lo relacionado con el desarrollo de los ordenadores cuánticos, su enorme capacidad de cómputo y su repercusión en la criptografía moderna.

Como el lector puede apreciar, se trata de un capítulo que puede considerarse como una especie de cajón de sastre, en el que caben muchas cosas y muy diversas. Sin embargo, creemos que todos los aspectos antes mencionados deben incluirse en este libro porque en todos ellos la criptología tiene un papel importante. Además, nos permite echar una mirada a lo que puede deparar el futuro con relación a esta ciencia.[6]

CIBERSEGURIDAD, ATAQUES Y PIRATAS INFORMÁTICOS

Todos somos conscientes y sabemos perfectamente que cada día hacemos un mayor uso de la llamada red de redes, esto es, Internet, para buscar información de cualquier índole, ya sean noticias, una palabra o término que no conocemos, un tutorial que nos explique cómo reparar el goteo de un grifo o instalar una aplicación en el móvil, el manual de un dispositivo que hemos perdido, etcétera; para llevar a cabo compras en línea o reservar un hotel o un vuelo; para realizar transacciones de todo tipo; o sencillamente para subir parte de nuestra vida a la «nube», haciendo uso de las denominadas redes sociales; amén de otros muchos usos.

Todas estas ventajas que nos ofrecen las tecnologías de la información y las comunicaciones, las llamadas TIC, también llevan aparejadas serios inconvenientes. De hecho, ya hablamos de ciberamenazas, ciberriesgos y ciberdelitos con la misma fluidez y de forma análoga a como mencionamos las amenazas, riesgos y delitos en la vida física diaria. La gran diferencia entre unas y otras es que las segundas tienen un origen y unas consecuencias físicas, mientras que las primeras suelen tener un origen virtual, y aunque en muchas ocasiones las repercusiones son virtuales, no siempre se quedan en ese campo y acaban teniendo, también, consecuencias físicas para los afectados.

Todos los términos mencionados antes con el prefijo ciber suelen incluirse en un concepto mucho más general que

---

[6] Como en los capítulos anteriores, el lector interesado en estos temas puede consultar una bibliografía más extensa que trata algunos de los temas ya mencionados. Entre estos libros, recomendamos los siguientes: Arroyo et al. 2019, 2020; Hernández 2016; Lehning 2021; Singh 2000.

responde al nombre de «ciberseguridad», si bien este término es solo un aspecto de la llamada «seguridad de la información».

Con el fin de arrojar un poco de luz sobre estos dos términos, recurrimos a las definiciones que de ambos dan tanto el NIST norteamericano como la Organización Internacional para la Estandarización o ISO (International Organization for Standardization). Para la primera, la seguridad de la información y la ciberseguridad se definen, respectivamente, como sigue:

1. Protección de la información y los sistemas de información frente a accesos, usos, revelaciones, interrupciones, modificaciones o destrucciones no autorizadas para proporcionar confidencialidad, integridad y disponibilidad.
2. Prevención de daños, protección y restauración de ordenadores, sistemas de comunicación electrónica, servicios de comunicaciones electrónicas, comunicaciones por cable y comunicaciones electrónicas, incluida la información contenida en ellos, para garantizar su disponibilidad, integridad, autenticación, confidencialidad y no repudio.

Mientras que, para la segunda, estas definiciones son, respectivamente:

1. Preservación de la confidencialidad, integridad y disponibilidad de la información. Adicionalmente, otras propiedades como autenticidad, responsabilidad, no repudio y fiabilidad también pueden estar involucradas.
2. Salvaguarda de las personas, la sociedad, las organizaciones y las naciones de los riesgos cibernéticos, entendiendo salvaguardar como el mantenimiento de los riesgos cibernéticos en un nivel tolerable.

Para concretar un poco más, vamos a revisar algunos de los términos más importantes que han aparecido entre las definiciones anteriores y que se han utilizado en su relación con la criptología en el primer capítulo de este libro, como el lector recordará. La mayoría tienen que ver con los objetivos de la seguridad. Así, recordamos que la «confidencialidad» es la garantía de que una información solo es accesible para quienes están autorizados a conocerla; la «integridad» es la garantía de que la información no se ha manipulado ni modificado desde su origen hasta su destino y la «disponibilidad» es la garantía de que el acceso a la información es posible en cualquier momento en que cualquier parte que esté autorizada a ello lo solicite. Además, también hemos mencionado anteriormente que el «no repudio» puede considerarse como la garantía de que quienes intervienen en una comunicación telemática no pueden negar haberlo hecho; y, finalmente, la «autenticación» es una propiedad de la seguridad de la información que permite confirmar la identidad de un usuario y, eventualmente, la de sus dispositivos.

Otros términos relacionados con la seguridad de la información son los que tienen que ver con los objetivos que tienen los atacantes o adversarios. Así, una «ciberamenaza» es cualquier acción que comprometa a alguno de los objetivos de la seguridad y la privacidad; se entiende por «vulnerabilidad» cualquier debilidad que pueda explotarse por una amenaza y llamamos «ciberataque» a las acciones encaminadas a vulnerar alguno de los objetivos de la seguridad, que ya mencionamos anteriormente. Además, debemos tener en cuenta que las ciberamenazas se pueden originar por un ciberataque, por una incidencia física (incendio, inundación, etcétera) o por una negligencia en las medidas y recomendaciones de seguridad, como, por ejemplo, conectar un lápiz de memoria (*pendrive*) personal al ordenador del trabajo. De hecho, los ciberataques pueden tener su origen tanto dentro de una organización como en el exterior.

Por todo lo dicho hasta ahora, está claro que las principales amenazas a la seguridad y a la vulneración de los datos personales son la publicación de contraseñas y datos robados, las escuchas y el espionaje a políticos y personajes públicos, la revelación de datos confidenciales o personales, etcétera. No vamos a enumerar ni detallar los miles de ciberataques que hemos presenciado a lo largo de los últimos años y que por su repercusión social han merecido comentarios en los medios de comunicación, pero si estos medios se han hecho eco de los más renombrados, el lector se podrá imaginar la cantidad de ciberataques que se llevan a cabo cada día y que no aparecen en las noticias. Así, solo a modo de recordatorio, podemos mencionar la filtración de documentos del Departamento de Estado de los EE. UU. por WikiLeaks, en noviembre de 2010. No menos famoso fue el ataque WannaCry que tuvo lugar el 12 de mayo de 2017 entre las 8:00 y las 17:08 horas a escala mundial y que afectó a cientos de empresas; solo en España este ataque costó millones de euros a las empresas (ver figura WannaCry). También en 2017 se publicó un posible ataque contra el criptosistema RSA que permitía obtener la factorización de la clave pública y, por tanto, la clave privada de un usuario. Este ataque, conocido como ataque ROCA (por el título del trabajo publicado en el que se describía el mismo: *The Return Of Coppersmith's Attack*) tuvo especial repercusión en Europa por cuanto quedó demostrado que la vulnerabilidad residía en determinadas librerías criptográficas insertadas en el chip de las tarjetas de identificación de millones de ciudadanos europeos. Las claves afectadas eran, fundamentalmente, las de 1024 bits (o menos) y el ataque explotaba la vulnerabilidad que supone generar los números primos de forma no aleatoria. En el caso de España, este hecho supuso la revocación de todos los certificados de todos los DNIe que estaban vigentes en noviembre de 2017. La revocación fue más por precaución que por amenaza real porque, de hecho, las claves de los DNIe, al ser de 2048 bits, no eran tan vulnerables a este ataque. Otro ataque, en abril de 2021, tuvo como resultado el robo de datos personales a más de 533 millones de usuarios de Facebook; los datos exfiltrados incluyen nombres de los usuarios, números de teléfono, fechas de nacimiento y direcciones de correo electrónico.

Expansión

e c o n o m í a d i g i t a l

CIBERSEGURIDAD

El ciberataque WannaCry ha costado 5 millones de euros a las empresas españolas

▸ ¿Está su ordenador a salvo del virus WannaCry?

▸ OPINIÓN --> Wannacry, el 'ransomware' más famoso que pudo evitarse

OTRAS NOTICIAS DE INTERÉS

- Facebook penalizará las noticias con titulares 'clickbait'

- Google liga su futuro a la inteligencia artificial

- Microsoft no lanzó un parche gratuito que podría haber ralentizado WannaCry

- Así se cubren las empresas del Ibex de los ciberataques

- Las empresas españolas dan un

Figura 91. Noticia del ataque WannaCry.

Como se puede ver por estos pocos ejemplos, los «malos» siempre intentarán aprovechar cualquier mínimo resquicio que puedan explotar vía una vulnerabilidad descubierta, con tal de llevar a cabo sus fines. Estos ciberataques suelen tener un factor clave, además de la detección de la vulnerabilidad, y es el empleo de software dañino que sea capaz de explotar dicha vulnerabilidad. Este tipo de software suele denominarse *malware* al ser un acrónimo de *malicious* y *software* y, de hecho, hace referencia a cualquier tipo de software malicioso cuyo fin sea el de infectar ordenadores, tabletas o teléfonos móviles. El término es de reciente creación si pensamos en los primeros años del desarrollo de la informática cuando solo se conocían como «virus informáticos». En aquellos primeros años, esto es, a mediados de los años ochenta del siglo pasado, cuando un programa que contenía un virus oculto se ejecutaba en un ordenador, este programa infectaba otros programas o al sector de arranque del disco duro. Entonces, los usuarios que compartían aplicaciones informáticas mediante disquetes (era la forma de intercambiarse información), contribuían a que los virus se extendieran de forma lenta pero continua. Los primeros virus más conocidos fueron Brain (1986), Vienna (1987), Jerusalem, también llamado Viernes13 (1987), Casino (1991) y Michelangelo (1991). La aparición y el desarrollo de Internet provocó que los virus se propagaran de forma exponencial. Así, por ejemplo, el virus Melissa llegó a infectar a más de cien mil ordenadores en 1999, y el virus I Love You infectó, en el año 2000, a más de cincuenta millones de ordenadores mediante el correo electrónico.

Hoy en día es tanta la cantidad de formas de ataque por *malware*, que cada tipo de software recibe un nombre, en función de su forma de actuar o de sus objetivos. A modo de ejemplo, y de forma muy resumida, vamos a mencionar los más importantes. Los «virus» son *malware* formados por una parte contagiosa de código que infecta otro software en el sistema donde reside y se propaga una vez que se ejecuta; los «gusanos» (*worm*, en inglés) realizan copias de sí mismos con mecanismos activos (por ejemplo, enviándose a sí mismos por email) o pasivos (por ejemplo, infectando ficheros que se comparten con otros usuarios); los «troyanos» (*trojan*, en inglés) se activan en determinadas circunstancias (una fecha, un lapso de tiempo de trabajo, etcétera) y envían información confidencial del dispositivo a los atacantes; el famoso «*ransomware*», o software de rescate, es un malware que tiene como objetivo cifrar los ficheros o todo el sistema de almacenamiento de un ordenador a cambio de un rescate económico, en general mediante el pago a través de criptomonedas, que luego mencionaremos (ver figura ransomware); el «*spyware*», o software espía, que recopila y envía información confidencial a un servidor externo; los «*phisher*» que suplantan direcciones de páginas de Internet legítimas con otras parecidas pero falsas y controladas por el atacante; las «*backdoor*», o puertas traseras, que emplean debilidades descubiertas o creadas ex profeso para controlar dispositivos a través de comandos desde el exterior; los «*keylogger*», o registradores de teclas, que recogen, guardan y envían a los atacantes la secuencia de teclas pulsadas por los usuarios, como contraseñas o claves; y, finalmente, los «*bot*» que ejecutan código de manera automática y remota para controlar un dispositivo. En algunas ocasiones, los atacantes crean toda una red de dispositivos infectados con *bots*, dando lugar a una *botnet* con la que llevan a cabo ataques sin más que dar órdenes de actuación a la *botnet* para que, de forma masiva y simultánea, ejecute determinado ataque.

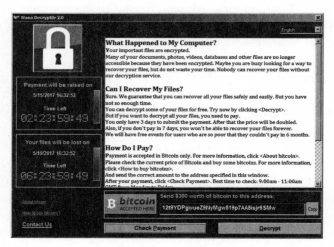

Figura 92. Foto de un ordenador
víctima de un ataque por *ransomware*.

Todo este *malware*, como hemos dicho, permite llevar a cabo ataques contra sistemas, grandes y pequeños, que pueden poner en serios aprietos a determinadas parcelas de la sociedad. De entre todos los ataques, queremos detenernos un momento en uno de ellos, por ser especialmente peligroso y estar entre los más extendidos, aunque con algunas pautas sencillas de actuación es posible evitar ser víctima del mismo. Se trata del conocido como *phising* y que se deriva del malware *phisher*. Su nombre procede de una modificación ortográfica, que no fonética, de la palabra inglesa *fishing*, que significa «pesca». El cambio ortográfico a *phising*, que tiene la misma fonética, hace referencia, en este caso, a que nos han «pescado» o hemos sido víctimas del ataque, y que permite al atacante suplantar la identidad del atacado. En general, como puede verse en la figura *phising*, este ataque es genérico, es decir, va dirigido a todos los usuarios, con la esperanza de que alguno de ellos no lo advierta o prevenga y caiga en las redes del atacante. Hay dos modificaciones de esta versión general; en una de ellas el ataque se dirige a los altos cargos de una empresa, en cuyo caso, el ataque se dice que es por *whaling*, haciendo referencia a la captura de los «peces gordos», esto es, a las ballenas (*whale*, en inglés), y en la otra versión el ataque se ejecuta mediante el envío de mensajes cortos o SMS (*Short Message Service*) al teléfono móvil. En este último caso, el ataque recibe el nombre especial de *SMSing*.

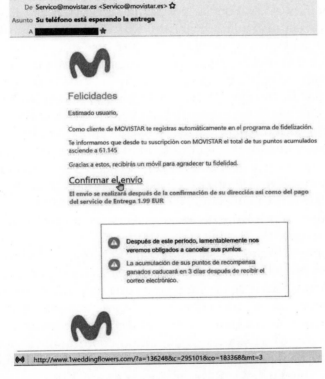

Figura 93. Captura de un mensaje de *phising*.

Es importante dar una pequeña explicación acerca de cómo funciona un ataque por *phising* para estar alerta y no caer en el mismo. En primer lugar, hay que saber que el objetivo de este ataque es el de hacerse con el nombre de usuario (o *login*) y la contraseña (o *password*), sobre todo cuando dan acceso a una cuenta bancaria a través de Internet. La forma de proceder del atacante consiste en enviar de forma indiscriminada millones de correos electrónicos a usuarios cuyas direcciones ha obtenido de alguna manera. El correo, en general, tiene el aspecto que tendría un correo que nos enviaría un banco o una empresa de la que podemos ser clientes, con el objetivo de suplantarla. Como los correos son indiscriminados, es muy posible que el usuario ni siquiera sea cliente de dicho banco o empresa. Este es el primer paso para rechazar el correo: si no somos clientes, no hay motivo para que se nos mande un correo, por lo tanto, se borra, sin necesidad de abrirlo. En el caso de que sí seamos clientes del banco o la empresa, es probable que el aspecto del correo sea creíble, es decir, utilizará logos y hasta la dirección del remitente parecerá que procede de quien se anuncia como remitente. Como ejemplo, se puede ver que en la figura phising aparecen los logos, el correo del remitente y hasta la sintaxis del texto del correo parece correcta. Es un ejemplo real de ataque de *phising* y muy bien elaborado, como se puede apreciar. Hace unos años, otra forma de detectar que el correo era fraudulento consistía en leer el texto del mismo y, enseguida, se notaba que lo había escrito alguien que, o bien no sabía español o lo había traducido un software, dado que la redacción era confusa, farragosa y, a veces, con faltas de ortografía.

Si hemos llegado hasta aquí con el correo, es decir, lo hemos abierto, leído y nos parece creíble, hay que distinguir si se trata de un correo de un banco o de una empresa o particular. Si el correo parece proceder de un banco, nos pedirá que nos conectemos a la página web del banco para llevar a cabo determinadas acciones y modificar nuestra contraseña dado que, o bien se ha detectado una actuación fraudulenta con nuestra u otras cuentas o bien que el banco está realizando modificaciones en sus sistemas de seguridad y debemos cambiar la contraseña. A todo esto, la acción que debemos realizar por nuestra parte corre mucha prisa porque si en un plazo de 24 o 48 horas no hemos hecho lo que se nos indica, perderemos nuestros ahorros depositados en tal entidad bancaria.

Si parece que es un correo procedente de una empresa o particular, la recomendación es sospechar del posible fraude y seguir la máxima de nuestros abuelos: «nadie regala duros a cuatro pesetas», esto es, se debe desconfiar de quien ofrece gangas, por muy creíbles que lo parezcan. Las gangas pueden ir desde los correos que afirman que nos ha tocado un sustancioso premio (en el que probablemente ni siquiera hayamos participado), pasando por los que nos ofrecen un regalo por ser clientes de la empresa, eso sí pagando una pequeña cantidad de dinero por gastos de envío o cualquier otra minucia (véase la Figura 93, hasta el caso de quien nos dice que es de un país extranjero y que ha heredado una fortuna, pero necesita una cuenta bancaria europea para hacerla efectiva. En cualquiera de estos casos, la sospecha es lo primero que debemos considerar y, de hecho, el correo debería borrarse.

Supongamos que somos muy atrevidos, que nos gusta el riesgo y que incluso llegados hasta este punto seguimos con dudas porque pudiera ser que el correo no sea un fraude, lo cual no dejaría de ser una temeridad. Pero sea, todavía nos queda el penúltimo cartucho: en todos estos correos, ya sean de bancos o empresas, se incluye un enlace para que nos conectemos a la dirección de una página web de Internet a la que debemos acceder para seguir con los trámites que se indican en el correo recibido. En la Figura 93 hemos colocado el ratón (una mano) sobre el enlace en cuestión, donde dice «Confirmar el envío», que aparece y subrayado. Este es el momento el que debemos estar muy atentos porque, tanto en este caso como en otros muchos en los que se nos pide hacer clic para acceder a una determinada dirección de Internet, en la parte inferior de la aplicación que estemos manejando en ese momento, nos aparecerá la dirección real a la que lleva el enlace, que no tiene por qué ser la que figura donde tenemos puesto el ratón. Como se puede ver en la Figura 93, el enlace al que nos llevaría la aplicación si hiciéramos clic no tiene nada que ver con la empresa que supuestamente nos envió el correo. Es más, pudiera darse el caso de que tal dirección, en efecto, recordara la de la empresa, pues bien, en cualquier caso, las sospechas que ya deberíamos tener y la añadida de la extraña dirección a la que nos conduce el enlace nos debería hacer desistir de hacer clic y proceder al borrado definitivo del correo. Como norma general y no solo para los posibles ataques de *phising*, se recomienda no hacer clic en un enlace al que no nos hayamos conectado con antelación o cuya procedencia sea sospechosa. Finalmente, nos quedaría un último cartucho, que nunca deberíamos gastar: si accedemos a la página web a la que nos lleva el enlace, se nos pedirán tanto el nombre de usuario como las contraseñas que empleamos para acceder al banco o a la empresa y esa información jamás hay que darla. Incluso podría darse el caso de que dicha página contuviera algún tipo de malware que se hubiera descargado e instalado en nuestro ordenador por el mero hecho de haber accedido a esta.

Situaciones igualmente peligrosas a las comentadas más arriba pueden presentarse cuando nos envían un correo con algún fichero adjunto, ya sea .doc, .pdf, .zip, etcétera. La recomendación es siempre la misma: no aceptar ni abrir correos y, desde luego, nunca abrir los adjuntos, procedentes de personas que no conozcamos o de quien tengamos dudas acerca de su identidad.

Otros ataques que son relativamente frecuentes, que debemos conocer y contra los que también debemos aprender a defendernos, como si de una rutina o hábito adquirido se tratara, son los siguientes. Los ataques por «fuerza bruta» son esos ataques en los que el atacante prueba todas las posibles combinaciones de caracteres y números hasta localizar la que corresponde a la contraseña buscada. En este caso, la defensa más clara es la de utilizar aplicaciones que nos permitan elegir nuestra contraseña de entre un número inmenso de posibilidades, de modo que tal número de posibles combinaciones no compense al atacante el intento de iniciar la tarea de su búsqueda. Esta es una de las razones por las que los responsables de los sistemas de seguridad piden al usuario que elija una contraseña con un número mínimo de caracteres, de modo que incluya letras mayúsculas y minúsculas, números y signos de puntuación. El «ataque por diccionario» es una versión optimizada del anterior y consiste en utilizar una colección de palabras (diccionario) que los usuarios emplean habitualmente como contraseñas, hasta localizar la que corresponde a la víctima. En este caso, la defensa consiste en no utilizar palabras comunes o relacionadas con nuestra vida, como las fechas de cumpleaños o de otros momentos importantes, no emplear nombres de familiares o mascotas, deportes preferidos, etcétera. De nuevo, en este caso, la recomendación es la misma que en la de los ataques por fuerza bruta. Más adelante trataremos este tema de las contraseñas con más detalle para señalar cómo se pueden elegir contraseñas que parezcan aleatorias y que cumplan con los requisitos mencionados más arriba.

Existen otros tipos de ataque, también frecuentes, pero contra los que el usuario medio tiene menos opciones de protección. Uno de ellos se conoce como del «hombre en el medio» o MitM (del inglés, *Man-in-the-Middle*), aquí, el atacante intenta establecer una conexión entre un conjunto de nodos de Internet, por ejemplo, y el nodo central, de modo que se coloca en medio de esta y los nodos en la red no advierten que el atacante manipula el control del flujo de información. Otros ataques son los «internos» o *insiders*, en los que el ataque proviene de un usuario autorizado que trata de obtener privilegios para realizar una actividad maliciosa contra los usuarios o contra el proveedor de los servicios. Finalmente, en los ataques por «denegación de servicio» o DoS (del inglés, *Denial of Service*), el atacante envía una enorme cantidad de solicitudes simultáneas a un servidor de Internet para acceder a una determinada página web, produciendo el fallo del servicio del sistema por la imposibilidad de que este pueda atender todas las peticiones realizadas y, por tanto, deniegue su servicio a los usuarios autorizados. En general, este tipo de ataque se lleva a cabo mediante el uso de *botnets*.

Hay otros ataques, mucho más restringidos que los comentados hasta ahora, pero que pueden ser de interés para el lector. Uno de ellos ya se conocía, pero ha proliferado enormemente desde que la pandemia del COVID-19 ha generalizado el teletrabajo y el acceso a los ordenadores en remoto. Esta situación ha provocado que los empleados de muchas empresas hayan utilizado sus dispositivos personales (tabletas, móviles y ordenadores) con fines empresariales, de modo que la conexión a su puesto de trabajo la realizaban con estos dispositivos, conocidos como BYOD, de la expresión inglesa *Bring Your Own Device*, esto es, trae o usa tu propio dispositivo. La ventaja de los BYOD es que reducen los costes empresariales y mejoran la eficiencia y la productividad, dado que el empleado puede contestar correos, trabajar con información de la compañía cuando viaja o incluso durante su tiempo libre. Sin embargo, la falta de control de tales dispositivos por parte de la empresa, dado que está bajo el control exclusivo del usuario, y el hecho de que los propietarios de los BYOD tengan acceso a las redes internas de las empresas para las que trabajan puede suponer un enorme riesgo de seguridad, lo que ha hecho que su uso sea cada vez menor. El ataque se dirige entonces a los BYOD para tratar de acceder a los datos de las empresas, puesto que aquellos están menos protegidos que estos.

Existe otro ataque que no se dirige a los dispositivos tecnológicos que empleamos sino a las personas y a su vida cotidiana, pero que emplean las redes de comunicaciones y otros dispositivos portátiles. Se trata de los ataques por «desinformación», esto es, dar a conocer información imprecisa o de mala calidad, incluyendo las noticias falsas, más conocidas como *fake news*, y su distribución a través de redes sociales y mensajería instantánea para influir en las opiniones y el comportamiento de los ciudadanos. En este tipo de ataque, se distinguen tres aspectos, según sea la intención de quien genera la noticia. Los tres se conocen por sus términos ingleses, a falta de una traducción clara de los mismos en español. Así, se conoce como *misinformation* a la generación involuntaria de información imprecisa y falta de rigor, en general por falta de conocimiento o de prurito profesional de quien la genera. La *disinformation* es la creación voluntaria de información inválida y fraudulenta que pretende confundir tanto a los consumidores de noticias como a los creadores de opinión pública. Por último, está la *malinformation* que es el uso de información genuina pero que empleada en un contexto determinado puede menoscabar la reputación del objeto de tal información, como podría ser un gobierno, institución, empresa, o persona.

Para finalizar con los ataques, comentamos ahora otro tipo, mucho más reciente que los anteriores y con menos recorrido, pero al que la comunidad científica ha comenzado a darle mayor importancia y a dedicar más esfuerzos, es el relacionado con los dispositivos médicos implantables, que ya hemos mencionado al hablar de la IoT. La falta de seguridad en estos dispositivos, que ya nace desde su diseño, permite realizar ataques contra las dosis pautadas, la vida de la batería, etcétera, lo que pone en grave peligro a sus portadores.

Para terminar esta sección, vamos a dar nombre a los responsables de los ataques, dado que al fin y a la postre, son los actores que los llevan a cabo. Estos atacantes reciben el nombre genérico de pirata informático o *hacker*. Pormenorizando e intentado dar una clasificación de los mismos en función de sus principales objetivos, están los «profesionales», que pretenden atacar los objetivos de la seguridad y suelen proceder del mundo empresarial o en nómina de gobiernos; su fin es robar datos confidenciales de los usuarios o de empresas con el fin de conseguir beneficios, en general, económicos. Los «ladrones» no son tan sofisticados como los anteriores y utilizan datos o identidades robadas para obtener un ingreso monetario. Los «*hackers* de sombrero negro» (*black hat hacker*) son los que atacan la disponibilidad de los equipos mediante *malware* y roban datos de los dispositivos; por otra parte, los «*hackers* de sombrero gris» (*grey hat hacker*) son los que buscan vulnerabilidades en los equipos y las hacen públicas con el fin de adquirir notoriedad, sin la pretensión de dañar ni robar datos de los dispositivos, al contrario que los de sombrero negro. Un tercer grupo lo forman los «*hackers* de sombrero blanco» o «*hackers* éticos» (*white hat hacker*), que son, en general, contratados por las empresas para determinar debilidades o vulnerabilidades de los sistemas de las propias empresas con el fin de subsanarlas y evitar ser víctimas de ataques. También están los llamados «hacktivistas», un acrónimo de hacker y activista, que tratan de hacerse notar en los medios, sin buscar lucro económico, actuando contra decisiones políticas y sociales. Finalmente, están los «empleados desleales» (*insider*) que son aquellos que tienen acceso parcial al sistema y pueden atacarlo, ya sea de mala fe o por incompetencia.

Contra los problemas que hemos mencionado en la sección anterior, existen algunas posibles soluciones, cercanas a los usuarios, que pueden evitar o, al menos, paliar las nefastas consecuencias que pueden tener algunos de los ataques comentados.

Uno de los principales problemas que hemos mencionado y al que cualquier usuario puede poner fácil remedio es el del uso de las contraseñas. Se trata de elegir contraseñas que sean difícilmente adivinables por los atacantes pero que podamos recordarlas sin caer en la necesidad de tenerlas apuntadas en un *post-it* porque son complicadas o parecen aleatorias. Se trata de no caer en la tentación de usar contraseñas sencillas o las que todo el mundo utiliza, que no es una falacia. A modo de ejemplo, podemos comentar que en un estudio realizado hace no mucho con los datos de diez millones de personas, se determinó que las contraseñas más empleadas son las que se muestran en la Figura 94.

Figura 94. Lista de las cincuenta contraseñas
más empleadas en el mundo.

Confiamos que ninguno de nuestros lectores tenga una contraseña entre las que se han mostrado en la figura contraseña. Si es así, por favor, cámbiela inmediatamente o puede que tenga que arrepentirse en breve, si no lo ha hecho ya. Si su pregunta es ¿cómo genero una contraseña que parezca aleatoria pero que pueda recordar con facilidad?, vamos a tratar de dar una pauta que podría utilizarse con este fin, si bien, cada uno es muy dueño de seguirla o no y de generarse las contraseñas como mejor o más le guste. Para poner un ejemplo, si escribimos la contraseña:

Mgc2pE!cAymOdl,ymvnt2.PqlOsthvypqUbtclb.

podría parecer que, además de ser excesivamente larga, es aleatoria y que no seremos capaces de repetirla cuando tengamos que volver a introducirla en el lugar que le corresponda. La contraseña anterior cumple con todos los requisitos que se suelen pedir: es larga y tiene mayúsculas, minúsculas, números y signos de puntuación. Veamos cómo construirla sin más que seguir estos sencillos pasos:

1. Elijamos una canción, poema o frase que nos guste, que podamos recordar en cualquier momento y escribámosla tal cual la sabemos. A modo de ejemplo, hemos elegido el primer cuarteto de la poesía «Me gustas cuando callas» de Pablo Neruda (1904-1973):

   Me gustas cuando callas porque estás como ausente
   y me oyes desde lejos, y mi voz no te toca.
   Parece que los ojos se te hubieran volado
   y parece que un beso te cerrara la boca.

2. Seleccionemos las letras que queramos siguiendo una norma personal, por ejemplo, la primera letra de cada palabra (la segunda o la última), manteniendo los signos de puntuación, de modo que resulta la siguiente colección de caracteres:

   Mgccpecaymodl,ymvntt.Pqlosthvypqubtclb.

3. Ahora modificamos la colección de letras de modo que cumplamos con los requisitos. Por ejemplo, si hay dos letras seguidas, como «cc», podemos escribir «c2» o «2c» con lo que ya tendremos números en la colección anterior. También podemos escribir las vocales en mayúsculas y las consonantes en minúsculas, o al revés. Además, es posible mantener los signos de puntuación como tales: el punto y seguido o las comas. También se pueden modificar las palabras que lleven un acento o una «ñ», por ejemplo, de modo que para la palabra «estás», en lugar de escribir solo la primera letra, podemos escribir «e!». Se trata de tener unas normas personales, de forma que la contraseña nos salga de corrido. Teniendo todo esto en mente, y habiendo decidido qué reglas podemos aplicar, la contraseña podríamos escribirla directamente, quedando como sigue:

Mgc2pE!cAymOdl,ymvnt2.PqlOsthvypqUbtclb.

En el ejemplo anterior hemos generado, a propósito, una contraseña excesivamente larga para las necesidades habituales, con el fin de que pueda apreciarse la potencia del método. Si no fuera precisa una contraseña tan larga, podríamos haber seguido la misma pauta, pero utilizando solo el primero o los dos primeros versos del poema.

Hay otros medios de generar contraseñas aleatorias; de hecho, existen programas que llevan a cabo esta tarea, incluso algunos navegadores ofrecen la posibilidad de generar ellos mismos tales contraseñas cuando se visita una página web en la que el usuario se va a dar de alta y le piden que la introduzca. El problema entonces es, vale, genero una contraseña aleatoria y ahora ¿cómo la recuerdo si no la apunto en una libreta o un cuaderno? Y lo que es más, si tengo una contraseña diferente y casi aleatoria para cada uno de los servicios o accesos, ¿cómo las recuerdo todas si tengo dudas acerca de qué canción o poema usé para cada una de ellas? A continuación, damos una respuesta a la pregunta.

Existen programas, denominados «gestores de contraseñas» que permiten almacenar las contraseñas de cualquier usuario de modo seguro y con acceso a las mismas cada vez que sea necesario. Uno de ellos, de los muchos existentes, es KeePass, un software de código abierto, es decir, completamente gratuito, relativamente fácil de manejar y bastante completo. De forma resumida, esta aplicación crea una base de datos de contraseñas que cifra utilizando una clave derivada de la contraseña que el usuario elige para acceder al programa. Los algoritmos de cifrado que KeePass soporta son AES-256, ChaCha20 y Twofish, de modo que el usuario puede estar tranquilo sobre la seguridad de su base de datos de contraseñas. Una captura de pantalla de este programa se puede ver en la Figura 95. Como se puede apreciar, existen numerosas opciones dentro del programa, que no solo almacena los nombres de usuario y las contraseñas asociadas, distribuidas por tipos de usos, también permite incluir el enlace a la web donde tales datos son necesarios, accediendo directamente desde el propio programa. Incluye, además, un generador de contraseñas y otras funcionalidades. Otra importante ventaja de este programa es que se puede instalar en diferentes plataformas, al ser compatible entre ellas, es decir, se puede instalar en Windows y en el móvil Android o iOS y tener siempre actualizadas las contraseñas puesto que basta con copiar la base de datos de un dispositivo a otro, esto es, podemos llevar siempre las contraseñas a mano y cifradas, sin necesidad de apuntarlas en un cuaderno.

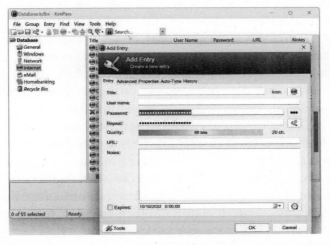

Figura 95. Captura de pantalla del gestor de contraseñas KeePass.

Debe tenerse en cuenta que, en todo caso, las contraseñas no siempre son el mejor y único método para proteger nuestros datos o accesos. En ocasiones conviene tener en cuenta otros aspectos, como aceptar la autenticación por doble o triple factor, es decir, obligar a los sistemas o aceptar que nos pidan que nos identifiquemos mediante el uso de dos (o tres) de las siguientes cosas: algo que sé, como una contraseña; algo que tengo, como un móvil o una tarjeta de claves; y algo que soy, como la huella dactilar o la imagen de la cara. Seguro que a todos nos acaba cansando que, para hacer cualquier trámite a través de Internet, ya sea ordenar una transferencia bancaria, pagar con una tarjeta de crédito o hasta pagar con Bizum, nos haya hecho falta una contraseña para acceder al servicio, pero luego nos piden, por ejemplo, un código que nos han enviado por SMS al móvil y que hemos de introducir. De hecho, quienes nos piden este tipo de identificación multifactor no están sino siguiendo la normativa europea que les exige proteger a los ciudadanos. Notemos que, en el ejemplo anterior, se nos ha pedido algo que conocemos, como la contraseña y algo que tenemos, que es nuestro móvil, que, además, nos debería pedir para acceder a él un nuevo factor, como el número de identificación personal o PIN (*Personal Identification Number*), un trazo sobre una malla de puntos o la huella dactilar o la cara. En fin, se trata de aceptar estas pequeñas incomodidades como un mal menor dado que van encaminadas a incrementar nuestra seguridad.

Sabemos que la seguridad es inversamente proporcional a la usabilidad y a la comodidad, pero eso es algo que hemos de aceptar si queremos proteger nuestros datos. Es cierto que el nivel de seguridad depende de la importancia y relevancia que demos a lo que queremos proteger de miradas ajenas, pero eso ya es una cuestión puramente personal. Solo hemos de recordar una cosa, que a veces olvidamos: en nuestros dispositivos, y sobre todo en el móvil, llevamos casi toda nuestra vida: fotos, citas, contactos, agenda, claves para acceder al banco, contraseñas, documentos personales y confidenciales, informes médicos, etcétera. Si todo esto lo tenemos también en casa y lo protegemos con una puerta blindada, lo guardamos en una caja fuerte y no nos vamos de casa sin asegurarnos que todo está bien cerrado,

¿por qué no hacemos lo mismo con nuestros dispositivos?, ¿por qué no bloquear el móvil con un PIN que tenga seis, ocho o diez dígitos y no solo con los cuatro habituales?, ¿por qué no cambiar la contraseña con relativa frecuencia como indican las buenas prácticas y no mantener la misma durante toda la vida del dispositivo?, ¿por qué no utilizar diferentes contraseñas para cada uno de nuestros dispositivos, dado que si acceden a uno de ellos por un ataque y nos la capturan, ya tienen el trabajo hecho para entrar en los demás de que dispongamos: tableta, ordenador, etcétera? Ya hemos visto que es relativamente sencillo vulnerar un dispositivo móvil y conocer su contraseña si no aplicamos las medidas que recomiendan los expertos.

Al margen del uso de contraseñas seguras, existe la posibilidad de que nos podamos conectar con nuestro lugar de trabajo o sencillamente navegar por Internet de modo seguro, protegiendo la información que sale o llega a nuestro ordenador, móvil o tableta, y evitar que puedan ser objeto de miradas ajenas. Cuando la conexión se hace desde un lugar que no controlamos, como puede ser un hotel, un aeropuerto o un restaurante, por ejemplo, es muy importante tener en cuenta la siguiente solución. Se trata de las conocidas como redes privadas virtuales o VPN (*Virtual Private Network*). Una VPN es una tecnología de red que crea una conexión cifrada a través de una red pública, como puede ser Internet, o de una red privada que suministra un proveedor de servicios. La VPN funciona creando un túnel cifrado que permite al usuario comunicarse con su proveedor de servicios, que ha de ser de su absoluta confianza, antes de conectarse a la red. Una vez establecido el túnel, la VPN cifra toda la información que se intercambian las dos partes, protegiendo toda la actividad que se lleva a cabo, esto es, sitios web visitados, correos recibidos, etcétera. Desde fuera del túnel que se ha creado, un adversario o atacante solo podrá ver la dirección del protocolo de Internet o IP (*Internet Protocol*) del proveedor de servicios, es decir, solo podrá conocer la colección de números que identifica el punto de Internet asociado al dispositivo que se conecta.

Por aclarar un poco más este nuevo concepto y sin entrar en muchos detalles, podemos decir que a todo dispositivo que se conecta a Internet se le asocia una etiqueta formada por cuatro números separados por puntos, cada uno de los cuales puede tomar un valor entre 0 y 255, que le identifica de modo unívoco. Este valor, conocido como dirección IP, puede cambiar cada vez que nos conectemos a Internet si en cada ocasión empleamos un acceso o red diferente y permite, además de asociarnos un identificador, conocer dónde debe enviarse la información que desde ese punto se ha solicitado.El protocolo IP que hemos mencionado se conoce como IPv4 y emplea direcciones de 32 bits; mientras que el protocolo IPv6 usa direcciones más largas, de 128 bits, que incluye números y letras.

Así pues, una VPN protege los datos intercambiados entre los dos extremos de una comunicación porque todos se cifran y la información que se puede obtener de quienes se conectan a través de ella es mínima. Insistimos es que es fundamental utilizar este tipo de recurso, sobre todo cuando cuando necesitamos conectarnos a una red que no controlamos o que pudiera ser no confiable.

Ya que hemos tocado el tema de las redes y cómo proteger nuestra información cuando hacemos uso de las mismas, vamos a comentar la existencia de otras redes. No vamos a entrar en mucho detalle, por lo que recomendamos al lector interesado que busque más información en otros textos más especializados sobre este tema. Comentaremos solo las principales características que las definen.

La «red de superficie» o red limpia (*surface net*) es la red que todos usamos, esto es, Internet, a la que cualquier usuario puede acceder fácilmente desde cualquier navegador. En esta red somos fácilmente rastreables mediante nuestra dirección IP (salvo que hagamos uso de una VPN, como ya hemos comentado antes). La red de superficie está constituida por las páginas indexadas por los motores de búsqueda convencionales, es decir, los buscadores que usamos a diario para encontrar una información en Internet, como puede ser Google, Bing, Yahoo, etcétera. También están en esta red todas esas otras webs a las que se puede acceder de forma pública aún sin estar indexadas, como es el caso de Facebook, Twitter, etcétera. Lo cierto es que no hay datos precisos sobre el número de páginas web que existen, aunque algunos datos apuntan a que hay entre 2 000 y 5 000 millones.

Por otra parte, una «red anónima» o para el anonimato (*anonymizing network*) permite anonimizar el tráfico de las comunicaciones a través de Internet, si bien no las identidades ni el contenido de la misma, dificultando la vinculación de los que intervienen en una comunicación, por ejemplo, un usuario con la página web que está visitando. Estas redes se basan en lo que seconoce como el enrutamiento de cebolla (*onion routing*), es decir, por capas, siendo TOR (*The Onion Router*) la red anónima más conocida. Esta red envía el tráfico de la comunicación a través de, al menos, tres nodos diferentes seleccionados al azar, cifrando los paquetes en cada nodo. Así, cada nodo sabe de dónde viene el paquete de datos que le llega y a qué nodo debe enviarlos, pero desconoce la ruta completa, por lo que la identidad del usuario original queda oculta para cualquiera que observe la comunicación.

Con relación a las redes anónimas, en general se distinguen dos tipos: la «red profunda» o *deep web*, también conocida como red invisible o red oculta (*hidden web*) y la «red oscura» o *dark web*. La red profunda es justo lo contrario de la red de superficie, es decir, es la red constituida por toda la información que no es accesible de forma pública. Se calcula que la *deep web* representa el 90% del contenido de toda la red. De hecho, pueden ser páginas convencionales protegidas por contraseñas, como los servidores de almacenamiento; de pago, como las suscripciones a revistas, etcétera. Pero también forma parte de ella la *dark web*. Entrar en la red profunda puede ser un riesgo si no se es un experto, dado que se puede acceder a una página falsa, creada por un ciberdelincuente simulando ser una red legítima, para robar datos personales, contraseñas y comprometer la seguridad de quien los visita. Las aplicaciones más comunes empleadas para entrar en la *deep web* son: Orbot, Orfox, Fire.onion, Orxy, etcétera. Por su parte, la web oscura es la parte de la red a la que solo se puede acceder mediante aplicaciones específicas dado que sus direcciones web están enmascaradas e intencionadamente ocultas a los motores de búsqueda. En la *dark web* se ocultan sitios donde se vende droga, dinero y documentación falsa, armas y explosivos, órganos humanos, información personal, libros clasificados, pornografía, etcétera. Si la *dark web* está formada por las páginas que ofrecen este contenido deliberadamente oculto que hay en Internet, las redes ocultas, o *darknets*, son las redes específicas que alojan esas páginas.

Un tema relacionado con la navegación por Internet y el rastro que vamos dejando cuando navegamos por ella, lo habremos notado cuando después de consultar una página web para buscar un hotel o un vuelo o cualquier otra información sobre determinado producto, nos encontramos con que más tarde al visitar otra página para otro tema o actividad, nos aparece misteriosamente publicidad sobre aquello que habíamos consultado poco antes. Esto se debe a que hemos sido víctimas de un seguimiento en línea. De hecho, la información recopilada mientras navegamos por la red puede detectar diferentes datos de un usuario como su ubicación, intereses personales, relaciones sociales, datos confidenciales, creencias políticas, preferencias sexuales, etcétera. Este seguimiento se lleva a cabo mediante los denominados «rastreadores» que emplean las conocidas «*cookies*», y que almacenan los datos del dispositivo utilizado y las redes y los dispositivos a los que se conecta. De forma muy resumida, una *cookie* o galleta, es un fichero de datos que una página web que visitamos envía a nuestro ordenador o móvil, donde se almacena. Antes de ello, la propia página, por mandato del Reglamento General de Protección de Datos europeo o GPDR (*General Data Protection Regulation*), solicita que aceptes el uso de *cookies*, que podrás, desde luego, rechazar, pero entonces es muy probable que no te permita el acceso a la web que quieres visitar.

Las *cookies* se suelen utilizar, fundamentalmente, para dos objetivos: recordar los accesos previos y conocer los hábitos de navegación del usuario. De hecho, cuando se vuelve a visitar una web, por ejemplo, una en la que haces compras o reservas hoteles o vuelos, al identificar el ordenador y el usuario, las *cookies* recordarán que eres tú que ha vuelto y volverán a mostrarte tu historial de compras o reservas y seguir con el perfil que tenías en esa página. Mucho se ha dicho de estas famosas *cookies* que, si bien no son algo malo por naturaleza, pueden presentar el problema de que se acuerdan demasiado de ti y te ofrecen esos hoteles o vuelos que preferirías no tener que volver a ver.

Este segundo objetivo es el que les ha hecho merecedores de la mala fama que se han labrado ellas mismas: permiten conocer información sobre nuestros hábitos de navegación lo que otros pueden usar para enviarte información relacionada con tus intereses, pero también para identificarte como usuario según las páginas que visitas. Con ello, pueden crear un perfil sobre tus gustos y costumbres y, si aceptamos que tales datos puedan ser compartidos con empresas asociadas, los mismos pueden distribuirse entre ellas, con lo que el problema se agrava.

Algunas *cookies* solo son temporales y se borran al abandonar la página visitada, pero otras son permanentes y quedarán almacenadas en el disco duro, bien para recordarte la próxima vez que vuelvas, bien porque son puramente técnicas que sirven para controlar la comunicación de los datos internos de modo que se puedan finalizar los procesos de compra o usar elementos de seguridad, de modo que mejoren el funcionamiento de la web.

Una forma de evitar este tipo de seguimiento consiste en utilizar las llamadas «herramientas antiseguimiento» (*anti-tracking tools*) que están diseñadas para evitar los intentos de estos rastreadores y suelen ser extensiones o complementos de los navegadores que, generalmente, bloquean elementos como ventanas emergentes, *cookies*, botones sociales, anuncios, etcétera. Sin embargo, hay que ser consciente de que bloquear algunos de estos sitios o contenidos puede que nos impida, en un futuro, acceder a una información que realmente buscamos. Ejemplos de estas herramientas son Ghostery, Disconnect, uBlock origin, Privacy Badger, NoScript, AdBlockPlus, etcétera.

Finalmente, una recomendación sobre la facilidad con la que nosotros o nuestros conocidos, y en especial los jóvenes, nos conectamos a cualquier red, sobre todo inalámbrica o wifi, con el fin de evitar consumir datos de nuestro móvil. Ya hemos mencionado los peligros que, para la seguridad de nuestros datos, puede tener no ser precavido cuando se emplea una red que no está bajo nuestro control o que no conocemos quien la controla. Así pues, en muchas ocasiones es preferible utilizar nuestros datos o, sencillamente, renunciar a estar conectados antes que poner en peligro la integridad de la información que llevamos encima. También conviene mencionar que cada día hay más lugares en los que se nos ofrece la posibilidad de cargar gratuitamente cualquiera de nuestros dispositivos, por ejemplo, en hoteles, restaurantes, aeropuertos, estaciones o vagones de tren, etcétera. En general, estos sitios son confiables, pero no está de más llevar a mano, junto al cargador, un pequeño dispositivo que anula la trasmisión de datos por el puerto USB cuando ponemos a cargar el nuestro en uno de estos puntos. Estos dispositivos se conocen como «bloqueadores» y son parecidos a los *pendrives* como puede verse en la Figura 96. Debemos recordar que estos puertos sirven tanto para cargar la batería de los dispositivos como para transferir datos y se conocen ataques en los que se emplean estos puntos de carga como puntos que, además de cargar, pueden infectar los dispositivos y obtener datos almacenados en los mismos.

Figura 96. Bloqueador para proteger los datos mientras se carga la batería.

TECNOLOGÍA BLOCKCHAIN Y CRIPTOMONEDAS: BITCOIN

Todos somos conscientes de que cada vez, con mayor frecuencia, el desarrollo de las tecnologías denominadas emergentes nos ofrece nuevas posibilidades de interactuar en la red, a pesar de que no tengamos un conocimiento preciso de las mismas. Este es el caso, entre otros, de la tecnología conocida como *blockchain* o de «cadenas de bloques». Ya hemos hablado de los criptosistemas, las firmas digitales, las funciones resumen y hasta algo de la identidad digital. Ahora vamos a ver cómo todas estas herramientas se unen para dar lugar a una nueva tecnología con enormes posibilidades y una gran cantidad de aplicaciones. Pero antes de empezar, vamos a ampliar algo el concepto de identidad digital puesto que nos hemos limitado a señalar la conveniencia de emplear métodos multimodales para identificar a un usuario.

Podemos decir que una «identidad digital» es la asignación a un usuario, que tiene una identidad física, de un lugar en el ciberespacio. Para gestionar esta identidad digital se suele recurrir a la participación de una autoridad central o tercera parte de confianza, que se encarga de verificar si la identidad del usuario es válida, y en caso afirmativo, permitir su acceso al servicio en la red. Tal autoridad almacena determinada información del usuario que posibilita comprobar su identidad digital. Si la autoridad perdiera el control de tal información por un robo, un ataque u otra causa, se presentaría un grave problema de seguridad. Además, esa autoridad central puede tener la capacidad de rastrear y registrar toda la actividad de una identidad digital y, por tanto, del usuario correspondiente. Esto podría atentar contra la privacidad de los datos de los usuarios, con posibles consecuencias legales. Esta preocupación por la existencia de un nodo central de gestión de información fue una de las razones para la aparición de las conocidas como «redes entre pares» o P2P (*Peer-to-Peer*, en inglés). Las P2P trataban, además de evitar el nodo central, de distribuir contenidos eludiendo las repercusiones legales al compartir información. Luego surgieron los «protocolos de consenso distribuido» que permiten que todas las partes de una red lleguen a un acuerdo común sin conocer todas las variables que afectan a dicho acuerdo. Finalmente, las «tecnologías que incrementan la privacidad» de los usuarios o PET (*Privacy Enhancing Technologies*) utilizan herramientas criptográficas para gestionar el anonimato y procesar información cifrada.

Por otra parte, la «confianza» en el contexto de los sistemas de información y comunicación se puede entender como la acción por la cual una entidad, ya sea una persona, organización o incluso una máquina, otorga credibilidad a otra entidad a la hora de realizar una operación sobre un conjunto de datos y es la que le permite la generación y custodia de la información.

De hecho, hoy es muy difícil que renunciemos a utilizar algunos de los servicios que nos ofrece la red como correo electrónico, mensajería instantánea, redes sociales, la nube, etcétera, que ofrecen operadores que almacenan nuestra información; ya sea Google, WhatsApp, Instagram, Dropbox, etcétera, y a los que accedemos mediante contraseñas como mecanismo de autenticación. Estos proveedores de servicio son los que centralizan nuestro acceso a la información, anuncian que almacenan de modo seguro nuestras contraseñas y dicen garantizar la confidencialidad de nuestros datos. Por lo tanto, son entidades en las que confiamos dado que delegamos en ellas la custodia de nuestra información, a pesar de que, en ocasiones, algunos proveedores son víctimas de robos de contraseñas o información, como ya hemos mencionado, y otros poco escrupulosos puedan llegar a ceder o vender parte de esa información. La máxima, en inglés, que se aplica en estos casos dice:

If you're not paying for it, you're not the customer, you're the product being sold
«Si no lo estás pagando, no eres el cliente, eres el producto en venta».

Ante esta situación de indeterminación, preocupación e inseguridad, agravada por la crisis provocada por la especulación inmobiliaria de 2007, determinados colectivos reaccionaron planteando modelos financieros alternativos a los tradicionales con el fin de eliminar la dependencia respecto al dinero controlado por los bancos y otras entidades centrales. En la comunidad criptográfica, este colectivo se conoció como *cypherpunk*, acrónimo de *cypher*, cifrado, y punk, y nació con el fin de aplicar los principios de la criptografía en los ámbitos político y social. Pero para ello, hay que entender cuál es el problema que se pretendía resolver y por eso hemos de hacer un pequeño paréntesis y comentar brevemente unos conceptos básicos sobre economía, que nos llevarán a comprender las razones del nacimiento de la criptomoneda bitcoin.

Como sabemos, hasta 1971, el dinero se basaba en el patrón oro, esto es, todo pago quedaba definido en términos de unidades de oro. Este tipo de «dinero fiduciario» establecía una promesa de pago del banco central correspondiente, en virtud del respaldo en oro que poseía determinado banco central o país. No hay que olvidar que la palabra fiduciario procede de la palabra latina *fiduciarius*, que significa 'confianza'. En ese año, el gobierno norteamericano, bajo la presidencia de Richard Milhous Nixon (1913-1994), decidió respaldar el dinero mediante decreto y abandonar el patrón oro. Este dinero, conocido como «dinero por decreto» o «dinero fiat» (en este caso, la palabra latina *fiat* se traduce por 'hágase' o 'estar hecho'), no se basa en la cantidad de un material escaso como el oro o la plata que posea un país, sino en un intangible que solo tiene valor porque el gobierno le da el estatus de moneda de curso legal y los ciudadanos confían en que se aceptará pagar con ella. Dicho de otro modo, el valor del dinero por decreto se calcula porque así lo decreta el gobierno de un país, y su aval lo proporciona la confianza que los ciudadanos de ese país tienen en su gobierno y los acuerdos entre los bancos centrales de todos los países.

Por otra parte, lo que en contabilidad se conoce tradicionalmente como el «libro mayor» (o *ledger*, en inglés) es un libro en el que se anotan todos los pagos e ingresos de una cuenta, de modo que el balance final de dicha cuenta en cada momento es la cantidad que el mayor refleja, es decir, la suma de los ingresos menos la suma de los gastos. Esta situación es la que se plantea en la banca tradicional, aunque al no haber un único libro compartido por todos los bancos, la situación es algo más complicada. La idea de bitcoin era crear un libro mayor seguro, es decir, considerar un lugar en el que se registraran todas las transacciones que pudieran llevarse a cabo en un sistema, de modo que fuera abierto y de confianza para todos los participantes. El problema era: ¿cómo se puede crear un libro de contabilidad para usar en un entorno como Internet donde los participantes no confían entre sí y donde no hay una autoridad central confiable?

Este nuevo libro mayor debería cumplir una serie de propiedades, de modo que pueda considerarse seguro, teniendo en cuenta que pertenece a la red con una estructura de datos global y que se mantiene colectivamente por un conjunto de participantes que no confían, necesariamente, los unos en los otros. Por ello, el mayor debe ser inmutable o, de forma más precisa, solo puede permitir inserciones, es decir, se deben poder agregar nuevas transacciones, pero nunca eliminar ni modificar las ya existentes. Además, se debería poder obtener un resumen del estado del libro mayor en cualquier momento, de modo que, si el mayor se manipulara, el resumen resultante cambiaría y, por lo tanto, se detectaría la manipulación. Finalmente, sería deseable que hubiera una forma sencilla de verificar si una transacción se ha anotado o no en el libro mayor y que exista una especie de seudoanonimato entre los intervinientes en una transacción con el fin de proteger su identidad real. Con estas premisas surgió la tecnología *blockchain* que permite crear un registro de transacciones, ya sean financieras, contractuales, etcétera, en base a un protocolo de consenso distribuido entre los participantes, que serán nodos de la red, sin contar con una autoridad central y de modo que la cadena de registros sea inmutable, esto es, ningún nodo de forma aislada pueda modificar el contenido de los bloques que anteriormente se han consensuado.

Surgen así, las llamadas «cadenas de bloques» (*blockchains*) que son sistemas de almacenamiento de información dividida en bloques de datos enlazados. El enlace entre los bloques se lleva a cabo creando un índice de datos mediante una lista que incluye el resumen (*hash*) mediante una función resumen de cada bloque de datos. Si, además, cada bloque de datos contiene el resumen del bloque que se ha añadido previamente al sistema, entonces se dispondrá de una lista enlazada de bloques de datos mediante punteros resumen. Este mecanismo de indexación de información es el fundamento general de agregación de bloques en las *blockchains*. Por tanto, la tecnología *blockchain* permite la construcción de un sistema financiero alternativo al modelo del dinero fiat, sustituyendo el papel de la autoridad central del banco por un protocolo de consenso entre múltiples entidades.

Pero antes de presentar la moneda virtual más famosa, bitcoin, hagamos un poco de historia y señalemos que la primera moneda digital que se propuso fue Digicash, en 1993, y su creador fue David Chaum (1955-). Esta moneda hacía uso de la criptografía para la validación anónima de transacciones y sentó las bases para la creación de seudónimos con el fin de simular la no trazabilidad del dinero, esto es, se trataba de repetir la situación que se da con los billetes tradicionales: si de un billete no podemos saber los propietarios que ha tenido con antelación, lo mismo debería suceder con las monedas electrónicas. Estas herramientas criptográficas permitían que el dinero se transfiera de modo ciego, es decir, sin saber quién es el donante del dinero una vez se ha recibido el mismo. No obstante, la implementación de Digicash necesitaba de la colaboración de un banco como tercera parte de confianza para resolver el problema del doble gasto que impide que una misma moneda digital pueda usarse por su propietario para pagar varias veces, como sucede con la moneda física. Con lo cual, esta propuesta no resolvía el problema de construir un sistema financiero independiente de una entidad central. No obstante, las ideas de Chaum acerca de la protección de la identidad del propietario de la moneda electrónica y de los métodos de pago mediante criptografía son las que han dado lugar, más recientemente, a un nuevo tipo de moneda electrónica denominada «criptomoneda», entre las que destacan: Bitcoin (BTC), Ripple (XRP), Ether (ETH), Bitcoin Cash (BCH), EOS y Litecoin (LTC), entre otras. En la figura criptomonedas puede verse el estado del valor en mercado de algunas criptomonedas en febrero de 2023.

#	Nombre	Precio	1h %	24h %	7d %	Cap. de Mercado	Volumen (24h)	Acciones en circulación	Últimos 7 días
1	Bitcoin BTC	$22,948.14	▲0.10%	▲0.62%	▲0.44%	$442,525,572,699	$24,182,268,787 1,053,558 BTC	19,283,725 BTC	
2	Ethereum ETH	$1,634.64	▼0.04%	▲0.48%	▲4.26%	$200,037,717,273	$6,745,047,718 4,125,836 ETH	122,373,866 ETH	
3	Tether USDT	$1.00	▲0.00%	▼0.01%	▲0.00%	$68,188,591,797	$32,139,653,738 32,136,910,742 USDT	68,182,782,220 USDT	
4	BNB BNB	$328.40	▲0.13%	▲1.23%	▲5.76%	$51,853,829,025	$490,133,806 1,492,668 BNB	157,900,195 BNB	
5	USD Coin USDC	$1.00	▼0.01%	▲0.00%	▲0.00%	$41,833,669,015	$3,039,481,495 3,039,249,984 USDC	41,832,726,629 USDC	
6	XRP XRP	$0.3955	▲0.17%	▼1.19%	▲0.77%	$20,090,505,797	$954,312,741 2,408,995,941 XRP	50,799,084,881 XRP	
7	Binance USD BUSD	$0.9999	▼0.02%	▼0.01%	▲0.00%	$16,185,330,252	$9,022,723,652 9,021,211,890 BUSD	16,185,763,248 BUSD	

Figura 94. Capitación del mercado de las principales criptomonedas.

Ahora bien, conviene señalar que la no trazabilidad de una criptomoneda supone un problema con relación a las leyes contra el lavado de dinero, razón por la cual es uno de los medios de pago preferido por los hackers que realizan ataques con el fin de extorsionar a sus víctimas. De hecho, en los pagos con criptomonedas se produce la cesión de un valor desde una identidad (seudo)anónima a otra identidad (seudo)anónima. Por contra, en las transferencias electrónicas, el intercambio se lleva a cabo entre los propietarios de las cuentas bancarias. En la mayoría de los países tales propietarios deben estar completamente identificados. Ahora bien, dado que no es posible negar la existencia de criptomonedas, la tendencia actual de los gobiernos es la de intentar regular su uso. Así, la Directiva europea 2018/843 de 30 de mayo de 2018, que modifica la Directiva 2015/849 relativa a la prevención de la utilización del sistema financiero para el blanqueo de capitales o la financiación del terrorismo, establece que las criptomonedas no poseen el estatus jurídico de moneda o dinero, pero que se aceptan por personas físicas o jurídicas como medio de cambio y que puede transferirse, almacenarse y negociarse por medios electrónicos. De hecho, hay empresas que aceptan el pago en algunas de estas criptomonedas; pero si el pago o el cobro se hace de este modo, es obligatorio que tanto el cliente haya declarado previamente la compra de las criptomonedas como que la empresa que recibe el pago, declare que ha cobrado por este medio. En lo que se refiere a los impuestos, una de las parcelas gubernamentales con mayor interés en fiscalizar el uso de las criptomonedas, estas se consideran como cualquier otro activo, por lo que forma parte de la base imponible del ahorro en la declaración de la renta. Dicho de otro modo, los beneficios o pérdidas asociados a la compra y venta con criptomonedas tributan de forma análoga a como se hace con el resto de los bienes.

Detallando un poco más la criptomoneda bitcoin, podemos mencionar que la propuso Satoshi Nakamoto, quienquiera que sea la persona o grupo de personas que estén detrás de este seudónimo, mediante un artículo publicado en 2008 a través de la lista de correo de criptografía *metz dowd*. En ese artículo se describe un sistema del tipo P2P de dinero digital y en 2009 se lanzó el software Bitcoin, creando la red del mismo nombre y las primeras unidades de moneda. La propuesta teórica anónima de la tecnología Bitcoin no siguió el proceso todos los trabajos científicos considerados tradicionalmente «serios», es decir, no se envió a una revista o congreso para que se evaluara por pares antes de publicarse, por lo que evitó que el mundo académico pudiera dar su opinión, y también eludió el control del sector financiero e industrial. Sin embargo, su implementación práctica fue totalmente funcional y los interesados pudieron utilizarla desde el primer momento.

Bitcoin supuso el desarrollo de un protocolo que permitía las transacciones monetarias entre usuarios, a modo de dinero fiduciario, en base a un recurso limitado, en este caso el recurso limitado no era otro que la complejidad para la resolución de un problema matemático computacionalmente difícil. Dicho de otro modo, con Bitcoin las criptomonedas se acuñan mediante la ejecución de un código software y el gasto energético asociado que supone llevar a cabo la computación con tal software, que es realmente muy elevado. Como las transacciones en bitcoins se escriben en bloques enlazados, resulta que la estructura de datos que almacena los apuntes de los intercambios monetarios es una *blockchain*. Por otra parte, la tecnología bitcoin carece de nodo central y se configura como una red entre pares (P2P), de modo que todos los nodos pueden acceder a una copia de la *blockchain* de Bitcoin, pero no todos pueden escribir en ella.

Los usuarios que se encargan de crear y enlazar bloques son los denominados «mineros». Estos están a la escucha de las transacciones que se envían a través de la red Bitcoin y según las van recibiendo, las incorporan en un bloque de datos. Una vez se completa el tamaño del bloque de datos, cuyo valor máximo está preestablecido, los mineros comienzan a resolver el desafío criptográfico, esto es resolver el problema matemático computacionalmente difícil, para lograr el registro de las transacciones realizadas por otros usuarios de la red. El minero que resuelve el desafío enlaza el bloque creado con los bloques previos, difunde el resultado a través de la red y queda a la espera de que su minado, es decir, su opción de escritura del nuevo bloque se acepte por la mayoría de los nodos de la red. Como se trata de una red no centralizada, los nodos reciben mensajes con cadenas de bloques procedentes de distintos mineros. Por defecto, se acepta la cadena con mayor número de bloques y luego se difunde. De este modo se alcanza un consenso sobre la cadena de bloques aceptada por la red y, en consecuencia, del conjunto de transacciones que se han aceptado.

Por otra parte, y como ya hemos mencionado, dado que la estructura de datos en la *blockchain* se constituye mediante una prueba de que un minero ha resuelto un problema matemático difícil, en la red Bitcoin se alcanza el consenso mediante lo que se conoce como «prueba de trabajo» o PoW (*Proof-of-Work*). La PoW es, como hemos señalado varias veces anteriormente, un problema matemático de muy alto coste computacional, que se basa en la dificultad para encontrar colisiones parciales de la función resumen que se emplea. Afortunadamente ya conocemos el significado de estos términos y sabemos de la dificultad que supone encontrar colisiones con funciones resumen seguras. Por este motivo se buscan colisiones parciales, es decir, colisiones con unas determinadas características, como que tengan un determinado número de ceros o una configuración especial, lo que reduce la complejidad computacional del problema para que sea resoluble, pero no tanto como para que encontrar estas colisiones sea inmediato. El minero responsable de la cadena de bloques consensuada y que, por tanto, se añade a la *blockchain*, recibe una recompensa por el trabajo realizado, esto es, por el cómputo realizado y por el gasto energético asociado, que consiste en la adjudicación de nuevas monedas bitcoin.

Así pues, podemos resumir diciendo que el proceso de «acuñación de bitcoins» se lleva a cabo después de resolver un problema matemático muy difícil, computacionalmente hablando. De ahí que este tipo de dinero vuelva a ser de tipo fiduciario, donde el patrón ya no es el oro sino la potencia de cómputo para resolver el problema de encontrar colisiones parciales de una función resumen y el gasto en energía para llevarlo a cabo. La tecnología *blockchain* subyacente al proceso que hemos descrito es la que permite asegurar que la cadena de bloques aceptada de forma mayoritaria por la red P2P es «inmutable», es decir, ningún nodo de forma aislada puede modificar el contenido previo de los bloques que ya se han consensuado con el resto de la red. Solo se podría reescribir el registro distribuido si fuera posible una colusión de un conjunto de nodos que acumulen más de la mitad de capacidad de cómputo de la red Bitcoin. La inmutabilidad, unida al hecho de que cualquiera puede descargarse todas las transacciones efectuadas desde la primera, realizada por Nakamoto el 03/01/2009 (véase la Figura 97), hace que la *blockchain* de Bitcoin sea considerada como una herramienta clave para sostener un modelo de gestión transparente de las actividades financieras.

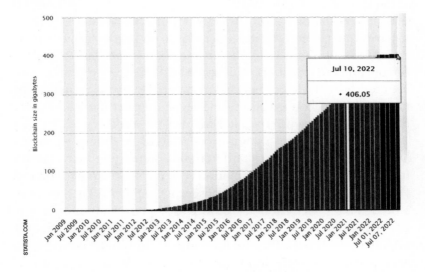

Figura 97. Evolución del tamaño de la cadena de bloques de Bitcoin desde 01/2009 hasta el 11/07/2022 (en gigabytes).

Una vez que conocemos los conceptos básicos de la tecnología Bitcoin y tenemos algunas nociones elementales de cómo se generan nuevos bitcoins, es el momento de abordar cómo se llevan a cabo las transacciones en esta red. Lo primero que hay que tener en cuenta es que cada usuario de la red se identifica con una clave pública, de la que mantiene en secreto su clave privada asociada; de hecho, cada usuario puede tener varios pares de claves pública-privada. Para cada identidad, esto es, para cada clave pública es posible llevar a cabo transacciones de bitcoins, las cuales se efectúan desde el monedero del emisor hasta el monedero del destinatario. La firma electrónica del emisor, realizada con su clave privada, prueba que es el propietario de cierta cantidad de bitcoins, que puede enviar a la dirección asociada a una clave pública determinada, esto es, a un destinatario. El destinatario podrá utilizar el dinero recibido para realizar una nueva transacción y solo necesitará probar que es propietario de determinada cantidad de dinero mediante su clave privada. Esta forma de actuar es la que determina el origen y destino de las transacciones: la cantidad de bitcoins de una dirección será el balance contable entre las transacciones que tienen por origen y destino dicha dirección. Aquí es importante señalar que si un usuario que posee bitcoins asociados a un par de claves pública-privada perdiera la clave privada, habría perdido todos los bitcoins de esa cuenta porque no tendría forma de probar que ese dinero virtual le pertenece. Por otra parte, todas las operaciones vinculadas con las transacciones se escriben en los bloques de datos que registran toda la actividad de la red.

Cuando un usuario paga una cantidad de dinero en metálico o mediante una tarjeta de crédito o cualquier otro medio tradicional por un determinado bien, pierde el control de ese dinero porque o bien deja de poseer los billetes o las monedas o bien el banco le retiene el importe de su cuenta bancaria. Sin embargo, esto no sucede en el caso del dinero virtual, dado que no hay nada material que se entregue a cambio del bien que se adquiere. Así, es muy importante que esta tecnología garantice que, una vez hecho un pago con bitcoins, la cantidad de criptomoneda utilizada deja de estar disponible para el usuario que ha pagado con ella, de modo que no pueda volver a utilizarla. En el caso de bitcoin, la solución a la amenaza del doble gasto, que ya comentamos en el caso de Digicash, se soluciona con la prueba de trabajo que, como hemos dicho, es un problema matemático basado en la dificultad para encontrar colisiones de funciones resumen.

Ya hemos presentado cómo la tecnología *blockchain* puede emplearse para el desarrollo de criptomonedas, pero no es ese el único uso que posibilita esta tecnología. Así, se puede emplear para el desarrollo de otras aplicaciones, entre las que destacamos las siguientes. Una de las cuestiones que hemos comentado en varias ocasiones es la de la identidad digital y el peligro que puede suponer una mala gestión de las mismas, dando lugar a suplantaciones por el robo de identidades digitales; pues bien, la tecnología *blockchain* proporciona un método seguro, único e inmutable que puede resolver este problema. Por otra parte, el nacimiento de las criptomonedas ha dado lugar a la proliferación de los llamados contratos inteligentes, esto es, acuerdos entre partes que se pueden cumplir automáticamente dado que se llevan a cabo mediante software, lo que evita diferencias en la interpretación del mismo por las partes implicadas. Otra aplicación está en la gestión de la logística, puesto que, en este caso, mejora la supervisión de las cadenas de suministros y de producción. También es posible descentralizar el almacenamiento de datos en la nube utilizando esta tecnología, porque permite la creación de nodos en diferentes localizaciones geográficas, de modo que, si un servidor dejara de prestar sus servicios, por la razón que fuera, el funcionamiento seguiría estando garantizado porque sería factible integrar los datos de nuevo. Otro aspecto donde es posible una aplicación directa de esta tecnología es en el registro y la verificación de datos, dado que es frecuente ser víctimas de ataques; lo cual podría evitarse al llevar a cabo un proceso de descentralización.

Ordenadores cuánticos y criptografía postcuántica

Cada vez son más frecuentes las noticias acerca del desarrollo de los ordenadores cuánticos y su enorme capacidad de cómputo. Es cierto que estos ordenadores son ya una realidad, aunque su potencia de cómputo es muy limitada y su investigación y desarrollo solo es factible para algunas compañías y consorcios que están invirtiendo enormes cantidades de dinero en ello. Los principales consorcios son los liderados por IBM, Google y Microsoft; sin embargo, hasta ahora, nadie ha dado una fecha exacta de cuándo la computación cuántica será una realidad palpable. Desde hace años se viene hablando de que tendremos ordenadores cuánticos completamente operativos en un plazo de veinte o veinticinco años, pero ya estamos muy cerca de que se cumpla esa fecha y los ordenadores de los que tenemos noticias tienen una potencia de cómputo muy limitada.

No vamos a entrar en los detalles de los ordenadores universales de IBM y Google o de los topológicos Microsoft ni en los fundamentos de la mecánica cuántica para tratar de explicar su funcionamiento. Estos temas sobrepasan los objetivos de este libro, por lo que nos vamos a limitar a señalar los aspectos más importantes de los ordenadores cuánticos que tienen repercusión en la criptología.[7]

Ya hemos mencionado con antelación que los dos problemas matemáticos más importantes en los que se fundamenta la seguridad de la criptografía asimétrica moderna son el problema de la factorización de números enteros y el problema del logaritmo discreto (ya sea en su versión multiplicativa o en la aditiva). Sin embargo, Peter Williston Shor (1959-) publicó en 1997 dos algoritmos cuánticos que son capaces de resolver estos dos problemas de forma eficiente, si se dispusiera de un ordenador cuántico con la suficiente capacidad de cómputo (Shor 1997). Tales algoritmos no pueden implementarse en ordenadores convencionales y requieren para su ejecución de ordenadores cuánticos. Con relación a la criptografía simétrica actual, parece que no son tan vulnerables a la computación cuántica dado que los mejores algoritmos cuánticos que atacan esta criptografía son los algoritmos de Lov K. Grover que reducirían el tiempo de cálculo necesario para romperlos a la raíz cuadrada del tiempo actual, es decir, si se dispusiera de un ordenador cuántico con la suficiente capacidad de cómputo, la seguridad de los criptosistemas simétricos actuales sería equivalente a la de los mismos sistemas pero con claves cuya longitud fuera solo la mitad (Grover 1997).

---

[7] Si el lector desea ampliar los aspectos que vamos a tratar aquí sobre los ordenadores cuánticos, le recomendamos algunos libros fáciles de seguir: Brassard 1988; Hernández 2016; Singh 2000.

Por otra parte, el hecho de que aún no se disponga de un ordenador cuántico con la suficiente capacidad de cómputo como para vulnerar completamente la criptografía moderna no debe tranquilizarnos puesto que está el principio conocido como «almacena ahora y descifra luego» (*store now, decrypt later*), que pone en un grave aprieto la seguridad de la información que debiera mantenerse en secreto durante un largo período de tiempo. Esta fragilidad de la criptografía actual ha dado pie al estudio de nuevos tipos de criptosistemas, conocidos como «postcuánticos» y que veremos más adelante, cuya seguridad se basa en problemas matemáticos difíciles de resolver, incluso para un ordenador cuántico. En todo caso, se han abierto nuevas líneas de investigación que tratan de decidir si los propios ordenadores cuánticos podrían permitir la implementación de nuevos problemas, matemáticos o no, que ellos mismos no pudieran resolver en un tiempo prudencial, dando lugar a nuevos algoritmos criptográficos, como les sucede a los ordenadores actuales. Caso de conseguirlo, entonces estaríamos hablando realmente de una «criptografía cuántica», es decir, de unos algoritmos cuánticos de uso criptográfico.

Hasta la fecha, los únicos algoritmos propuestos que utilizan las propiedades de la mecánica cuántica son los relacionados con la distribución o acuerdo de claves, esto es, la versión cuántica de lo que sería el protocolo de Diffie-Hellman. Estos protocolos se conocen como de «distribución cuántica de claves» o QKD (*Quantum Key Distribution*) basados en los principios de la física cuántica. Vamos a presentar de forma muy resumida este tipo de algoritmo de modo que nos permita hacernos una idea de su funcionamiento, pero antes de empezar, vamos a dar una noción básica relacionada con la información cuántica: se trata del *qubit* o «bit cuántico» (*quantum bit*). Un *qubit* es la unidad mínima de información cuántica y sería el equivalente al bit tradicional, con la salvedad de que, si un bit solo puede tener dos valores, 0 y 1, el bit cuántico puede tomar, además de estos dos valores, denotados como $|0\rangle$ y $|1\rangle$, en cualquier otra superposición coherente de los dos, es decir, los dos estados, $|0\rangle$ y $|1\rangle$, simultáneamente, lo que se conoce como la superposición cuántica. Posiblemente, habituados a la física newtoniana, nos cueste trabajo entender cómo algo puede estar en dos estados a la vez, pero esa es la complejidad de la mecánica cuántica en la que no vamos a detenernos mucho. Basta retomar el ejemplo del famoso gato de Schrödinger, considerado como un experimento mental o una paradoja, presentado por Erwin Rudolf Josef Alexander Schrödinger (1987-1961) durante el curso de discusiones con Albert Einstein (1879-1955). Para intentar aclarar un poco este experimento mental, Schrödinger intentaba describir lo que sería el estado de superposición de una partícula cuántica y para ello propuso considerar un gato en una cámara de acero cerrada de modo que su vida dependiera del estado de un átomo radiactivo en función de si tal átomo se había descompuesto y emitido radiación o no. Más precisamente, se supone que en la cámara hay un matraz con un veneno y un dispositivo con una partícula radiactiva en una caja sellada, de modo que, si el dispositivo detecta que hay radiación, entonces acciona una palanca o martillo que rompe el frasco, liberando el veneno y como resultado el gato acaba muerto (véase la Figura 99). La situación planteada es que el gato está vivo y muerto de forma simultánea hasta que se observa el estado de la partícula radiactiva, dentro de una caja sellada.

Figura 99. Experimento mental del gato de Schrödinger.

Un ejemplo algo menos cruel que el del gato y muy alejado de este, podría ser el de considerar la sombra que produce un tapón de corcho cilíndrico de una botella según dónde se coloque el foco que lo ilumina. Si el foco está justo en la horizontal del corcho, la sombra será un círculo igual al del cilindro del corcho, pero si el foco ilumina el corcho desde el frente, la sombra será un rectángulo (véase la Figura 100), de modo que podríamos decir, con mucha imaginación, que el corcho está en dos estados a la vez: un círculo y un rectángulo y dependiendo de cómo lo iluminemos con un foco se detectará de una forma o de otra.

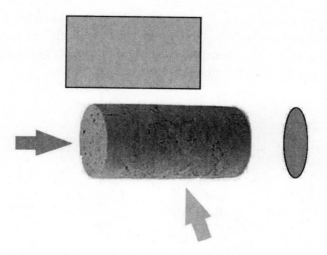

Figura 100. Sombras de un corcho según diferentes focos.

Si aceptamos entonces que las partículas cuánticas pueden estar en cualquier estado hasta que se miden, momento en el que su estado se fija podemos pensar entonces en la emisión de fotones de luz y tratar de explicar cómo es uno de los protocolos de distribución cuántica de claves, en particular el conocido como B92, debido a Charles Henry Bennet (1943-). Cuando una fuente de luz emite fotones, estos están polarizados en todos los ángulos posibles, de modo que, si se trata de medir colocando en su trayectoria un filtro polarizador con una determinada dirección, la polarización del fotón se fija en el mismo ángulo que tenga el filtro y sigue su trayectoria con ese ángulo. Si a continuación se efectúa una nueva medición con otro filtro, resulta que el fotón atravesará o no el segundo filtro, según el ángulo que forme el segundo filtro con respecto al primero. Esto es, si los dos filtros son paralelos, el fotón siempre atravesará el segundo filtro porque su trayectoria fijada no se interrumpe por el segundo filtro; pero si son perpendiculares, el fotón chocará con el segundo filtro y no lo atravesará. En el primer caso, la probabilidad de que el fotón siga su trayectoria es 1; mientras que en el segundo es 0. Ahora bien, si los filtros se sitúan en un ángulo de entre 0° y 90°, entonces el fotón atravesará el segundo filtro de forma probabilística, según el ángulo que formen los dos filtros. Por ejemplo, si el ángulo formado por ambos filtros es de 45°, la probabilidad de que el fotón atraviese el segundo filtro es del 50%. Esta situación se muestra gráficamente en la Figura 101.

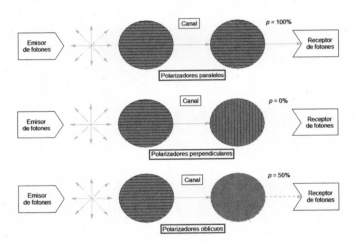

Figura 101. Probabilidad de que un fotón atraviese dos filtros consecutivos.

De forma muy resumida, si Alicia y Bernardo quieren utilizar el protocolo B92, cada uno de ellos genera de forma independiente, antes de proceder con el envío y recepción de fotones, una secuencia aleatoria de bits y la almacenan de modo secreto, de modo que parte de esta secuencia será la clave que compartirán los dos. A continuación, Alicia utiliza dos filtros polarizados en posición vertical, esto es, 0°, y diagonal a 45°, de modo que si el bit de la secuencia generada es un 0, usa el primero y si es un 1 usa el segundo. Por su parte, Bernardo utiliza otros dos filtros, pero polarizados horizontalmente, es decir, 180°, y en diagonal a menos 45°, de modo que usa el primero si el bit de su secuencia es un 1 o el segundo si es un 0.

En esta situación, Alicia comienza a emitir fotones según los parámetros acordados. Entonces, Bernardo, si en la unidad de tiempo establecida no ha recibido ningún fotón se debe o a que su filtro estaba colocado de forma perpendicular al usado por Alicia o a que formaba un ángulo de 45° con este y la probabilidad del 50% hizo que el fotón no llegara. En cualquiera de los dos casos, Bernardo no tiene información sobre la posición de los filtros de Alicia y, por tanto, no sabe qué bit era el de Alicia para ese momento de la transmisión. Por contra, si Bernardo recibe un fotón se debe a que su filtro forma un ángulo de 45° con respecto a los de Alicia y el fotón no se bloqueó con el filtro debido a que la probabilidad del 50% no se lo impidió en este caso. Por tanto, si la polarización empleada por Bernardo es menos 45° porque su bit era el 0, puede estar seguro de que la polaridad del filtro de Alicia era vertical, es decir, su bit era 0. Si el filtro usado por Bernardo fuera el horizontal, esto es, su bit era 1, sabría que el filtro empleado por Alicia sería el diagonal a 45°, por lo que le correspondería el bit 1. De esta manera, Bernardo, cada vez que recibe un fotón, no solo sabe cuál es su bit, sino que también conoce cuál era el bit de Alicia. Las posibles situaciones que acabamos de mencionar se resumen en la tabla fotones, en la que se refleja que a Bernardo le llega un fotón con una probabilidad del 25%, la mitad de los cuales son 0 y la otra mitad son 1.

Bits de Alicia	0	1	0		1	
Polarización de Alicia	0°	45°	0°		45°	
Bits de Bernardo	1	0	0		1	
Polarización de Bernardo	180°	−45°	180°		−45°	
Llega fotón a Bernardo	No	No	No	Si	No	Si
Bit de la clave compartida	–	–		0		1

Tabla 42. Situaciones que pueden presentarse en el envío y recepción de fotones.

287

A lo largo de este protocolo, cada vez que Bernardo recibe un fotón, anota un «acierto» y toma nota del bit de su secuencia que corresponde a la polarización que usa en ese momento. Una vez concluido el envío y recepción de todos los fotones, Bernardo comunica a Alicia las posiciones de su lista de «aciertos», no los bits ni las polarizaciones, de modo que ambos utilizarán como clave compartida la lista de bits que corresponden a tales posiciones. Debe notarse que la comunicación entre ambos debe hacerse por un canal autenticado (de los de la criptografía actual) para que Alicia compruebe que es Bernardo quien realmente le envía esta lista de posiciones. Con relación a la seguridad del protocolo, basta con señalar que los principios de la mecánica cuántica, en particular, el Teorema de la Imposibilidad de Clonacióny el Principio de Incertidumbre de Heisenberg, garantiza que, si un adversario interfiere en el envío de fotones, los participantes detectarán su presencia y el protocolo no tendrá efecto. Por otra parte, en el caso de que se llegara a vulnerar el protocolo de autenticación, solo llegaría a conocer las posiciones de los bits en los que Alicia y Bernardo coinciden, pero no los valores de dichos bits.

A pesar de que ya dispongamos de algoritmos para compartir claves formadas por bits que hacen uso de las propiedades de los fotones, esto es, basados en procesos cuánticos, seguimos con el problema de establecer algoritmos criptográficos que sean seguros contra la computación cuántica, habida cuenta de que la criptografía moderna, la que usamos ahora mismo, tiene sus días contados. Debido a esta deficiencia y como el problema es muy serio, en 2016, el NIST hizo una convocatoria mundial para elegir nuevos estándares criptográficos que, basados en diferentes problemas matemáticos, se demostraran invulnerables a la computación cuántica. Para ello, el NIST seleccionó cinco áreas de las matemáticas que, a priori, podrían ofertar problemas con la suficiente complejidad computacional como para ser resistentes a los ordenadores cuánticos. Solo a modo de curiosidad y sin entrar en detalles que se escapan a los conceptos matemáticos tratados en este libro, estas áreas fueron: la teoría de códigos correctores de errores, las funciones resumen, los retículos, las isogenias entre curvas elípticas y los sistemas de ecuaciones cuadráticas con varias variables. La razón de la elección estas áreas se explica a la vista de la Figura 102.

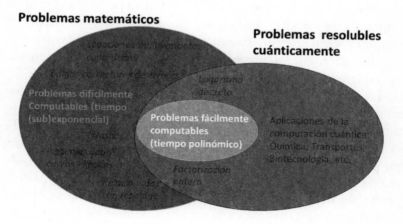

Figura 102. Problemas matemáticos y computación cuántica.

La figura muestra dos conjuntos de problemas. El de la izquierda contiene los problemas matemáticos y el de la derecha los problemas que son cuánticamente resolubles; se muestra también la intersección de ambos conjuntos. Además, en el conjunto de la izquierda se señalan dos tipos de problemas matemáticos: los que son difícilmente computables y los que son fácilmente computables. Todos los que se mencionan explícitamente son del primer grupo y son los de interés para la criptología; mientras que no mencionamos ninguno de los fácilmente computables, dado que en este libro no son de especial interés. No obstante, para el lector interesado podemos mencionar que entre este grupo de problemas están las operaciones elementales, el cálculo del máximo común divisor y del mínimo común múltiplo, entre otros muchos. Es claro que todos estos problemas fácilmente resolubles con los ordenadores actuales también lo son cuánticamente, de ahí que todos ellos estén en la intersección de ambos conjuntos de problemas. Pero, además, en esta intersección hemos colocado los dos problemas matemáticamente difíciles, que son de nuestro interés, pero que son cuánticamente resolubles. Fuera de la intersección de los dos conjuntos están, en el segundo conjunto, los problemas en los que la computación cuántica seguro que aportará soluciones, como son los problemas derivados de la logística y el transporte, la biotecnología, etcétera. Por su parte, en el primer conjunto quedan los problemas matemáticos difíciles, desde el punto de vista computacional, que parecen ser resistentes a la computación cuántica y que son los que hemos mencionado anteriormente y en los que el NIST ha puesto su atención.

La convocatoria del NIST para seleccionar los nuevos algoritmos resistentes a la computación cuántica ha propiciado que a tales algoritmos se les conozca como «postcuánticos» y a la criptografía a que darán lugar, ya se la denomina «criptografía postcuántica» o PQC (*Post-Quantum Cryptography*). La búsqueda de estos algoritmos se lleva a cabo mediante el análisis profundo y pormenorizado, realizado por toda la comunidad criptológica mundial, de cada una de las diferentes propuestas que expertos en el tema plantearon, en el plazo establecido en el momento esta convocatoria. Al margen de los problemas matemáticos señalados anteriormente, el NIST enfocó su convocatoria para la elección de dos tipos de algoritmos asimétricos, los llamados mecanismos de cifrado y encapsulamiento de claves o KEM (*Key Encapsulation Mechanism*) y los de firma electrónica, dejando fuera los algoritmos simétricos, que, como ya hemos dicho, no parecen tan amenazados por la computación cuántica como los otros.

Evitando entrar en detalles matemáticos que sobrepasan los objetivos de este libro, vamos a resumir el proceso seguido en esta convocatoria y su situación actual. En julio de 2020, en la ronda 3, se publicaron dos listas de algoritmos, formadas por siete finalistas entre los que había cuatro KEM, llamados Classic McEliece, CRYSTALS-Kyber, NTRU y SABER, y tres firmas digitales, conocidas como CRYSTALS-Dilithium, FALCON y Rainbow. Todos los finalistas, a excepción del Classic McEliece y Rainbow, basan su seguridad en problemas definidos sobre retículos; mientras que Classic McEliece se fundamenta en códigos y Rainbow en sistemas de ecuaciones multivariantes cuadráticas. Pero además de la lista de finalistas, el NIST publicó una lista de ocho candidatos alternativos con el fin de dejar abierta la posibilidad de recuperar alguno de ellos si se encontraba alguna debilidad en alguno de los considerados finalistas. Estos alternativos eran cinco KEM, llamados BIKE, FrodoKEM, HQC, NTRU Prime y SIKE, y tres firmas, conocidas como GeMSS, Picnic y SPHINCS+. Las propuestas BIKE y HQC basan su seguridad en códigos, FrodoKEM y NTRU Prime en retículos, Picnic y SPHINCS+ en funciones resumen, SIKE en isogenias y GeMSS en sistemas multivariantes cuadráticos. En la ronda 4 se han seleccionado cuatro estándares. Solo uno es un KEM, CRYSTALS-Kyber; mientras que hay tres firmas digitales, a saber, CRYSTALS-Dilithium, FALCON y SPHINCS+. Sin embargo, con el fin de no dejar solo un KEM, el NIST no ha descartado completamente otras propuestas, de modo que otros cuatro algoritmos continúan en la cuarta ronda para analizarse, estos son: BIKE, HQC, Classic McEliece y SIKE. No obstante, hemos de señalar que, aunque SIKE se ha incluido en la lista anterior, todo apunta a que no se lo tendrá en cuenta en el futuro, puesto que después de la publicación de dicha lista, se ha publicado un ataque eficiente contra el mismo.

Por otra parte, dado que dos de los tres algoritmos de firma postcuánticos basan su seguridad en problemas definidos sobre retículos y el otro en funciones resumen, con el fin de abrir la posibilidad de seleccionar nuevos algoritmos cuánticamente resistentes, el 6 de septiembre de 2022 el NIST lanzó la Call for Additional Digital Signature Schemes for the Post-Quantum Cryptography Standardization Process (https://csrc.nist.gov/projects/pqc-dig-sig). El proceso para la presentación de nuevas propuestas finaliza el 1 de junio de 2023.

BIBLIOGRAFÍA

Alberti, Leon Battista. *A Treatise on Ciphers*. Turín: Galimberti,1997.

Arroyo Guardeño, David, Jesús Díaz Vico y Luis Hernández Encinas. *Blockchain*. Colección ¿Qué sabemos de?, número 103. Madrid: Catarata-CSIC, 2019.

Arroyo Guardeño, David, Víctor Gayoso Martínez y Luis Hernández Encinas. *Ciberseguridad*. Colección ¿Qué sabemos de?, número 119. Madrid: Catarata-CSIC, 2020.

Bauer, Friedrich L. *Decrypted Secrets. Methods and Maxims of Cryptology*. Berlín: Springer, 2007.

Brassard, Gilles. *Modern Cryptology. A Tutorial*. Lecture Notes in Computer Science, volume 325. Berlín: Springer-Verlag, 1988.

García Carmona, Joaquín. *Tratado de criptografía con aplicación especial al ejército*. Madrid: Ministerio de Defensa, 2011.

Carnicer, Carlos y Javier Marcos. *Espías de Felipe II. Los servicios secretos del imperio español*. Madrid: La esfera de los libros, 2005.

Cervantes Saavedra, Miguel de. *El Ingenioso Hidalgo Don Quijote de la Mancha*. Madrid: Espasa Calpe, 2004.

Centro Nacional de Inteligencia. *Estudio criptológico de la correspondencia cifrada entre Fernando el Católico y el Gran Capitán*. Madrid: CNI, 2016.

Cortés, Hernán. *Cartas y relaciones de Hernán Cortés al Emperador Carlos V*. Colegidas e ilustradas por Pascual de Gayangos.

Alicante: Biblioteca Virtual Miguel de Cervantes, 2019. https://www.cervantesvirtual.com/obra/cartas-y-relaciones-de-hernan-cortes-al-emperador-carlos-v-974782/

Doyle, Arthur Conan. *El misterio de los bailarines.* Madrid: Vicens-Vices, 2013.

Durán Díaz, Raúl, Luis Hernández Encinas y Jaime Muñoz Masqué. *El criptosistema RSA.* Madrid: RA-MA, 2005.

Amparo Fúster Sabater et al. *Técnicas criptográficas de protección de datos* (3ª edición). Madrid: RA-MA, 2004.

Galende Díaz, Juan Carlos. «La correspondencia cifrada del embajador Lope de Soria». *Hispania* 52 (1992): 493–520.

—«Pedro Mártir Anglés y su sistema criptográfico». *Cuadernos de Estudios Tarraconenses* 12 (1993):, 127–145.

—«La escritura cifrada durante el reinado de los Reyes Católicos y Carlos V». *Cuadernos de Estudios Medievales y Ciencias y Técnicas Historiográficas,* número 18 (1994): 159–178.

—«Criptografía moderna: curioso cifrario entre el obispo Diego de Muros y los Reyes Católicos». *Boletín del Real Instituto de Estudios Asturianos* 48, 144 (1994), 385–398.

—«Felipe IV y la escritura cifrada en España». *Anuario del Instituto de Estudios Zamoranos Florián de Ocampo,* número 11 (1994): 255–264.

—*Criptología. Historia de la escritura cifrada.* Madrid: Complutense, 1995.

—«Sistemas criptográficos empleados en Hispanoamérica». *Revista Complutense de Historia de América* 2000, número 26 (2000): 57–71.

—«La criptografía medieval: el Libro del Tesoro». *En Actas del II Jornadas sobre documentación de la Corona de Castilla (siglos XII-XV),* 41–77. Madrid: Universidad Complutense de Madrid, 2003.

—«El calígrafo Luis de Olod y su aportación a la criptografía español». *Cuadernos de Investigación Histórica* 20 (2003): 133–153.

—«Elementos y sistemas criptográficos en la escritura visigótica». En *Actas de las VIII Jornadas Científicas sobre Documentación de la Hispania altomedieval (siglos VI-X),* 173–183. Madrid: Universidad Complutense de Madrid, 2009.

Gayoso Martínez, Víctor, Luis Hernández Encinas y Agustín Martín Muñoz. *Criptografía con Curvas Elípticas*. Biblioteca de Ciencias 44. Madrid: CSIC, 2018.

Grover, Lov K. 1997. «Quantum mechanics helps in searching for a needle in a haystack». *Phys. Rev. Lett.* 79 (1997): 325–328.

Revista de Historia Militar. Los servicios de información modernos y contemporáneos, Año XLIX (2005).

Hernández Encinas, Luis. *La Criptografía*. Colección ¿Qué sabemos de?, número 69. Madrid: Catarata-CSIC, 2016.

Jasso González, Ximena. *Lenguaje y significado del abanico en la danza española*. México: Instituto Nacional de Bellas Artes y Literatura, 2016. http://inbadigital.bellasartes.gob.mx:8080/jspui/bitstream/11271/1059/1/352edeipeaban01.pdf

Juárez Valero, Eduardo. «Las estructuras de espionaje e inteligencia durante la Guerra Civil española (1936-1939)». *Revista Científica General José María Córdova* 19, 36 (2021), 1081–1104. https://dx.doi.org/10.21830/19006586.858

Kahn, David. *The Codebreakers. The story of the secret writing.* . Nueva York: The MacMillan Company, 1968.

Kasparev, Christopher y Richard Woytack. «In memoriam: Marian Rejewski». *Cryptologia*, 6, número 1, (1982): 19–25.

Kerckhoffs, Auguste. «La Cryptographie Militaire». *Journal des Sciences Militaires*, volumen IX, (1883): 5–38 (Janvier), 161–191 (Février). https://www.petitcolas.net/kerckhoffs/la_cryptographie_militaire_i.htm

Lehning, Hervé. *La Biblia de los Códigos Secretos*. Barcelona: Cúpula, 2021.

Lohmann Villena, Guillermo. «Cifras y Claves indianas. Capítulos provisionales de un estudio sobre criptografía indiana». *Anuario de Estudios Americanos* 11 (1954): 285–380.

López Gómez, Erika. Las Claves Secretas de Rodrigo Calderón. En I Congreso de Investigadores Noveles en Ciencias Documentales. Madrid: Departamento de Ciencias y Técnicas Historiográficas, Universidad Complutense de Madrid, 123–128, 2013.

Lorenzo Cadarso, Pedro Luis. «Los documentos cifrados en la Corte de Fernando VI (1746-1759)». *Espacio, Tiempo y Forma*, Serie IV, Hª Moderna, tomo 11 (1998): 359–379.

Menezes, Alfred, P. van Oorschot y Scot Vanstone. *Handbook of applied cryptography*. CRC Press, Boca Raton, Florida, 1997. www.cacr.math.uwaterloo.ca/hac

Moreyra, Carlos Alberto. *Los Criptogramas de Santa Teresa*. Córdoba (Argentina): el autor, 1964.

Narváez, Roberto. «Historia y criptología: Reflexiones a propósito de dos cartas cortesanas». *Estudios de Historia Novohispana* número 36 (2007): 17–62.

Paar, Christof and Jan Pelzl. *Understanding Cryptography: A Textbook for Students and Practitioners*. Berlín: Springer, 2014.

Parisi, Iván. «La correspondencia cifrada entre el rey Fernando el Católico y el embajador Joan Escrivà de Romaní i Ram». *Revista d'Història Moderna* número 24 (2004): 55–115. https://raco.cat/index.php/Pedralbes/article/view/101764.

Paula Martí, Francisco de. *Poligrafía, ò Arte de escribir en cifra de diferentes modos. Arreglado á los métodos de varios autores antiguos y modernos. Con una colección de tintas simpáticas y comunes, el modo de hacer revivir la escritura en los manuscritos antiguos, y de borrar lo escrito quando convenga*. Madrid: Imprenta de Sancha, 1808.

Peinado Domínguez, Alberto. «Reconstruction of a 1940 Spanish strip cipher by means of a cyclic rotation model applied to encrypted telegrams», *Cryptologia* 43, 1 (2019): 47–64. https://doi.org/10.1080/01611194.2018.1522678

— *La Clave PILAR. Los telegramas secretos del Gobierno Civil de Málaga*. Colección Divulga. Málaga: Universidad de Málaga, 2023.

Pesic, Peter. «François Viète, father of modern cryptanalysis - two new manuscripts». *Cryptologia* 43, 1 (1997): 1–29, https://doi.org/10.1080/0161-119791885733.

Plutarco. *Vidas paralelas*. Madrid: Gredos, 1985.

Poe, Edgar Allan. *Cuentos*, 2 tomos (traducción de Julio Cortázar). Madrid: Alianza, 2003.

Polibio. *Historias*. Madrid: Gredos, 1990.

Porta, Giovanni Battista della. *De furtivis literarum notis-vulgo de ziferis*. 1563. https://books.google.es/books?id=DcI9AAAAcAAJ&printsec=frontcover&dq=De+furtivis+literarum+notis.

Pozo Campos, Elvira del. «El criptógrafo español que ayudó a descifrar la máquina Enigma». *Alfa* 43 (2020): 48–54.

Quevedo y Villegas, Francisco de. *Historia de la vida del Buscón llamado don Pablos; ejemplo de vagamundos y espejo de tacaños*. Barcelona: Espasa Libros, 1997.

Rojas, Fernando de. *Tragicomedia de Calisto y Melibea (La Celestina)*. Madrid: Cátedra, edición de B. M. Damiani, 1981.

Ros Agudo, Manuel. «El espionaje en España en la guerra civil y la segunda guerra mundial: una visión general.» *Diacronie. Studi di Storia Contemporanea* número 28, 4 (2016). https://doi.org/10.4000/diacronie.4751.

Sala Cola, Amadeo. «Los mensajes cifrados de Jorge Juan en su misión de espionaje Londres». *Betania* número 59 (2012): 194–199.

Sánchez Carrión, José María. «Espías y Traidores (4). Los mensajes cifrados de Jorge Juan». Fundación Ingeniero Jorge Juan, (2019). http://fijj.global3.es/contenido/jorge-juan-post-21

Serrano Larráyoz, Fernando. «Claves criptográficas conservadas en el archivo particular de Juan Rena durante el primer tercio del siglo XVI». *Medievalismo* número 25 (2015): 389–402. https://doi.org/10.6018/j/241431.

Serrano García, Pedro. *Policiología. Criptografía y Perlustración*. Madrid: La Xilográfica, 1940.

Shor, Peter Williston. "Polynomial-Time Algorithms for Prime Factorization and Discrete Logarithms on a Quantum Computer", *SIAM J. Computing* 5, volumen 26, (1997): 1484–1509.

Singh, Simon. *Los códigos secretos. El arte y la ciencia de la criptografía, desde el antiguo Egipto a la era de Internet*. Madrid: Debate, 2000.

Sgarro, Andrea. *Códigos secretos*. Madrid: Pirámide, 1990.

Soler Fuensanta, José Ramón. «Servicios de inteligencia y espionaje, 1936-1939». *Ferro | Análisis: revista de pensamiento y cultura* 24 (2009): 172–185.

Soler Fuensanta, José Ramón, Gabriel Díaz Orueta y Manuel Castro Gil. «Communications without secrets. Activities of Spanish listening and cipher services during two wars

(1939–1945)». En *IEEE Conference on the History of Communications*, (2010): 1–6. https://doi.org/10.1109/HISTEL-CON.2010.5735274.

Soler Fuensanta, José Ramón, Francisco Javier López-Brea Espiau y Frode Weierud. «Spanish Enigma: A History of the Enigma in Spain». *Cryptologia* número 34, 4 (2010): 301–328. http://dx.doi.org/10.1080/01611194.2010.485414.

Soler Fuensanta, José Ramón y Vicente Guasch Portas. «States by secrecy: Cryptography and guerrillas in the Spanish Civil War». *Cryptologia* número 40, 2 (2015): 203–214. http://dx.doi.org/10.1080/01611194.2015.1028687

Soler Fuensanta, José Ramón, y Francisco Javier López-Brea Espiau. *Mensajes secretos. La historia de la criptografía española desde sus inicios hasta los años 50*. Valencia: Tirant lo Blanch. Inteligencia y Seguridad, 2016.

Suetonio. *Vida de los doce césares*. Madrid: Espasa-Calpe, 2003.

Turing, Alan Mathison.«On computable numbers, with an application to the Entscheidungs problem». *Proceedings of the London Mathematical Society*, 2, volumen 42, (1937): 230–265.

Urquijo Goitia, José Ramón. «Los servicios de información en la Primera Guerra Carlista». Revista de Historia Militar XLIX, número extra (2005): 81–132.

Verne, Julio. *La Jangada: 800 leguas por el Amazonas*. México: Porrúa, 1986.

— *Matías Sandorf*. México: Porrúa, 1987.

— *Viaje al centro de la Tierra*. Madrid: Anaya, 2004.

— *Los hijos del capitán Grant*. Madrid: Molino, 2012.

Woytack, Richard.falta espacio «Conversation with Marian Rejewski». *Cryptologia*, volumen 6, número 1, (1982): 50–60.

AGRADECIMIENTOS

Quiero expresar mi agradecimiento a la editorial Pinolia y a su personal por su buen hacer y las facilidades que me han dado para escribir este libro con total libertad y sin cortapisas. En especial, quiero dar las gracias a José Pardina por contactar conmigo y ofrecerme la posibilidad de hacer una de las cosas que más me gusta: escribir sobre criptología. Gracias por haber confiado en mí desde el principio.

También quiero expresar mi gratitud al Centro Criptológico Nacional (CCN) y al Centro Nacional de Inteligencia (CNI); al primero por permitirme utilizar las fotos de su archivo y poder mostrar algunas de sus máquinas de cifrado que, en otro caso, no habrían visto la luz, y al segundo por la información y acceso a las fotos de las cartas del Gran Capitán al rey Fernando el Católico.

No puedo olvidarme de Agustín y de Juanca que siempre están ahí, poniéndose la gorra que se les pida, en este caso para comentar todo aquello que no les cuadra para hacer del libro una lectura amena.

Gracias también a mi familia, Regina, Fernando, Luis, Sara y Ali por su comprensión a la hora de perdonarme todos los ratos, paseos y fines de semana que les he robado en los últimos tiempos. Confío en que la lectura de este libro les resulte amena y compense, en parte, esa desatención.

Este libro se terminó de imprimir en el
mes de junio de 2023.